古庸国

——张家界的前世今生——

李康学　向良喜　著

图书在版编目（CIP）数据

古庸国：张家界的前世今生/李康学，向良喜著
.—北京：中国书籍出版社，2017.9
ISBN 978－7－5068－6404－6

Ⅰ.①古…　Ⅱ.①李…②向…　Ⅲ.①张家界—地方
史　Ⅳ.①K296.43

中国版本图书馆CIP数据核字（2017）第206782号

古庸国：张家界的前世今生

李康学　向良喜　著

责任编辑　毕　磊
责任印制　孙马飞　马　芝
封面设计　中联华文
出版发行　中国书籍出版社
地　　址　北京市丰台区三路居路97号（邮编：100073）
电　　话　（010）52257143（总编室）　（010）52257140（发行部）
电子邮箱　eo@chinabp.com.cn
经　　销　全国新华书店
印　　刷　三河市华东印刷有限公司
开　　本　710毫米×1000毫米　1/16
字　　数　230千字
印　　张　15
版　　次　2018年1月第1版　2018年1月第1次印刷
书　　号　ISBN 978－7－5068－6404－6
定　　价　45.00元

《张家界历史文化研究丛书》编辑委员会

《张家界历史文化研究丛书·古庸国——张家界的前世今生》编辑部

主　　　　编：汪业元
编辑部主任：彭　红
编辑部副主任：刘少龙
校　　　　审：李书泰　宋彦璋
摄　　　　影：向良喜　李康学

图 1：张家界市历史文化研究会成立大会

图 2：张家界市第二批历史文化课题研究签约大会

图 3：张家界市历史文化基础性研究领导小组办公室与课题组签约仪式

图 4：崇山雄姿

图 5：天门仙洞

图 6：澧水源头

传说中的创世帝王

图 7：盘古

图 8：燧人氏

图 9：女娲

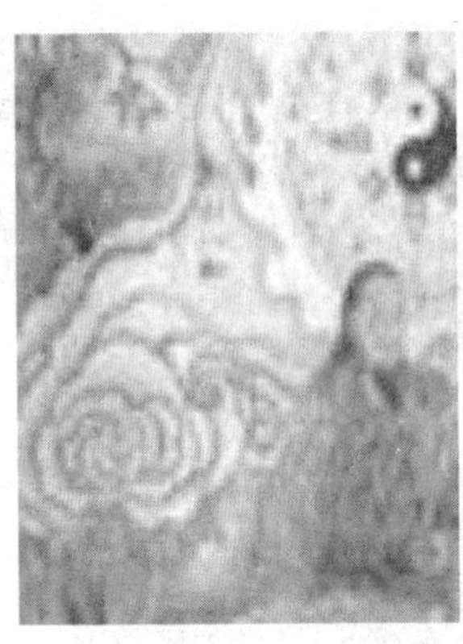

图 10：伏羲

图 11：炎帝

图 12：祝融

图 13：黄帝

上古时期的传奇帝王和创世英雄

图 14：赤松子

图 15：驩兜

图 16：蚩尤

图 17：共工

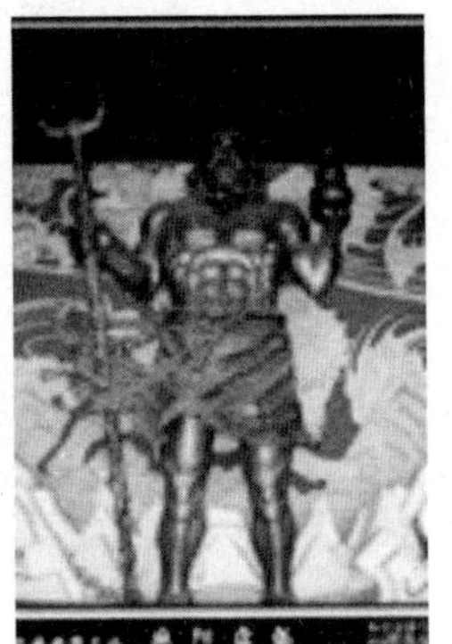

图 18：盘瓠

图 19：颛顼

图 20：尧帝

图 21：舜帝

图 22：禹帝

图 23：庸国疆域“北至幽陵”——居庸关

图 24：胶州北关东庸村

图 25：逐鹿黄帝城遗址

图 26：作者李康学在安阳中国文字博物馆采访留影

图 27：牧野之战遗迹

图 28：河南新乡牧野之战奔马雕塑图

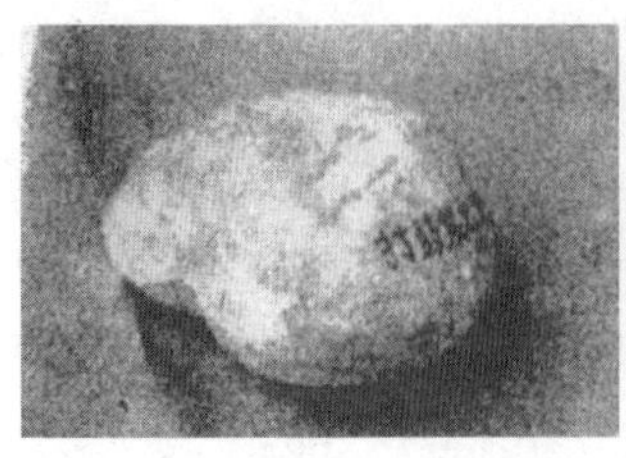

图 29：1990 年在桑植打鼓泉乡发现的距今 3—4 亿年的石燕化石

图 30：1970 年在桑植县芙蓉桥乡发掘的芙蓉恐龙化石遗迹

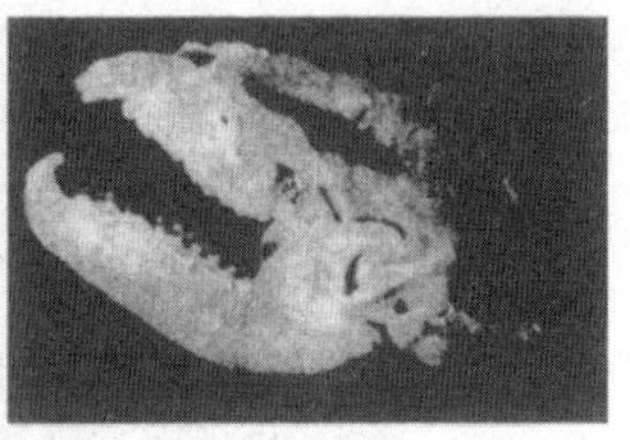

图 31：1982 年桑植西界发现的大熊猫头骨化石

图 32：慈利县金台遗址出土的距今 5—20 万年的打制石器

图 33：1988 年在距今 3—10 万年的桑植朱家台遗址采集到的打制石器

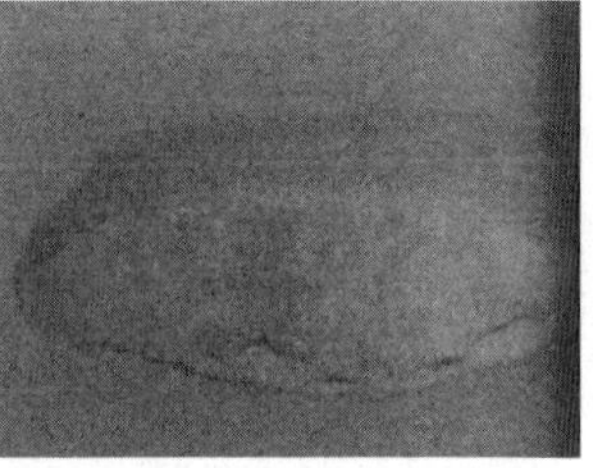

图 34：永定区古人堤出土的距今 7 千—1 万年的石锛

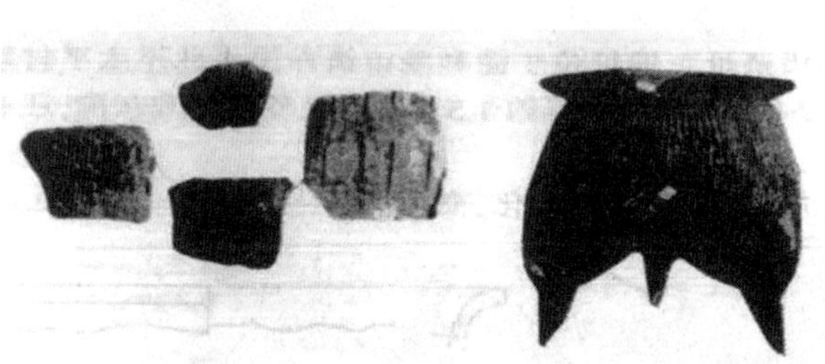

图 35：1987 年在桑植县朱家台发掘的新石器时代晚期文化的尖足鬲

图 36：1987 年在桑植朱家台商周遗址发掘的云雷纹陶罐

图 37：慈利县高桥镇白竹峪村的濮人悬棺

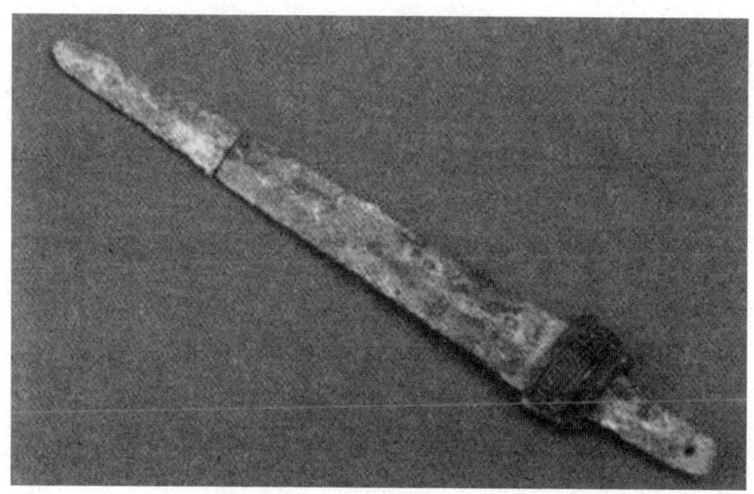

图 38：永定区且住岗出土的濮人剑

图 39：慈利县白公城遗址发掘现场

图 40：战国铜斧

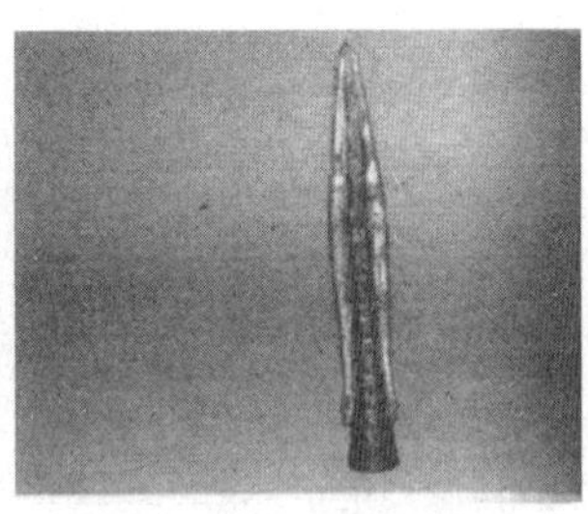

图 41：战国铭文铜剑

图 42：战国青瓷罐

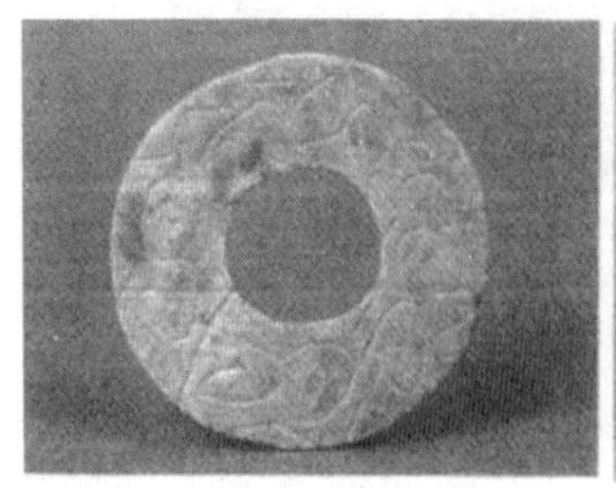

图 43：战国石壁

图 44：战国陶罐

图 45：战国石斧

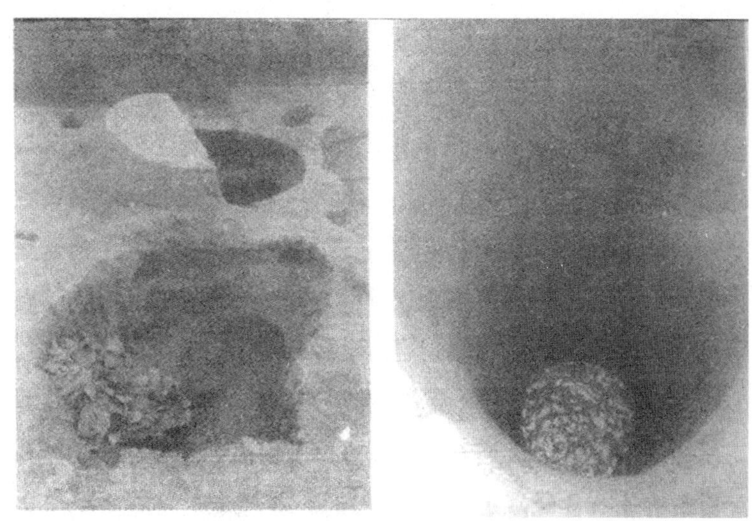

图 46：1992 年在桑植朱家台发掘的战国瓦窑、水井

图 47：慈利“二八宿”古水渠

序　言

汪业元

两年前，张家界市历史文化基础研究会与本书作者签约，决定写作《古庸国——张家界的前世今生》一书。当时的计划是，将此书写成旅游和乡土教材式读物，发行对象相当广泛。语言拟用通俗易懂的文学笔调，读起来有诙谐幽默味道，这就要求将严谨的史料在不失真实的前提下，尽可能写得有趣味一些。所以，该课题组的写作是严格按以下方案去进行的。

首先是大量搜集各种与张家界有联系的历史资料。其中，五帝前五千年的史料记载，主要是参阅古庸国历史文献，如《三坟》、《太古河图代姓纪》、《天皇伏羲氏皇策辞》、《人皇神农氏政典》、《地皇轩辕氏正典》、《诗经》中有关庸国的文字描述等等。五帝后五千年的历史，主要以二十五史典籍和地方方志文献资料为主，再参阅一些野史和民间谱书记载及当代有关张家界的最新研究史料文献等资料。

其次是阅读研究资料，记录相关笔记。在收齐资料之后，课题组集中时间进行阅读和研究。同时做好笔记，对与古庸国及张家界相关的行政辖区沿革演变历史、社会经济发展状况、集市贸易、重要历史事件、山川地理风貌、民众宗教信仰、有影响的文化典籍及民间文学艺术、诗词、戏曲、故事、音乐、民俗风情、民族建筑、各类有代表性的奇人轶事、人物传说等等都分类分朝代加以记载整理。

第三是走访重点区域，深入调查研究和拍摄资料图片。该课题组以古庸国的核心——湖湘大地为重点，先后深入到湖南、湖北、河南、河北、山东等省的重点地区，调查研究了大量文献典籍并拍摄了一批图片资料。

第四是精心构思，写作突出重点。在充分掌握资料之后，该课题组开始构思写作目录。其大体遵循的原则是“突出重点，详古略今；划分章节，经纬分明”。突出重点，即全书明确写作的每个重点篇章，五千年前的荒史部分，尤其作了精心构思提炼，以多方面的推理演绎出庸国的盛衰历史过程。其篇幅约占《古庸国——张家界的前世今生》全书的五分之二左右。有史记载的五千年文明历史，则分朝代进行描写，重点突出在古庸大地发生的历史沿革演绎大事。详古略今，即全书的重点在详细描述古庸国的兴衰以及夏商周至清末以来张家界的历史沿革和演变过程。民国以后至今的历史作简略描写。划分章节，即全书在结构上基本以朝代来划分若干章，每章再分若干小节。经纬分明，即全书纵横结合，纵，就是有一条主线从头至尾表现一万年以来的张家界历史；横，就是每个章节横向所涉及的内容都和张家界有关。全书的主题是鲜明的，重点就放在反映与张家界有关的历代古人特别是各类名人的正能量精神上，如突出写了古代名人的善良、正直、勤劳、勇敢、孝廉、仁义、智慧、积功、积德、创造精神等等。

经过两年多的辛勤努力，该课题组终于按计划完成了本书的写作任务。至于此书反映的内容到底如何，写作表述的观点、见解等是否准确新颖，语言是否规范和生动有趣，我们也期待着广大读者来加以评判。

是为序。

（汪业元同志系张家界市政协委员会主席）

目　录

CONTENTS

第一章

洪荒史迹

1. 楔子

上古时期的华夏大地，曾诞生过一个名叫庸国的古国。

庸国的历史因为太古老，史料所记相当少，但古庸国历史文化的影响却很大很大，以往我们所说的楚文化，或现在讲得较多的湖湘文化，其实都没有古庸国的历史文化悠久，古庸国文化才是楚文化、湖湘文化乃至整个华夏文化的真正源头。所以，我们这些华夏后裔，有很多人血管里流的文化血脉，追溯起来，也都是从古庸国文化那个源头里所流来。

那么，古庸国的文化有些什么特征？简单点说吧，这个文化就是燧人氏、祝融氏、伏羲氏、神农氏所传下来的光明之火的文化，就是黄帝奠国基，尧、舜、禹禅让之贤政的文化，就是男儿如湖湘古贤人善卷儒雅高洁的文化，如猛士申鸣“孝义、尚友”精神的文化，就是女子湘妃为哭夫君而情深义重的文化，就是屈原忧国忧民的文化，就是抱一守中的中庸文化等等。

古庸文化不断在我们后代人身上延续，我们作为古庸国所在地的后裔人岂能无知。所以，我们要多研究和传承古庸文化精神。

在研究和探索古庸国的起源及演绎历史的过程中，张家界本土的许多学者已取得可观的成就，如李书泰写有洋洋 70 余万字的《庸国荒史研究》（书稿待出），金克剑写有百余万字的《屈原故里在大庸》（书稿待出）等多部著作。这些书为研究古庸国的历史已打开了敞亮的窗口。

为使古庸国的历史文化得到更广泛的传播，并将万年古庸国，百国之祖地——张家界地域的历史渊源论证得更清晰，两年前，本书撰稿人加盟市历史文化研究会，并接受了一项研究课题，决定撰写一本以讲述古庸国历史为主的通俗书籍。任务接受之后，笔者在前述两位著名学者研究的基础上，进一步深挖古庸国历史的富矿，并对浩如烟海的各种史料和现有学者们研究的成果加以提炼概括和总结。经过一番努力耕耘，最终写作完成了历史文化通俗读本——《古庸国——张家界的前世今生》。

2016 年 5 月，当完成最后一道工序，为本书的摄影插图也写完说明之后，我们两位作者才松了口气，尔后在院子里搬了椅子坐下，又兴奋地翻看起来。此书的主要内容，是以详古略今的方式，将与张家界有关联的古代历史传说人物和真实人物等串联起来，再围绕人物和人文历史所发生的事件，去加以探索古庸国的历史起源及演变过程；去记述古庸国的文明历史发展与创造成果；去分析古庸国历史文化因素的积淀和对后人的影响等等。同时通过记述古庸国众多创世帝王和历代张家界名人英雄的故事，来传播古庸文化的正能量精神。古庸国那久远而厚重的历史文化因子，或许因为这本书的写作，从此被激活了起来；或许这本书因写作的仓促，也还存有许多的不完善之处。但无论如何，此书能通过审阅出版，并能给读者带来一丝悦读的快感，我们就很知足了。下面，笔者就从头至尾将这书展示出来，并请读者来仔细品尝鉴别一下吧！

2. 芙蓉恐龙

张家界，一块举世称奇的地貌，一件上帝赠送人类的最美好的礼物!

自从地球起源以来，上帝对这个美丽的地方就格外关注。据我国著名的地质学家陈国达等人的考证，约在3亿8千万年前，沅澧流域一带还处于浅海的近岸地带，附近的周边则是茂密的大森林。这期间，上帝就将一种巨型的动物发配到了这一带，做了这陆地森林里的主人，这种动物就是恐龙。

其时，与恐龙同时活跃生存的还有许多动植物，比如，被誉为生物起源之祖、距今4.5亿万年的三叶虫化石，在张家界市桑植县境内的石灰岩地区均有发现。而按照古生物学的研究表明，地球上生命的出现到今天已经38亿年了，但在距今5.4亿年前的寒武纪之前，生命只是以藻类和菌类的简单形式存在于海洋里。寒武纪之后1000多万年，单细胞藻类、菌类才演化成多细胞的后生动物。所以，当恐龙出现的时代，张家界一带的动植物种类即已非常多了，像娃娃鱼这时也有了，而龟纹石、米花石、菊花石以及后来才有的猕猴、犀牛、貘、鹿、牛、羊、猪、熊猫等古生物化石，在张家界境内也都多有发现。这些古生物化石表明，张家界一带早在3至4亿年之前，即已是地球上植物和动物生活的旺盛区域了。

时光闪逝，当地球进入距今约2亿年前的冰川期后，所有的动植物突然都被气候的变化而袭击，著名的恐龙等动物这时都被灭绝了，直到两亿年后，这些死去的恐龙生物化石，才被现代的人类考古学家们挖掘出来，其中的恐龙之父——芙蓉龙化石，即出土于今桑植县的芙蓉桥乡，那是1970年时被湖南405地质队发现的。芙蓉恐龙长达3米多，高一米多。其四肢短而粗，背部宽大而排列成有序的“帆”状骨体。

芙蓉龙当年一经发掘便轰动一时，其三具完整标本，一具很快被国家自然博物馆作了收藏，一具归中科院古脊椎动物与古人类研究所，另一具现陈列于湖南省地质博物馆内。在今天看来，芙蓉龙的发现也仍有着一些不同寻常的意义。比如说，我们可以推算，恐龙这种动物，在地球生长的时间很长，若从3亿8千万年前算起，到其两亿年前灭绝时为止，生活期长达一亿多年。而这个历史，相比较起人类在地球生存的历史已远长得多。

同时，我们还可想象，芙蓉龙这个恐龙之父，为什么会长期生活在张家界地区？它至少说明，这种动物的生存与张家界在地球上所处的经纬度是分不开的。从地理上看，以张家界为核心的西南大武陵地区，地处东经110度轴线和北纬30度两侧对称线内。在世界地理上，整个中国又处在中心位置，特别是青藏高原更是主宰地球重心的“第三级”，最高的珠穆朗玛峰高达8844.43米，素有世界屋脊之称。而大西南的武陵山区又恰处在地球三级的第二级台阶之上。所以，处在地球这一坐标系内的地域，由于属亚热带向暖温带过渡类气候，境内又生物多样，阳光、雨水、植物、矿产资源等都极为丰富，故这个地域也正是后来人类文明发生、繁衍最昌盛的地区。

图48：存放在湖南省地质博物馆的芙蓉龙崩架化石

不过，在恐龙生长的时代，地球还没有出现人类。那时的张家界一带，我们可以想象到的，就是恐龙这种动物，以其庞大的身躯和蛮力，理应为百兽之王。至于其他的动物，无论虎、狮、象、豹、牛、熊、猿、猴或别的什么大小动物，也许都不是它的对手。

后来，随着时光轮转，再经过两亿年前的那次特大冰川袭击之后，恐龙等巨型动物竟被灭绝断种，其他动植物无疑也都受到毁灭袭击，只有少数动植物才能幸存下来。再其后，随着地球的不断运转，地震、火山在世界各地的频繁爆发，地球内部的地壳又发生了一次剧烈变动，此时，位于大武陵地区一带的海水这时退去，无数山岩突然隆起，这才又形成今日武陵源3000石峰之奇观。

大武陵山区新的地貌形成之后，所有幸存的物种这时又都旺盛生长起来，而人类的生命，在经过数千万年的生物演变之后，应该是在数百万年前的某个时段，也终于顽强生存到了世间。至于人类在全球起源的具体历史，各国都有不同的考证说法。而我国考古学家目前所考证到的最早化石，应是云南元谋小河村蝴蝶梁子出土的“蝴蝶人”，距今的时间约为400万—500万年。北方的北京周口店人，距今的时间是150万年。其他的古人类化石，仅我国大西南及大武陵地区被发现的还有17处，即巫山人、元谋人、建始人、郧县人、大洞人、水城硝灰洞人、桐梓人、穿洞人、桃花洞人、水城人、兴义人、柳江人、资阳人、丽江人、桂林人、长阳人、石门人。这些古人类化石距今的时间相继都在距今约200万至一万多年之间。此外，在现今张家界市慈利县的蒋家坪乡金台村、永定区的古人堤及桑植县的朱家台等地，也出土过旧石器时代和新石器时代的大量遗址文物，这些文物也都证明，早在距今约25万至一万多年前，张家界一带也早就有古人类居住。

值得一说的是，根据《圣经》中的记载，人类在历史上遭遇过一次特大洪水的灾难。为躲避这次灾难，上帝选中了诺亚一家，即诺亚夫妇、三个儿子及其媳妇，作为新一代人类的种子保存下来，并告诉他们造了一个方舟，才躲过那次漫天洪水的袭击。诺亚方舟的故事看起来像个神话，但现在的学界公认，人类在历史上确实曾经历过一次特大洪水，并遭受过灭顶之灾，其中只有少数人躲过了这一劫难。那么，这批幸运的人们在哪里能躲过这一劫的呢？按照权威的地质及史学家们的说法是：武陵山区地处洞庭大沼泽和四川大盆地之间，也就是中华典籍《山海经》所说的东海和西海之间，以崇山、天门山为核心的武陵大陆桥，在冰盖、冰川融解爆发初期，由于四川大盆地的承载和缓冲没有受到特大冲击，今天以桑植县八大公山为代表的一系列冰川孑遗植物和孤高壁立的武陵源3000奇峰就是最有力的证据。而在那次洪水后期，又由于以脉发崇山、崧梁（天门）山等武陵主峰为核心之大武陵地区的阻隔和承载，被洪水追赶的湖区幸存者有了一块相对安全的栖身之地，今天遍布于大武陵地区一系列古人类化石遗址就是毋庸置疑的铁证！这就是中国古代“救命葫芦”传说和西方《圣经》中“诺亚方舟”神话的故事之源。历史和科学同时也证明，高海拔地区排斥生命，低海拔地区淹没生命，中海拔地区承载生命；以张家界为核心的武陵地区为川泽陆桥，才是洪水时代人类真正名副其实的诺亚方舟。

权威的地质及史学家们的研究是很有道理的。因为，以现代的科学历史眼光来看，无论远古、中古还是近古时代，由于处在地球最佳经纬度的地域方位之内，环境以及气候等天然形成的条件都很理想，故而以张家界为核心的武陵山一带也理应是最适合动植物和人类生长的乐园。与此同时，我们还可看到，有了芙蓉龙这个最原始的远古化石的证据，加上在大西南发掘的众多古人类化石和其他地质岩石为综合依据，地质学家们也才能用放射仪器进行科学的计算，并算出张家界的风光地貌的起源历史应该在3亿8千多万年之前，恐龙的灭绝史应在距今约两亿年前。

最后，我们还可以想象到，两至三亿多年前就有的芙蓉龙之类的恐龙动物，虽然还不会像后来出现的人类那样能有思维和智慧，而只会靠其体型庞大及其蛮力才成了远古时期地球上的动物统领，但我们也不会忘记，正是因为有了在我国最早挖掘出的这芙蓉龙化石，我们才通过它具体感知到了那亿万年前的远古世界。所以，在张家界境内发现的这些恐龙化石意义特别重大。而以芙蓉龙命名的恐龙之父，还真不愧是在这地球历史上最早居住过的“古老先生”，也是在张家界最早生活过的一代领主哦。

3. 创世传说

数亿年前，当上帝垂青并给张家界赠送了一代“芙蓉龙”领主之后，又经过不断的生物进化演变，才步入了人类主宰地球的历史。而对于人类的起源，自古以来，在中国的民间，特别是在古庸国核心地张家界一带，也一直就流传着这样一个神话：传说很古的时候，宇宙还没有开辟，天地一片混沌，像一个大鸡蛋，盘古就孕育在里面。经过了一万八千年，天地开辟了，清而轻的阳气上升为天，浊而重的阴气下沉为地。天每日升高一丈，地每日增厚一丈，盘古的身躯也每天增长一丈。如果天地还有哪个地方连着，盘古就左握凿子，右握板斧，又砍又凿，天地就彻底分开了，开天辟地的工程就这样被盘古完成了。

后来，盘古死了，他嘴里呼出的气即变成了春风和天空的云雾，声音变成了天空的雷霆，眼睛变成了太阳和月亮，头发变成了颗颗星星，鲜血变成了江河湖海，肌肉变成了千里沃野，骨骼变成了树木花草，筋脉变成了道路，牙齿变成了石头和金属，精髓变成了明亮的珍珠，汗水变成了雨露，头也化作了东岳泰山，脚化作了西岳华山，左臂化作南岳衡山，右臂化作北岳恒山，腹部化作了中岳嵩山，精灵魂魄也变成了人类，所以才会有“人类是万物之灵”的说法。

盘古作为自然大道的化身，在开天辟地的传说中，就这样蕴涵了极为丰富而深刻的文化、科学和哲学内涵。所以，盘古的神话，即是研究宇宙起源、创世说和人类起源的重要线索。而他的“鞠躬尽瘁、死而后已”的献身精神，更是人类精神的至高境界。

值得一说的是，在古庸国之地的张家界市境内，过去曾在多处建有盘古庙。邻近的沅陵县境内，前不久还发现有盘古居住过的山洞等遗迹。这些信息都表明，盘古虽然是个神话人物，但自古以来，人们都是一直将他视作开天辟地的先祖来敬奉的。而有了盘古之后，接着才有了人类三皇（天皇、地皇、人皇）的出现，所以，盘古算是天地万物的始祖。

当然，真实的盘古这个人到底有没有？仔细看中国正统的历史，二十五史的记载中却都是没有这个人物传记的。

其实，中国最早有部史书叫《尚书》，里面曾记载了不少洪荒之前的历史，可惜，这本书在孔夫子修史时，却被删掉了唐尧以前的远古史。孔老夫子为何要这样删，他为何不肯承认远古的洪荒历史？据分析这都是为了当时政治上维护帝王一统历史的需要，而这也在孔夫子时代就引起了许多学者们的争议，有的就觉得这样腰斩历史是不合理的，所以才有了对远古历史百家争鸣各说各话的局面。

其后到了汉朝，司马迁在写权威的《史记》时，曾深入到各地考察史迹。经过躬身访问传说，司马迁证实了一些“他说”不虚，所以在著书中有所突破，在尧以前增加了黄帝、颛顼、帝喾三代帝记，加上尧舜，就成了五帝本纪，但中国远古的历史却仍未能载入。为此，历代的许多史学家对此还是多有批评。《史记》之后，后汉和魏晋时期的史学家们，又开始广搜古事，稽验史迹，纷纷补遗，至宋代刘恕写出《通鉴外记》、罗泌写出《路史》、明朝人陈士元写出《荒史》。至此，自盘古开天辟地以来的中华民族远古洪荒史，才终于得以完整地传世了。固然，这些古代洪荒史多为传说，不无“恍惚无稽”，但许多史学家也认为，这些古代的神话传说也并非完全空穴来风。

历史发展到了当代，后人建议修改远古历史的声音又渐渐多了起来。1997 年 8 月，“海峡两岸史学家合撰中华民族第四次研讨会”上，与会人士就曾发出过重写“中华一万年”历史的呼吁。中国考古学会理事长苏秉琦当时也曾这样表态：“时至今日，把重建中国古史的任务正式提到全国史学学者、考古学者的面前，条件已经是基本成熟。其主要标志是重建中国古史的构思、脉络已基本清楚。从宏观的角度、从理论和实践结合的高度把中国历史的框架、脉络可以概括为：超百万年的文化根系，上万年的文明起步，五千年的古国，两千年的中华一统实体，这就是我国的基本国情。”为此，我们也衷心期望，国家重建中华古史的宏大构想能够早日实施完成！

与此同时，笔者在近来研究了大量的古籍史料后也认为，中国的远古史，特别是那些洪荒史所载人事、地名、国名等大多与张家界——古庸国都有千丝万缕联系。故此本书所写张家界的远古史，也即以《路史》、《荒史》等洪荒史书记载为路径，权将张家界的远古史作一简要梳理。

如前所述，盘古开天辟地，在《荒史》中被编为“元始本纪”。而盘古过世之后，是“二灵本纪”。二灵即天皇氏和地皇氏。天皇氏“出于昆仑无外之山，以木纪德，体真得一”。这里所说的昆仑无外之山信息，与张家界的山名即有关联。天皇氏一姓共有13人，在位长达18000年。

天皇氏没，地皇氏出。《荒史》记载：“地皇氏作，是曰地灵，出于雄耳龙门之岳，以火纪德。得道之秉，立乎中央，主治八荒四极，四海山川溪谷。”其氏共有11人，在位也是18000年。

“二灵本纪”之后是“九头本纪”。这时人皇氏出。《荒史》记载：“人皇氏作，一曰泰皇氏。一姓九人，故曰九头氏，又曰九皇氏。出于刑马山提地之国，以土纪德。相厥山川，裁为九州，谓之九圃。兄弟八人，各居一区。己居中区，以制八辅，故又曰居方氏。”人皇氏兄弟九人，传世达156代，合45600年。

三皇中的人皇氏结束之后，接下来是“五龙本纪”。五龙氏后，再依次是“摄提本纪”、“合雒本纪”、“叙命本纪”、“循蜚本纪。”在“循蜚本纪”中有钜灵氏至次民氏共23氏。其中“盖盈氏作，出于若水之间，禺中之地”。这个记载说明，盖盈氏有可能也是大庸古国的先祖。因为若水即在大庸境内。

“循蜚本纪”之后是“因提本纪”，在该本纪中有辰放氏、蜀山氏、豗傀氏、混沌氏、东户氏、皇覃氏、启统氏、吉夷氏、几蘧氏、狶韦氏、有巢氏（又称大巢氏）、燧人氏、庸成氏。而燧人氏与庸成氏就和古庸国有了直接关联。庸成氏之后是“禅通本纪”，这一纪中又有许多氏族出现，在稍后的章节中笔者会再细述。

现仅以盘古开天后的三皇在世的时间来算，加起来共计是81600年。故此，李书泰先生在其《庸国荒史研究》中指出：这个数字和张家界市桑植县朱家台文化遗址的10万年“桑植文化”相接近。三皇之前，恰有慈利县金台村遗址20万年的文化积累和传承。三皇之后，又有石门县燕儿洞5万年古人类化石，道县玉蟾岩14000年、澧县彭头山9100年稻作遗址、永定区古人堤7000年古人遗址、澧县城头山6000年古城遗址相印证。显然，这些与张家界一带相关联的古人类遗址，应该不是简单的巧合。它至少说明，张家界一带在距今一万至10数万年前，早就有人类居住了。所以，三皇以及三皇以后的那么多氏族的存在，应该都是真实的。只是，由于年代的久远，那时也没有文字的传承，也就难以追溯到这些人类氏族活动的具体事迹了。

4. 崇山圣火

时光如水，不停流逝。当三皇时代结束，人类的众多氏族集团不断扩展，并各将脚步迈入到距今一万余年时，这时有一个叫燧人氏的首领，带领着一大群族人，来到了张家界的崇山一带。

图 49：崇山全貌

那崇山十分奇异，爬上山时十分险峻，上到山顶，却一片开阔平坦。起起伏伏的土丘间，覆盖的是一片片齐腰深的野草，许多的野兔、山羊、狼狗等动物，在其间不时出没，还有斑鸠、雉鸡等各种飞禽，时而惊起扑腾。几条深浅不一的溪沟里，有清澈的山泉在哗哗流淌。山顶的周围，还有四大悬圃和几个天然岩洞，浓密茂盛的山林，也就分布在周边的各处山头。今人看来，这里仍然是个适宜居住的好地方。

有的史书记载，燧人氏会观天文地理。如《荒史》中就记载他“观乾象而察辰心。自不周之山，游于日月之都，至于南垂”。有学者分析，这“日月之都”实际就是指的天门山，“南垂”，指的就是崇山。

传说燧人氏部落在崇山顶上安歇下来，开始砍树搭棚，修建简易住屋。那时的氏族，在燧人氏之前，即有巢氏时代，人们即已学会了在巢穴筑建房屋躲避风雨，而在燧人氏为首领时，人们生活居住的本领更强了，他们不仅会筑巢而居，而且还会用兽皮、草料等编制成简单的衣服，穿在身上用来遮体御寒。

在崇山安居住下不久，一件重大的事就发生了。传说，有一天燧人氏来到一片山林中，偶然见到鸟儿啄树闪出火星，即受到一种启示，既然鸟儿的尖硬之嘴啄树能闪出火星，那么，用尖硬石钻木岂不也可取火？这样一想，他遂找来一棵粗大木料，再准备一些干燥枝叶，随即用磨得很尖的硬石就不断摩擦钻木。结果，用这办法，燧人氏果真就引燃出了火种。其实，火在远古时期早就被人类用上了，今人发掘百余万年之前的“北京人”和云南“元谋人”的遗址里，就已发现有火烧炭的痕迹，这说明人类使用火的时间是相当长了。不过，在传说中，靠钻木取火的发明方式，还是源于燧人氏。这种取火办法，至少使得人们当时已不再为保存火种而发愁了。而燧人氏发明取火办法之后，又教民烹饪，这样，火的应用又使人类逐渐告别了茹毛饮血的生活习惯，也消除了吃生食带来的腥唱疾病。火还能用来照明、抵御寒冷，还可烧畲耕种、烧炭、制陶、冶炼、铸刀具、铸钟鼎、器皿等等。总之，燧人氏钻木取火的发明，对人类文明进步的贡献很大。后来，其部族的人，就更加拥戴他，燧人氏的权威更高了。接着，燧人氏带领族人在崇山又修筑土墙城堡，并在部族的推崇下，当上了燧明国的国主，后来的史籍中即称其为燧皇。如《尚书大传》曰：“燧人为燧皇，燧人以火纪。火，阳也。阳尊，故托燧皇于天。《礼含文嘉》曰：燧人始钻木取火，炮生为熟，令人无腹疾，有异于禽兽，遂天之意，故谓燧人。”按照《荒史》一书的说法，燧人氏为帝王时，身边还有明繇、必育、成、陨丘等 4 人为大臣供职，帮助其治理国政，使天道十分太平。

在古籍《国语·周语上》中，还曾有火神祝融降于崇山[1]的记载。而长期生活在崇山的当地人，也另有这样一个版本的传说：燧人氏是个男性首领，在只知有母，不知有父的母系社会里，本来女性首领的地位是很高的。但燧人氏与另一首领大比赤阴同居，两人生了一个儿子就叫祝融。这个祝融降生于崇山火儿屋场，自幼随母亲跟族人学打猎。小祝融见长者们腰里都带着崇山特有的火草，随时用火炼石取火，聪明的他很快就像大人一样学会了取火，并整天玩火着了迷，大人们为此都亲昵地称他为“火儿”。故此，直到今天，崇山南北及山顶还留有“天火岭”、“火炼垭”、“火场”、“火儿屋场”等地名，并留下了“崇山人屁眼里都是火”的俗语。

另据一些学者考证，祝融在很多的朝代都有，因为他就是一个传说中的火神。实际上，在早期的创世阶段，用火施化，炮生为熟、教民耕种的著名帝王不止有燧人祝融，还有伏羲、神农等人。有的史籍也称祝融为古代“三皇”之一，民间亦尊其为火神、水神、灶神等。并且，祝融在许多不同时代出现的职务亦不同，他有时称帝，有时为官。对此现象，张家界本土著名史学学者李书泰先生曾这样分析，祝融是一个古老氏族集团的首领，这个氏族在历代都有传承。所以，创世的祝融就有：取火祝融燧人（又曰赤阴或诸英)、称帝祝融赤帝、继位祝融神农（又曰柱炎)、战神祝融蚩尤（又曰蚩庸)、雨师祝融赤松、水神祝融共工（又曰庸回)、黄帝司马曰庸光（又曰庸成)、开国祝融颛顼（又曰颛庸)。复兴的祝融有：火正祝融重黎、盘瓠祝融陆终、丹朱祝融驩兜、受禅祝融大禹、蜀祖祝融烛龙、大彭祝融彭祖、楚祖祝融鬻熊、巴祖祝融廪君、屈祖祝融伯庸。神祇祝融有：陪祀祝融火神、城隍祝融水神、司灶祝融灶神、火阳祝融回禄。祝融余脉有：巫臣之子狐庸、王僚之弟烛庸、秦宫辞臣庸芮、胶东大儒庸谭等等。

祝融作为创世者，也就是庸国之前的燧明国首领。祝融燧人本就是指的同一人，燧人也即是古老祝融氏族的首领，而这个最初的创世祝融，从性别来说，还有可能是位女性。至于后来的祝融，则都演变成了男性。

由此我们也可以说，所谓崇山圣火，所指即是燧火文明。也即是从燧人氏祝融传下来的用火文明，这个文明的核心宗旨，应当就是像火一样炽热激情的对上进的不懈追求。这种追求带来的必然是人类生活质量的不断提升，是人类科学技术的不断进步以及道德行为的不断至善至美。今天，我们更欣喜地看到，在世界多国举办的奥林匹克体育赛事中，每一次从取圣火并开始传递的那一刻起，全球无数的观众就被这个活动所深深吸引。而热烈、激情、勇敢、拼搏、和谐、和平、团结、诚实、善良、智慧、公平、公正等词语，也正是这场体育赛事的主题。我们通过这火炬的一路传递，到点燃比赛现场的火焰乃至比赛结束为止，所看到的都是观众对赛事的极大热情关注。其实，作为观众，我们更应当明白的是，生活在天穹之下的人类子民，我们每一个人实际上都是一位火炬手。我们所持的这个火炬，传递的也应是人类存在最多的正能量的文明，即诚实、善良、正直、公平、大爱等等良好的品德品行。而承载赋有这些正能量的文明之火、光明之火，也就是古代燧火文明传承下来的坚实内核。所以，笔者坚信，只要人类的良善之心不灭，一直让远古的这种燧火文明不断地传承下去，人类就一定能驱散征程中可能出现的一些黑暗，并迎来更加光辉灿烂的未来。

关于燧人氏祝融在崇山的活动，民间的一些传说应该说也是可信的，而燧人氏在崇山建立了燧明国，这个氏族后来有一部分迁徙到了河南商丘等地，因此，燧人氏的故里，也有一说在河南商丘。古代氏族的迁徙流动本是经常的，故崇山和商丘都是燧人氏居住过的地方也是极有可能的。

综上所述，燧人氏祝融是崇山的老祖，紧随其后的古代许多帝王，如庸成、伏羲、黄帝、驩兜、颛顼、尧、舜、禹帝等等，也都与崇山有千丝万缕的联系。这是不少学者现在考证得出的结论。崇山在三皇五帝时期，即早已是大庸古国的经济政治文明中心，是中国古代先贤们所创世开辟的天国乐土和祖山圣地。连今日“崇拜”一词的词义之源也是“拜崇”，即崇拜“崇山”之意。所以，这些古籍记载证据其实也早已证明，崇山就是一座巍峨高耸的古老祖山，一座古代燧人氏发明和传递过火种的圣山，一座尚未被国人认识其厚重历史文化价值的宝山！崇山更应是华夏民族的“国山”，它是比晋南“夏虚”、河南“殷虚”更早的文化遗址，是有待揭开谜底的“庸虚”。而中华民族的后裔子孙，为此都不应忘记这座传递过火种和播种过文明的圣山，我们应为这座远古祖山的存在而真正感到骄傲和自豪！

注释：

（1）古籍《国语·周语上》载：“昔夏之兴也，融降于崇山。”

5. 庸成开国

燧皇氏在位，据说共传了 230 年，前后更替了 4 世。紧接其后的帝王即是庸成氏。按照宋代罗泌在《路史》和明代陈士元在《荒史》中的说法，庸成氏[(1)]是继燧人氏之后的一代雄主。当燧明国衰落之后，据守在崇山下澧水河畔一块坪地的庸成氏，这时开始崛起了。

庸成氏名字的来历，也可能就来源于其所据守的城名——墉城，而这座城很可能就坐落在原大庸城的古人堤一带。燧人氏建立的燧明国约在 1 万年前，庸国与墉城的建成，距今大约在 9000 至一万年左右。最新在怀化安江发掘的太皞伏羲城，据考距今 8000 余年。按《荒史》之说，伏羲应在庸成氏之后 16 个氏族才出现，所以，庸成氏至少要早于伏羲 1000 余年。最初的墉城比较简陋，面积也不大，方圆也就几平方公里规模，其城墙是版筑夯土而成，按考古发掘遗迹测算，住在里面的人最多也就二、三万人吧。这墉城面积虽然不大，但庸成氏据守此地，却丝毫也不敢懈怠。因为此城是先王留下的册府，他得守住祖宗留下的基业。

庸成氏初登皇位之时，其仪式是很隆重的。摆着皇位的台前，守卫着一些勇猛的武士；许多的香烛燃烧，缭绕出一片朦胧的烟雾。穿着各样礼服的臣子们站列两侧，毕恭毕敬地在听候职官念叨仪式程序。

一番祭天祭祖的礼仪过后，身着皇袍盛装，个头很魁梧的庸成氏即坐上皇位，尔后在吉祥的气氛中，开始大声演说。其古语现在的人很难听懂，但大概的意思是说：臣子臣民们要牢记，庸王登位的日子，就是庸国开始肇基的好日子。我们为啥要称庸，因为庸，就是大容，就是祝融，我们的祖辈都是称的庸，天下以我们庸国为大，天地不易就叫庸，抱一守中就是庸。所以，我们要守住祖宗的基业，守住了，不断传下去，万古而不变，这就是庸！

传说庸成氏的这番登位演讲，当即得到了臣子臣民们的热烈拥护。而从庸成氏登位这天起，他也即成了古庸国的最早创始人。

庸成氏既然是大庸古国的最早始祖，又是为先王所册立，那么，这个先王据推算应是燧人氏祝融，故燧人氏祝融也可算是庸国的高祖。

值得一说的是，庸成氏当初所据守的墉城，经过数千年的历史演变，大约在明朝之前，这座老城即被称作了“大庸”。而“大庸”这个名词，最早的文字见于清道光版《永定县志·金石》篇，其中载有元朝时有个叫刘国道的人铸造了灵顺寺钟，钟上面镌有“大庸口”等字样。大庸口即今永定郊大庸溪注入澧水口的地方。而今永定区后坪镇的武口寨旧址也设过大庸卫，那是明洪武三年（1370 年）。“大庸”二字的本意，还可能是为纪念古老的“墉城”而得名，其来历也很不平凡。但一般人，包括笔者过去，对大庸这个地名的理解，以为其称呼就是俗气。因为，“庸”字，按现在普通字典的解释，不就是平庸、庸俗、庸碌、庸才等贬义之意吗？就算以中庸之“庸”去解，此“庸”字也未见得有多好。而庸字之前还加个大，成了大庸，那不就是大的平庸、大的庸才之类，岂不更难听？其实，这般望文生义的理解是大错特错了。

图 50：永定城区内的大庸府城

实际上，大庸取名的来历，应该都是来自于对远古祝融和庸成的解读。《白虎通》云：“伏羲、神农、祝融，三皇也。”《史记·楚世家集解》曰：“祝，大也。融，庸音同，古通用。”宋·罗泌《路史》载：“祝融，字正作祝庸。”由此我们才知，融与庸同音，庸从融演化而来，祝融就是祝庸，也就是大庸。祝融、庸成都是庸国的先祖，古今大庸人都是祝融氏、庸成氏的后代。

大庸的庸字，除与“融”字相通外，还和“容”字也相通。《路史·前纪五》云：“庸成氏，庸成者，垣墉城郭也。”朱起凤《辞通》云：“容、庸同声同用。《庄子·胠箧篇》又云：‘容成氏’。《六韬·大明篇》作‘庸成氏’，是其例也。”顾实《结绳而治时代之文书》云：“容成氏即庸成氏，《穆天子传》称：‘群玉之山，庸成氏之所守，先王之策府。’”《姓氏词典》引《新纂氏族笺释》注：“容姓出自大容氏。”故此，大庸亦称大容。

至此，我们便可明白了，大庸之“庸”字，原来是和融、容都相通。融，有融解、融化之意；容，有容纳、宽容之意。对于“大庸”二字，1947 年曾任大庸县长的黄光涛先生曾作有一对联曰：“顶天立地有容乃大，继往开来不易为庸。”（见陈自文著《故园史话》一书）。清朝曾任两广总督的林则徐在其衙署也作有一联曰：“海纳百川有容乃大，壁立千仞无欲则刚。”这两人的对联，无疑都是对于“容”、“庸”二字的最好解释。

“庸”字除了有融、容之意外，还有一层不偏不倚的中庸之意。如果将这三者的意思加以综合，那才是大庸之“庸”的本义。可见，“大庸”的意思，其实就是这三层本义再加上“大”字的含义，才是大庸的真正含义。笔者在研究了古代庸成氏和庸字的来历之后，特此提出和推崇，为人处世当具有“大庸精神”，这种精神概括起来，也即是指四层意思。其一，要有容纳于天下的大气度，既能像巨人一样会顶天立地，又会像大海一样容纳百川。要具备这样的大气度，显然心的容量就不能狭窄，对异己者或不同观念也都要学会包容。其二，要有融合万物的好心态。要时时想到与人为善，与人和谐相处，这才是做一个好人的基本前提。其三，要有融化各种矛盾的本领，特别是要会用宽容、宽恕之心去化解人与人之间的矛盾。只有不断去融化人与人之间的矛盾，也才能创造出和谐的人际关系。其四，要处中道而不偏不倚，不断以公平公正之心去善待万事万物，并处理好人世间各种各样的矛盾。笔者坚信，为人处世，如果有了上述这种大庸精神，人生之路就不怕坎坷，不怕挫折，前途就会越走越光明，越走越顺畅。而且，我们的民族如果坚持这种精神，那就更会不断强盛，更会令全球人刮目相看，并会真正成为无敌于天下的伟大中国。

综上所述，从庸成氏开创庸国之始，其庸字就含义深刻。早期的庸成氏在位共传了八世，主政的时间达230年。之后，庸国的称号即消失了很长时期，这段时期庸国的贵族政权也事实上存在，如伏羲、炎帝、蚩尤等氏族首领在位时，实际也就是庸国古祝融族后裔的兴起。再后直到颛顼帝登位之时，庸国的祖宗之国的权威才又达到鼎盛。另据《世本》[1]、《史记·索隐》[2]《后汉书》注引《博物志》[3]等古籍记载，早在黄帝时代，我国天文历法也已经比较成熟，并有一个主管天文的官员——容成，这个容成既是黄帝的大臣，也就是古庸国后来直接以容成氏之名承袭的国君。宋·罗泌《路史》、明·陈士元《荒史》中都提到过这位容成（即庸成氏）。“容成”就是“庸成”或“墉城”的后裔，“容”、“庸”从字音到字义在古代都是相通的。黄帝时代的容成作成了《调历》，对天文历法也曾有很大贡献。

注释：

（1）古籍《世本》载：“容成作调历，澍按容成因五量，治五气，起消息，察发敛，作调历，岁纪甲寅，日纪甲子而时节定。”

（2）《史记·索隐》曰：“《世本》即《律历》云：黄帝使……容成综斯六术而著调历。”

（3）《后汉书》注引《博物志》云：“容成氏作历，黄帝史官。”

6. 仓颉造字

当庸成氏创立的庸国衰落之后，此时另有一个称皇的人又出世了，这人即是仓颉。仓颉究竟是何时人？古代史籍的记载也各有不同的说法。《世本》、《荀子》、《吕氏春秋》、《韩非子》、《说文解字》等书都说仓颉是黄帝时代的史官，是仓颉“始作书契，以代结绳”。而《路氏》、《荒史》等古籍则将仓颉列为史皇氏，并属“禅通本纪”的头号氏族首领，出生年代远比有巢、伏羲、神农、黄帝都要早。这两种说法究竟谁是对的，后人似乎还有争议，但笔者认为后一种说法更为接近真实，据考古发现证明，早在七、八千年前，古人就已在龟甲上刻划符号文字了，五、六千年前的仰韶文化、大汶口文化中发现的陶器上，刻划的符号有几十种之多，其实这些符号就是早期的文字。所以，仓颉造字应该要早于5000年前的黄帝时代，而宋《路史》与明《荒史》也搜览穷尽博读，几近全面地综合了所有前朝的史料，并认定仓颉出世的年代在伏羲氏之前，庸成氏之后，其可信度也是比较高的。而且，仓颉作为一个氏族首领，在各朝代都可能出现。如《鲁迅·门外文谈》所说：“……在社会里，仓颉也不是一个，有的在刀柄上刻一点图，有的在门户上画一些画，心心相印，口口相传，文字就多起来了。史官一采集，就可以敷衍记事了。中国文字的来由，恐怕逃不出这例子。”所以，早期的史皇仓颉只是最初发明文字造字的鼻祖，黄帝时代的仓颉是个整理文字做出贡献的史官，二者都是出于仓颉氏族的首领，故此后人就将这两者说成是同一人了吧。

另据《荒史·本纪卷之二》记载描述，“仓帝史皇氏，姓侯冈，名颉。实有睿德，生而能书。龙颜侈哆，四目灵光。及长，登阳虚之山，临于玄扈洛汭之水。上天作命，使为百王宪。得河图绿字。于是穷天地之变，仰观奎星圆曲之势，俯察龟文鸟羽山川，掌指而创文字，以正君臣父子尊卑之分，而天地之蕴尽矣。天为雨粟，鬼为夜哭，龙乃潜藏。文字成而记注备，著绩别生，正名孚号，而升封介丘，以昭于异世，而文治兴焉。”

上述这段话，将仓颉的出生及其史迹基本都作了概括。仓颉从小就生得聪颖，异于凡人，是上天注定使其为帝王，并得河图绿字，又仰观天文，俯察地理山川及龟文鸟羽，才受到启发而用掌指创造出文字。这种文字出现之后，对人们定尊卑、明礼节、记备忘等事务起了巨大作用。所以，人类从仓颉开始，才有了文治的创立和兴起。

自古以来，华夏各地民间有关仓颉造字的传闻也很多。仓颉的故里据考在陕西白水，其地的仓颉庙建于1800年前。同时，十分宝贵的是，在古庸国之地的永定、桑植一带，至今也留有仓官峪、官仓坪、錾子岩等地名和石壁刻划字、草码字、灰码字、木匠字符等古文字遗存。如仓官峪在桑植，其地名显然是以仓颉之史官为含义而命名。官仓坪在永定，其地名也是包含了仓颉为史官的寓意。看来，仓颉虽然不是出生在古庸国的核心之地，但他与古庸国之间的关联还是很多的。如古庸国的辖地，过去除了有多处以仓颉命名的地名之外，还有些地方也建过纪念仓颉的庙宇。清朝时，长沙贡园的西街就建有一处仓颉庙，又称圣仓祠。该祠毁于1938年“文夕”大火。原庙中悬有两副对联。一副是谭嗣同岳父李篁仙所撰，联云：上古结绳，惟轩辕史官，察见蹄迹，克继庖牺而圣；新祠释奠，愿湖湘群彦，搜罗钟鼎，勤研汶长之书。此联中“汶长”指东汉文学家许慎，许尝官汶长。著有《说文解字》一书。另一副对联是大庸人陈桐阶所作。联云：古文仰作家，论周孔圣灵，也当瞻拜门墙，于此同来问字；大笔惊鬼神，除梵卢伯仲，可以别研经术，其他未敢抗衡。联中梵、卢与仓颉都是佛教传说中创造文字的人。这两副对联亦写出了后人对仓颉造字的高度评价。

7. 伏羲演卦

仓帝史皇氏之后，按照《荒史》所载，其后又经过了柏皇氏至无怀氏等16氏族之后，才有了伏羲氏出世。

而在中国古代的传说中，伏羲又是中华民族敬仰的三皇之首的人文始祖。但伏羲究竟出生何时何地，又在何处画卦？何处得河图并发迹称帝？历来的史籍记载也说法不一。如唐司马贞《补史记·三皇本纪》载：“太皞包牺氏，风姓，代燧人氏继天而王。母曰华胥，履大人迹于雷泽，而生包牺于成纪。蛇身人首，有圣德。”与此说法相同的还有《太古河图代姓纪》及《太平御览》等书，这些史籍都说伏羲是燧人氏之子，并继其皇位。而宋·罗泌著《路史》和明·陈士元著《荒史》，虽也认定伏羲是华胥氏踩巨人迹所生，但却并不认为伏羲是燧人氏之子，所以才将伏羲列在距燧人氏很多代的无怀氏之后。如《荒史》载：“无怀氏没，太皞伏羲氏作。姓风，名方牙，一曰苍牙。风姓，是为春皇。包羲，亦号天皇，人帝皇雄氏。苍精之君也。母华胥，居于华胥之渚，尝暨叔媪翔于渚之汾，巨迹出焉，华胥决履以跄之，意有所动，虹且绕之，因孕十有二岁（以十月四日降神，得亥之应，故谓曰岁）。生于仇夷，长于起城。龙身牛首，渠肩达掖，山准日角，夺目珠衡，骏豪翁鼠，龙唇龟齿，长九尺一寸，望之广，视之专，继天出震，聪明睿智。盖乘岁而王，以立治纪，而万世循用之。”

显然，这些不同的说法，使得后人也很难搞清谁对谁非。就是伏羲的形象，两者的形容都不同。所以，至今全国尚有很多地方，也都各争相认定伏羲出生在其地。

张家界本是古庸国所在地，本地的史学学者李书泰、金克剑、周志家、田奇富等，根据诸多古籍的说法分析，认为伏羲氏就出生或发迹在张家界市的崇山。其理由有六点：一是此地有枫香岗地名，在古代是风氏的集聚地。其二是有与雷泽相似的六大地名，即雷公坪、雷公山、雷公溪、雷公洞、雷公咀、雷公泉，这六个地名都在今市中心的三角坪一带，并且还有千古传名的“天门云梦泽”。其三是在今桑植县发现有华胥氏的故里华胥湾（民间俗称华玉湾）。其四是在本境发现了四处巨人足迹，分别位于天门山西麓的马鬃岭、永定区枫香岗巫山西南侧的龙尾巴山岗、永定区仙人溪村的脚印山、慈利县金岩乡土溪村的神堂坪洞溪。其五是认为伏羲发明的八卦有两个最基本的核心，即地球“子午线”核心和八卦之“正南乾一首”核心，这两个核心都合符于张家界。而西部的甘肃天水、四川的阆中、陕西的渭南、北部的河北新乐、中原的河南淮阳和东方木神都与这两个核心没有任何关系。张家界市北侧的靠山自古就称“子午台”。同时，按田奇富先生的分析，张家界以天门太极为核心，向它的四方和四维一一辨认，就可发现，正南方是天门山，正东方是官黎坪，正北方是且住岗，正西方是大庸溪，东南方是伯庸坡，东北方是三角坪，西南方是枫香岗，西北方是小河坎。如果将这些地名综合起来，就是一幅天然的伏羲先天八卦图。这种天生太极风水，正是成就伏羲氏演八卦，创造中华远古无字文明的先机。其六是有文献记载为印证。据最早的文献《三坟》之《连山易》载，64 爻卦大象的首卦即是崇山君。第二至第八组首卦分别是伏山臣、列山民、兼山物、潜山阴、连山阳、藏山兵、迭山象。其中有四组即崇山君、伏山臣、列山民和连山阳均在张家界境内，这种不可思议的卦象组合排列，只能说明以崇山为首的“南一”是八卦的领袖，而以崇山为首的“君位”则是六十四卦的统帅。

田奇富先生还说，张家界“本境有一句俗话：说‘祖’必说‘崇’，祖山即‘崇山’。而演‘卦’为演《易》，无‘三’不成‘卦’，亦是对《易》的解释，凡《易》有三类，曰《连山》、曰《归藏》、曰《周易》；而卦有三种，即伏羲之先天八卦、神农之中天八卦、文王之后天八卦。”（见田奇富《溯源伏羲说阳戏》一文）。可见，伏羲所演八卦，时间也是最早的。另据《山海经》载：“伏羲氏得《河图》，夏后氏因之曰《连山》。”这句中的夏后氏应是指夏禹。最早的古籍《连山易》又载：“连山者，重山也，故‘重艮以为首’。”此句中的“重山”，也即指崇山，“康熙字典”解释：“崇，重也。”崇山就在张家界境内。这些文献证据链接起来，都充分印证说明，伏羲不仅出生在今张家界市的崇山，而且生活于崇山，演卦于崇山，又称帝于崇山。伏羲应该就是地地道道的大庸人。

以上六条重要论据，也代表了张家界本地诸多历史学者的共同观点和看法。至于伏羲出生地的最终认定，究竟要到何时才能弄清，看来还得等待有关权威部门的考证来结论吧！

图 51：传说中的伏羲演八卦形象

8. 女娲炼石

女娲是与伏羲同时代的人物。民间传说中，还有将她和伏羲说成是一对亲兄妹的故事。《荒史》一书载："太昊氏没，女弟女皇氏作。以云纪行。一曰娲，又曰女希。出于承匡之山，生而神灵，无景无韶。少佐太昊，祷于神祇而为女媒。"女娲因平息共工之乱而得民众拥护，当上女皇，在位 130 年，死后葬于风陵堆。

关于女娲的出生地和陵墓，全国共有 9 处遗址传说地。其中与古庸湖湘地区相关的就有 4 处，即女娲娘娘洞、娲皇垭、女娲庙（今张家界市）、炼补亭（今益阳市）。其余 5 处分别在山西永济县、陕西潼关县、河南阌乡、山东济宁县等地。这些传说遗址地也难分清谁是谁非。不过，穷搜古籍，中国的女娲神话其实最早源于《山海经》和屈原所写的《天问》篇中。而早期的女娲还只是用黄泥造人而已，到后来这个神话不断扩展，才有了女娲炼石补天的故事。综合《淮南子·览冥训》、《列子·汤问》、《汉书》、《帝王世纪》、《路书》、《史记·补三皇本纪》等书的记载，后来民间大致形成的传说故事是：水神共工与火神祝融交战，共工用头去撞世界支柱不周山，导致天柱折，地维绝，四极废，九州裂，天倾西北，地陷东南，洪水泛滥，大火蔓延，人民流离失所。女娲看到她的子民陷入巨大灾难之中，遂即到东海天台山堆巨石为炉，取五色土为料，又借来太阳神火，历时九天九夜，炼就了五色巨石 36501 块。然后又历时九天九夜，用 36500 块彩石将天补好。剩下的一块遗留在天台山中汤谷的山顶上。天补好后，可是却找不到支撑四极的柱子。女娲只好将背负天台山之神鳖的四只足砍下来支撑四极。可是天台山要是没有神鳖的负载，就会沉入海底，于是，女娲将天台山移到东海之滨的琅邪。所以，至今天台山上仍然留有女娲补天台，补天台下还有斩了足的神鳖和补天剩下的五彩石，后人称其为太阳神石。

关于女娲补天的这一神话，现在看来似乎是很荒唐的，因为天又不是石头做的，怎么能用石头补呢？东汉的王充在《论衡·谈天篇》中即评论说：

“天非玉石，岂石能补？女娲高不及天，如何补天？龟体巨大，天地难容，肤坚似钢，女娲难以擒杀，砍龟足做天柱之事不可能。”那么，后人又是怎么理解和解释女娲炼石补天这事？

明清的学者的解释是：上古时代，人们茹毛饮血，不知用火。女娲炼石取火，使原始人能吃上熟食，夜里能照明，取暖，实际上弥补了天力的不足，故谓之补天。但这种说法与燧人氏祝融取火雷同，没有什么新意。

而现代也有科学家分析，女娲补天的神话，其事实依据可能来源于距今5000余年前的一次陨石对地球的撞击，这次撞击造成了巨大的自然灾害。女娲补天其实是对这次自然灾害被逐渐平复后的神话表现。还有的现代学者认为，女娲补天的五色石，实际是指青、黄、赤、白、黑五色，应该含有金属矿物质。女娲识别了它们，并用火锻造，制成坚硬的原始器物，开创了原始炼石、焚土、烧瓦、制陶、冶金业先河。这是了不起的功绩，以人力补天之不足，故曰“女娲补天”。

张家界本土史学专家李书泰先生认为，古庸地区远古就有烧石灰、烧瓦、烧陶器的习俗。烧石灰，即用火烧白石灰石，使它变成生石灰。这种白色的石块浇上水，就成了熟石灰。生熟石灰有多种用途，白色石灰掺上草末抹在房屋墙壁的外面，使房屋变得防雨、防风、保暖，居住条件大为改善。在武陵山区，又到处都是烧制石灰的碳酸钙矿石，就地取材烧制石灰十分便宜。所以，这种“白石灰”被广泛地用于建筑材料，应是远古人类发明的第一种人工制造的建筑材料，而且很可能是女娲发现了用火烧化的石灰可以用来杀虫防病、改良土壤、粘合加固、混泥筑墙的用途。

用火烧瓦、烧陶器是古庸地区的又一古老习俗。张家界一带有句老话是：“三寸的椽木（过），四寸的路（啦），五寸的瓦儿盖天下。”这也可看作是歌颂女娲为后人造福的不朽功劳。因为女娲炼五彩石补天，象征的意义或就是烧瓦以盖房。所谓五彩石，也可能是古人将泥质瓦胚胎烧制变得像石头一样有硬度后的转称或雅称，而且那时烧制的火候或工艺还不是很成熟，烧出的瓦各种颜色都有。还有用泥土制成的胚胎，烧制成各样颜色的陶器，也是作多种生活之用途。这些泥质胚胎烧制成器物后，不就是一种“五彩石”吗？所以，女娲也应该是第一个瓦匠之祖，或曰陶瓦之祖。

同时，女娲也是冶炼之祖。在先庸时期，人类也可能已进入冶炼青铜的时代。熔炼铜矿，可以得到黄铜。熔炼铁矿，可以锻造成铁器；熔炼金矿，还能提炼黄金。而用火之后的剩余物也是有用的，一撮柴灰就能治疗角斗士的青肿和擦伤；木炭混以蜂蜜还能医疗炭疽病。所以，李书泰先生分析道："很多专家怀疑关于黄帝、禹铸鼎的文献记载。但从冶金学的原理上考证，黄帝和大禹时代完全具备铸造青铜大鼎的客观和主观条件。女娲补天的神奇传说之所以口口相传流至今日，就是我们祖先有意要把这些历史发现告知后世子孙。从这个意义上说，远古先庸时期的陶器和青铜器的发现远远超过我们猜测、推定的时间。陶器发明、青铜冶炼和石灰的烧制使用是远古人类的三大发明，比后世中国的四大发明对世界的贡献更早、更巨大，其影响也更加深远。"

9. 神农尝草

相传远古时代，继燧人氏、伏羲氏和女娲氏之后，又一个影响最大的氏族是炎帝神农氏族。宋·罗泌《路史》记载："炎帝，神农氏，姓伊耆，名轨，一曰石年。是为后帝皇君，炎精之君也。母安登，感神于常羊，生神农于烈山之石室。生而九井出焉。"

图 52：神农尝草绘图

炎帝神农的父亲是少典氏之国主，母亲是有侨氏之女。炎帝长于姜水，以姜为姓。长相如牛头人身。身高有八尺七寸。又因国于伊，又号伊耆氏。发迹于烈山，烈山亦称厉山，故又号烈山厉山氏。炎帝自小很聪明，生下只三个时辰就能说话，五日能行走，三岁即知稼穑。他在位时，官师时事悉以火纪，故又称炎帝。

明·陈士元著《荒史·禅通本纪》又云，炎帝神农氏"命司怪主卜，巫咸、巫阳主筮，通变极数，以成天下之务。谓始万物者，莫盛乎艮。于是重艮为首，所谓连山易也，故亦号连山氏"。这段话表明，神农氏很重视继承伏羲太皞发明的八卦之崇（重）山君的卦象，并自称连山氏，说明炎帝其实也就是古庸国之君王。而神农氏后一代炎帝又称"柱"，可谓"柱炎"，亦可称"柱庸"、"祝融"。

神农氏炎帝一生主要的贡献有：教民播种，顺天命，正气节，审寒暑；教民桑麻，以为布帛；教民制锄耨农具、制釜甑、井灶、使民无腥液之患；教民以重农事，制为登谷之法；教民避灾祸，兴礼仪，设日中为市，通贸易。此外，神农还上山采药，尝过各种草药，一天中曾中毒 70 次，是个为百姓治病的神医。所以，神农在位时顺应天时，使旱涝保收，百姓生活满足，百姓从其政令，奸邪不作。正因其当政能“神而化之，使民宜之”，故天下号曰皇神农。

神农炎帝最后“崩葬于茶乡之尾”，即今株洲市炎陵县（原称酃县）。因其地曾属茶陵县“茶山之阴”，故曾命名茶陵，后改称炎陵。

关于神农炎帝的死因，当地民间是这样传说的：一天，炎帝来到酃县白鹿原附近的桥头岭下，在一处石崖下看见一种黄花的藤状植物，他招呼同行的胡真官说：“等一等，让我把这棵黄花小草采来尝一尝。”说罢，就到崖下将那黄花草拔了出来，又到路边泉水窝里洗了洗，就放在嘴里品尝了。胡真官问：“这药怎样?”“不，不好。快给我解药。”炎帝感觉腹部忽然疼痛难忍，额头冷汗直冒。胡真官一看不对，忙按其吩咐给他找了茶叶、银花、甘草等解药服下，但却没一点效果。炎帝这时又强忍剧痛镇静道：“看来这草是毒药之王，以往我日尝六七十种毒草都解得过来，今天却不行了，我感觉肠子像一节一节地在断了，这种毒药叫“断肠草”也行，希望你告诉百姓，今后不要误食。”说罢，炎帝就瞑目而逝了。

炎帝神农氏死后，人们都很怀念他。因为他在位为百姓做了那么多好事。特别是在农业方面，他试种五谷，获得成功，从而奠定了我国粮食作物的基本种类，同时发明耒耜，改变了原始的刀耕火种习惯。同时，在医药方面，他遍尝百草，为百姓治病，成为《神农本草经》的创始者，为后世医药学的发展也奠定了基础。光这两项成就，就足以使他的功德流传千秋。而他最后因尝毒草不幸死去，使其魂灵更是超越寻常。一个帝王能够时时想到百姓的疾苦，并为寻求解除百姓的痛苦而以身殉职，这是何等高尚的品德行为！它也不愧是古庸国文化的精髓所在。所以，神农炎帝一直在人们的心目中德高望重，他的功绩，也将会永远在历史上辉耀万古！

第二章

上古传奇

1. 雨师赤松

赤松子，又名赤诵子，号左圣南极南岳真人左仙太虚真人，秦汉传说中的上古仙人。相传为神农炎帝之雨师。记载其事当以《淮南子·齐俗》为最早。《列仙传》则详述其事曰："赤松子者，神农时雨师也，服水玉以教神农，能入火自烧。往往至昆仑山上，常止西王母石室中，随风雨上下。炎帝少女追之，亦得仙俱去。至高辛时复为雨师，今之雨师本是焉。"

另据明·陈士元《荒史·帝师列传》载："赤松子者，上世之诸侯也。治国历年，不知何始。厥后徙居襄城，家于石室，神农致为雨师，行弟子之敬。故神农之理天下，欲雨则雨，五日为行雨，旬日为谷雨，旬五日为时雨，万物咸若，谓之神雨者以赤松子为之师也。或谓赤松子服水玉教神农，入火不热焉。"从这个记载来看，赤松子又不仅是神农炎帝之师，并且是一方诸侯。他在位治国历年，还不知起于何时。据李书泰先生考证分析，赤松子应诞生在崇山，定居于大坪。他年轻时继燧人后又发明阳石取火办法，以火施化，让先民告别茹毛饮血的野人生活，从而被族人推为酋长，被酋邦推为赤帝，被后人尊为火神祝融和雨师祝融。年老后，他将帝位传给炎帝，炎帝的女儿也追随他成了仙女。

晚年的赤松子退居故乡大坪闲居养老，故大坪原称赤松坪。在大坪闲居时，赤松子致力研究养生保健术，常在天门山采药炼丹，并练习腹式呼吸法，推研出一套集药膳、气功于一体的长寿修炼法，他又精于天文地理，擅长气象观察和天气预报，故被炎帝又聘为顾问，拜为雨师。赤松子退而不休、老而有为，健康长寿，人们又称他为仙人、仙师。故今天门山顶有赤松峰、丹灶峰、山下有仙人溪、赤松岗，邻近有仙人桥、赤松树。又因他的子孙和传人亦多有自称赤松子者，随着时光流迁，人们便误认他是长生不老的“真人”、真仙。连屈原、张良这样有名的人物都很崇拜他。屈原的诗篇中有“从赤松子游”的句子。张良晚年有“从赤松子游”的传说。张家界黄石寨一带，民间也有赤松子的神话传说，还有以赤松子命名的地名。

其他还有许多历代文人写的诗词歌咏赤松子事。如明代慈利知县叶守礼写有《丹灶峰》七绝：“悬崖峭壁隔尘寰，上有仙人学炼丹。炼得丹成鹤已去，独留丹灶在峰峦。”清代诗人罗复《赤松山》诗曰：“昔闻张子房，从此赤松游；知足故不辱，知止故不忧；扰扰道旁者，驾言焉所求。”诸如此类写赤松子的诗还有不少。这些都说明赤松子在后人的眼中，影响是比较大的。特别是有过作为的官场士大夫们，也都向往像赤松子晚年那样过清闲的隐居生活。

赤松子作为炎帝的雨师，传说其特长主要是能调节时序，会行雨之术。炎帝有他为师，常得风调雨顺，以此顺利治理了天下。赤松子的此类特长，亦使民间至今还在将他作为雨师之神而崇拜着。总之，赤松子无论是赤帝，还是雨师，他都是古庸国的一个很有影响的人物，民间将他作雨神奉祀，这也是对他的一种特殊敬重和纪念。

2. 水神庸回

庸回即共工，《荒史·卷之六》载：“共工氏，伏羲氏之诸侯也。始国于康，厥名曰回，是为康回。髦身朱发，任智自神。”而康回即庸回，两者都是共工氏之名。这是王逸在《路史》中对有关共工的注解。

共工既然是庸回，说明他也可能是一个资格很老的古帝，而且有可能就是大庸古国的一代先帝。本境永定区沅古坪镇《龚氏族谱序》记载：“龚氏得姓出共工氏，子为句龙，十九代孙‘锦’为祖辩冤，触犯皇纲，流放苍源（江西）五年，遣返武陵，携伉裙为室，繁衍子孙，而典立共工武陵堂。”可见，共工的原籍有可能就在大庸武陵地区。

共工氏在伏羲时代是一个王侯，其权势很大。《左传·昭公十七年》载：“共工氏以水记，故为水师而水名。”《荒史·卷之六》又载：“伏羲氏没，康回乃灭德尚刑，俶乱天常，窃保冀方，抢攘为杰。于是左摡介丘，右挹终隆，振滔洪水，以薄空桑，寇剧于诸国，虐弱以逞。乃以浮游为卿，自谓水德，官师制度皆以水名，盖乘时鹊起而失其纪者也。立法贪货，贸兴有无。其取民也，水处十七，陆处十三，乘天势以隘制天下，而用不匮。”这段话也表明，共工氏以水为纪，而且是个专管水的神师，他设立了17处水道关卡，借用水来谋取利益，并借水势来挟制天下。可惜他乱用水权，不时危害作乱。

《荒史》将共工作为叛臣列传，还这样形容他道：“迨其跋扈，更复峻刑暴虐，民不堪命。于是立兵仗，聚逋亡之徒，以奸天宪……犹欲凭怒恃其悍悖。拥防百川，隳高堙卑，率万舆而潮陷之。行违皇乾，诸福不畀，疾荐作而菑屡臻。当是时也，天柱若折，地维若缺，娲皇氏起而僇之，共工氏遂亡。”

此段话又说明，共工氏凭借其执掌水利的权势，为了争夺皇权而不顾民众生死，竟然振起滔天洪水，把天柱都冲坏折倒，使大地一片泛滥。这种违背皇乾的行为，自然得不到神的庇护，所以，女娲出面将其诛戮，天下才又得以太平。

与《路史》、《荒史》说法不同的是，《淮南子·天文篇》等古籍记载的是共工与颛顼争帝，怒而触不周之山，使天柱折，地维绝。《史记·五帝本纪》也载，“三苗在江淮、荆州数为乱。于是舜归而言于帝，请流共工于幽陵，以变北狄”这些文献的说法，在时间上看起来很有矛盾。伏羲时代和颛顼时代、帝尧时代相隔很远。不过，我们只能这样理解，毕竟这些都是神话传说，共工究竟是哪个朝代的人，笔者认为还是以伏羲时代共工就出现了比较靠谱，当然，共工氏作为一个著名氏族集团的首领，这个氏族到了颛顼时代和帝尧时代也还存在，所以，他们之间有利益争斗也是可能的。

《山海经·海内经》又载：“炎帝之妻，赤水之子听訞，生炎居，炎居生节并，节并生戏器，戏器生祝融，祝融降处于江水，生共工。共工生术器，术器首方颠，是复土壤，以处江水。”从这段话来看，共工又成了炎帝的玄孙。按理来说，共工在女娲时代就被祝融所灭了，这时何以又出共工，其实，这个共工应该是共工氏族在大禹时代的又一首领，因为祝融集团在江水兴盛起来后，发现共工集团的首领被杀后空缺了，于是协助共工族团确立了新首领，所以，共工族团又振兴起来，这也就是祝融生共工的真相。而按照李书泰先生的分析，此共工很可能就是鲧，因为鲧生了大禹，鲧的事迹与共工的事迹有很多也都是相同的。

综上所述，共工氏族十分古老，共工也不止一个首领。最早的共工氏很有可能和伏羲同一时代，并且就是古代庸国的一代诸侯或帝王。早期的共工在历史上以水为害，做过一些坏事，是一个典型的反面人物形象，但他作为一个氏族的首领，在带领氏族筚路蓝缕，开拓疆界，繁衍人类后代子孙等方面，应该说也是有其功劳的。而且，共工氏族的后裔在大禹时代又有过振兴，治水的大禹应是出自共工氏族，并且成了中华民族治理水患的一代英豪，这些都是值得肯定的。

3. 战神蚩尤

蚩尤，在古代历史记载中是继共工后又一反叛首领的形象。同时，在苗族人的心目中，他又是一位受崇拜的创世先祖。

蚩尤祖籍于何地？史学界目前尚有争议。《初学记》引《归藏》说："蚩尤出自羊水，八肱八趾，疏首，登九淖以伐空桑。"明·陈士元《荒史卷之六》载："阪泉氏蚩尤，姜姓，炎帝之裔也。兄弟八十人。"据此，部分学者认为蚩尤出自山东羊水。本土学者考证后认为，此"羊水"应为发源于张家界市山羊溪和羔羊泉（又称高阳泉）的"庸水"，蚩尤又曰"蚩庸"，应是出生祖庸之地，并继位当了庸国帝王，亦自称过炎帝。他在故乡庸国发迹后才率军东征九夷，开拓山东领土。故山东亦有了羊水地名，泰山亦被称为"岱宗"，岱宗者，代祟也。即用泰山代替故乡称之为祖山、国山而予以祭拜。同时，据《酉阳杂俎·卷十二·语资》所载之典故：明皇封禅泰山时，九品官郑镒因是史官张说的女婿而迁升五品，被人讥讽为靠泰山之力，故后人又将岳父大人比作泰山。

另外，在苗族人的图腾崇拜中，有一种神木枫树不仅与蚩尤紧密相关联，它还是一种"龙树"。据《山海经·大荒南经》载："……有宋山者，有赤蛇，名曰育蛇。有木生山上，名曰枫木。枫木，蚩尤所弃桎梏，是为枫木。"李书泰先生在《庸国荒史研究》中曾分析指出："赤蛇者，亦蚩尤所化，'赤'是'蚩尤血'的涂染或所化，更具可能。所以这赤蛇、枫木不但是一种'龙树'，而且可以视为龙血之树，蚩尤之树。"在永定区三个苗族方言区的传说中，蚩尤还被称作为"祖父"、"祖公"，永定区王家坪镇桥边河村还有"尤公坪"的地名，枫香岗乡因有一颗3000多年树龄的古枫树而得名，该乡宋坪之宋山又多有红蛇出没，这些信息与蚩尤史迹及神话传说也都相吻合，证明蚩尤应是古庸国的一代先祖。此外，在黔东南一带的苗族史诗里，"妹榜妹留"，苗语指"蝴蝶妈妈"，是人、兽、神的共同母亲，而"妹榜妹留"也是由"蚩尤之械"的枫香树所化，可见枫木在苗族人的心中，已普遍被视作是蚩尤所化的神树而被崇拜。

蚩尤不仅被苗民崇拜为树神，也被看作是牛的化身。蚩尤的图腾形象是“人身牛蹄”，铜头铁臂和“以角抵人”。而炎帝的图腾形象是“人身牛首”。阪泉氏蚩尤在打败了炎帝后，还曾僭称炎帝，成了炎帝蚩尤。因蚩尤与牛的图腾关系很紧密，故苗族人对牛很尊崇，苗语称牛为尤，黄牛称黄尤，水牛称水尤。说明蚩尤就是牛所变，蚩尤的化身为“牛”，并且在战败后被割碎、分埋，也没有屈服。蚩尤的“叛逆”亦是“混沌原则”的体现者，所以，蚩尤的后人苗族还用杀牛来纪念蚩尤。同时，苗族的民谚又曰：杀人、防火、宰老牛，是良心泯灭的三大罪恶。故苗族人养牛，把牛又像宝贝一样对待，过年过节，有好吃好喝的粥和酒都舍得喂牛。苗族人还有 13 年一度的“枫木鼓大祭”，届时要斗牛、杀牛，跳芦笋以祭鼓。

此外，蚩尤还被苗族人视为战神。蚩尤创制的兵器有冶炼的刀、剑、矛、戟等利器。蚩尤还是天上的星宿之一，并当过天文官，能知天象，指导过农耕。蚩尤之旗如箕，黄上白下，末有星云，长达二三丈。蚩尤也很会领兵打仗，“蚩尤顿戟一战，伏尸满野，而岁之诸侯相兼者二十一。”（见明·陈士元《荒史卷之六》）。蚩尤率其 81 兄弟组成的氏族集团，一年中就兼并了 21 个诸侯国，可见其战斗实力很强。有的史书说黄帝百战，蚩尤占七十二；而且，黄帝曾与蚩尤在河北逐鹿决战三年，“九战九不胜”。最后，黄帝问计于伍胥，“乃设五旗五军，具四面攻之，三日而城果下。蚩尤出走，相与转战，执蚩尤于中冀而戮之。”（见明·陈士元《荒史卷之六》）。黄帝联合各路诸侯虽然打败了蚩尤，但也打得十分艰苦。所以，蚩尤虽败犹荣。他与后来秦末的项羽、明末的李自成、太平天国的洪秀全等可归为历史上同类的失败英雄。

孙中山曾说：“中国历史上有一习惯，所谓成则为王，败则为寇。”其话说得不无道理。纵观中国的历史，凡进入正史本纪之类的帝王史，多半都有替其粉饰夸耀之辞的倾向，而进入叛臣列传之类的人物，多半也都有失客观公允之贬辞的记述。蚩尤也一样，他在正史的记述中多是好兵喜乱，暴寡虐弱之类的凶神恶煞，但不可否认的是，在民族的大融合、华夏族的形成以及文明的创造中，蚩尤的贡献也是显而易见的，其对后世的影响也很大。作为一个失败的英雄，历史本应给予其公正的评价。

4. 黄帝图腾

传说神农炎帝寿命很长，他活了168岁才去世。其后的炎帝又传了许多代。据《荒史·疏仡本纪》记载，最后一代炎帝在位时，因蚩尤作乱，参卢炎帝无法控制局面，只好禅让给有熊氏。有熊氏姓公孙，名荼，又名轩，字曰玄律，本系少典氏之后代，与参卢炎帝是同为一祖的子孙。其母叫附宝，因见雷电缠绕北斗星，把宇宙照得通亮而怀孕，并孕育了25个月后，在寿丘这个地方生下了轩辕黄帝，所以，黄帝又是主雷雨的天神。

黄帝出生时据说紫气充房，神变灵异。长大后身逾九尺，长相很怪，其头上有四张脸，可以监视四面八方。因他是中央之帝，统治着整个宇宙。他的四面各有金木水火天帝辅佐，各掌管一方事物，并分别又有春、夏、秋、冬四神供驱使，在中间还有土神后土辅佐，后土手拿一根绳子，将四面八方都管着。

黄帝在继少典氏之国后又更为姬姓，并谋兼智而开国于熊，即是有熊氏的首领。现代有学者认为有熊氏的家乡在河南新郑，故其地应是黄帝故里。但也有学者认为，黄帝出生地在寿丘，《史记·五帝本纪》记载："舜耕历山，渔雷泽，陶河滨，作什器于寿丘，就时于负夏。"北魏郦道元《水经注》："历山，澧水所出。"说明这寿丘就在桑植的澧水河畔。同时，黄帝继少典氏之国，但他又开国于熊，是有熊氏的首领，有熊氏居于熊山，而古庸国的崇山在苗语中又称熊山，今崇山之南还有"熊罴洞"、"熊罴岩"等地名，崇山之北麓有"熊溪"、"熊馆"、"熊娘嘎婆洞"等地名。所以，黄帝的故里也很可能就在崇山或桑植一带。关于黄帝故里的多种说法究竟谁是对的，似乎都还有待考古的权威来作出定论。

炎帝参卢禅让后，黄帝率风后、力牧、神皇、邓伯温之徒与蚩尤转战，最终打败蚩尤，而后登位，再以土纪德，其色尚黄，故才以黄帝之名开始号令天下。又因其登位时见云气环绕，是祥瑞之兆，故黄帝的百官师长俱以云名。其部属官职也比较完备，有四辅、三公、六卿、三少、二十四官、一百二十职等。黄帝是车的发明者，所以又号称“轩辕氏”。此外，黄帝还铸过宝鼎、铸过十二大钟等等，有过很多发明创造。

黄帝的龙图腾在世界也很闻名。而龙图腾的起源又来自什么？一般人也许根本没想过这个问题。专注于研究古庸国历史的李书泰先生，在其《庸国荒史研究》一书中写道：“中华民族的龙图腾实际源于先庸时期澧水流域农桑民族的蚕虫图腾。龙的原型是蚕虫。伏羲从虫获得灵感，找到宇宙的秘密。”许慎《说文解字》中解释，龙为“能幽，能明，能细，能巨，能短，能长；春分而登天，秋分而潜渊”。李书泰先生由此分析说：“蚕刚生出来时像小黑蚂蚁，这是‘能幽，能细能短’，到结茧时，身体呈白色并趋向透明状，重量扩大万倍，身长扩大几十倍，这就是‘能明，能巨，能长’。‘春分而登天’指春分后桑叶长出，蚕开始活动，‘秋分而潜渊’指秋分过后，桑叶凋零，蚕潜藏起来。恒久不变为阴，快速变化为阳，蚕短暂一生多次变化，为偏阳，而龙为阳刚之身。古代有‘龙马’负河图传说，也有‘蚕马’传说，龙马代换蚕马，‘龙’就是‘蚕’。蚕是古庸先民最早、最原始的图腾物。”

李书泰先生还指出：“虫是典型的象形字，活像刚从蛋卵中浮化出壳的那个小小的生命。乍一看上去仿佛正在爬动。笔者认为蛮是蚕的初文，会意理解为吐丝的虫。‘蚕’这种天降神虫，每到日神（炎帝上古虚化人物，代表南国共主）远归、天气转暖的春季，它就破卵而出，不停地采食桑叶让自己一天天长大，直到能为人类吐出备冬御寒的丝来，以致最后作茧自缚，成为一只蚕‘融’（疑为‘蛹’的初文）。为人类献出它宝贵的一生，真是‘春蚕到死丝方尽’！然而，这么一只无私奉献、福佑人类的神虫怎么会死呢？天遂人愿，它没有死。它不会死。它终于羽化成蛾听从日神召唤飞回了天空。这一神奇的生命现象，让古人感到十分好奇，小小春蚕，——这只神虫让他们产生发自内心的崇拜。他们十分虔诚而又隆重地筑下神坛，请来部落最高首领主祀，向这只‘大融’（融，亦为蛹，初文应为裹在丝中的‘蠻’虫，‘蠻’一字二指，既代表蚕也代表蛹），尸而祝之，期望这只神虫来年春天再回人间，为他的子民再赐生命之丝，古人最早的图腾就这样诞生了。”

在蚕图腾基本形成之后，由于发明了养蚕制丝的嫘祖嫁与了黄帝，这两人的结合，又促成了蚕图腾向龙图腾的飞跃转变。《周礼注疏》卷三十《夏官·马质》郑玄引《蚕书》解释：“蚕为龙精，月直大火，则浴其种，是蚕与马同气。”古代传说中，因伏羲也是最早学会养蚕的人，大禹则是最早驯服和使用马的人。所以，蚕马也好，蚕龙也好，在龙的图腾形成之后，就都暗含代表了一种以蚕为原型而转化的龙马精神。此外，龙的图腾又像一条蛇，故龙就是蛇，蛇即是虫，一条很长很长的“长虫”，这长虫也即是变化无穷的蚕所形成。

关于龙图腾的正式形成，另一传说是在黄帝于河北涿鹿打败蚩尤之后。其时黄帝已坐镇中原，统一了中华，并在有熊召集了九州诸侯开会，专门论证举旗的图腾问题。与会的各部落诸侯原都有自己的图腾，有的是以熊作图腾，有的是以虎作图腾，有的是以蛇作图腾，有的是以鱼作图腾，有的是以猴作图腾，有的是以狮作图腾。因黄帝是有熊氏首领，而有熊氏是以“熊”作图腾的。故此，会上，众人多数都建议以熊作图腾。但主持会议的黄帝，因怕伤害各部落感情，就没有同意以熊作图腾，而是想到妻子嫘祖所提之蚕马的传说和天黿（一种水族动物，背有河图，亦为轩辕的氏族名称）的图腾，另提出了以蛇（也像蚕）的形象为主体，再以鱼鳞为蛇鳞，以鱼尾为蛇尾，以狮头为蛇头，以鹿角为蛇角，以鹰爪为蛇爪，这样的龙，能腾飞，能下水，能抓人，本身集合了多种动物之能量，其构成的图腾就定名为龙图腾。大家一听，这个图腾真还不错，于是都很赞成。随即，这镶龙图腾的龙旗就这样敲定了。从此后，龙图腾即成了天子皇帝的代号。皇帝即是真龙天子，皇帝上朝，穿的衣服也是龙袍，是龙的象征。皇帝所住的宫廷被称为龙廷；皇帝的子孙被称龙子龙孙。直到清朝结束，皇帝的这一龙的化身及宝座专利权才终被废除。

作为真龙天子的皇帝虽被请下了台，但中国的龙图腾却一直保留着，而且这龙图腾还越来越得到了国人的敬重和崇拜。这又是为什么呢？因为，这中华龙图腾的含义本来就是多义的，除了皇权之外，这个图腾更多的意思已是一种雄性阳刚的龙马精神的象征。所以，皇帝被废除之后，这龙图腾虽没有了皇权的意思，但这个图腾作为一种鼓励人们勇往直前，不断上进的民族精神的标志物，它必将还会永远留存而不会消失。

综上所述，中华民族的龙图腾历经数千年的传承，早已约定俗成。只是，龙的图腾起源于原始蚕马图腾的真相，也许知道的人还不多。为此，我们有必要将这原始的历史图腾脉络现象解析清楚，这样即可更全面地了解和掌握华夏历史，而不至于数典忘祖，特别是把上古庸国的远古历史也生硬丢掉。

5. 庸帝高阳

黄帝之后，紧接着与古庸国有紧密关联的分别是青阳和高阳二帝。这两个帝王又以高阳的事迹传世较多。屈原在《离骚》的开篇即道："帝高阳之苗裔兮，朕皇考曰伯庸。"这两句话，说明帝高阳颛顼即是苗裔的先祖，也很可能就是古庸国之帝王。而且，高阳还是自黄帝之后一位比较有影响的上古中央天帝，在三皇五帝的五帝中排名第二，史称人文始祖。

据《山海经·海内经》载："黄帝妻雷祖，生昌意，昌意降处若水，生韩流。韩流……取淖子曰阿女，生帝颛顼。"若水，按张家界本地史学学者李书泰先生的解释是：茹者，若之本；若者，茹之果；"茹"、"若"本一物也，今引申连读为"如若"，即"如果"之意。所以，若水即是茹水，颛顼可能就出生在茹水一带。颛顼在民间又称为黑帝，而天子山一带恰有"黑儿垭"、"黑岩屋"、"上天子庙"、"中天子庙"等地名。这说明"黑儿"有可能就是指黑帝颛顼，并且就是天子庙中供奉的天子。

此外，颛顼即黄帝之孙高阳，而桑植县芙蓉桥乡和马合口乡分别有"高阳村"、"青阳村"等地名，那么，位于澧水支流一域的这"高阳村"和"黑儿垭"，也有可能就是黑帝高阳的出生和生活之地。颛顼在少年时候就显露出治国才能，15 岁辅佐西方天帝少昊治理国家，20 岁继中央天帝位，统领四方天帝。颛顼帝根据进步的天文观察与测算，又改革了黄帝颁行的《调历》，以初春元月一日黎明之时为立春，以此类推，定下了四季和二十四节气，从而基本上吻合了自然规律，对农牧业生产起到了科学的指导作用，这些成就都是对人类所作出的很大贡献。因此，后人还将他推戴为"历宗"。到秦朝统一中国后，以颛顼之名命名的《颛顼历》还在全国颁行通用，其历是一种四分历。一回归年为 365 又 1/4 日，一朔望月为 29 日又 499 \ 940 日。以十月为岁首，闰月放在九月之后，称后九月。《颛顼历》一直沿用到汉武帝时为止。

另外，传说高阳在位时，共立五官管理国家。据《荒史卷五·颛顼臣》载："帝颛顼高阳氏，立五官以正五位。少昊有四叔，曰重、曰该、曰修、曰熙。实能金木及水。乃命重为句芒，主乎春，木正也。该为蓐收，主乎秋，金正也。修及熙为玄冥，主乎冬，水正也。厥孙曰黎，实能火，乃命名为祝融，主乎夏，火正也。炎帝器之孙，祝庸之子曰句龙，实能土，乃命为后土，主乎中央，土正也。是谓五官。”颛顼自身也有盛德，能处静渊以有谋，并善疏通而知事，养材以任地，教化治理都有方。故其疆域扩展很大。据《史记·五帝本纪》载，其领土“北至于幽灵，南至于交阯，西至于流沙，东至于蟠木”。此辖地其实就是古庸国最盛时期的疆域。因为，当黄帝统一后，开始以龙为图腾并纪历，其他的小国依旧被分封，古庸国作为祖宗之国，这时虽然还存在着，只是其实力变弱了。后来到颛顼继位时，庸国忽然又强大起来。原因是，这颛顼是在庸国崇山澧水长大并发迹，也是靠承袭庸国的分封而再继承黄帝之位的。所以，他当政后，国家又等于成了庸国的天下，颛顼本人也就是庸国的首领。其时，追随庸国的小国就多了，庸国的疆域也就是在这时达到了鼎盛之时。

《淮南子·时则训》又载：“南方之极，自北户孙之外，贯颛顼之国，南之委火炎风之野。赤帝、祝融之所司者万二千里。”《山海经·大荒西经》中还有七处提到颛顼的名字，并指出颛顼生老童，老童生重及黎，颛顼死后葬于洞庭下东南西泽之鲋鱼山阳地等。李书泰先生认为，《山海经》中所提到的“南方东海”及《淮南子》中提到的“南方之极，委火炎风”等都在古庸国东边的洞庭湖之内。《山海经》中所提到的甘水即古庸城天门山下的甘溪、甘堰等地，羲和指今阳湖坪，汤谷指温塘、汤鸡峪等地，火正即南正，它与北正、官黎等地名均在张家界市城区。可见这颛顼国也就是古庸国的地域。《今本竹书纪年》又载：“颛顼高阳氏，元年，即居濮。”这也说明颛顼之国的国都就在桑庸古濮之地，而且自开国第一年就居此地，故曰“元年，即居濮”。

魏曹植《帝颛顼赞》曰：“昌意之子，祖自轩辕。始诛九黎，水德统天。以国为号，风化神宣。威鸿八极，靡不祗虔。”可见颛顼在位时，一统天下而威鸿八极。有学者汤锦程在《日本汤人的由来》一文中考证：“日本古称倭国，在中国东方的大海内，《海内北经》曰：‘倭国在带方东大海内，以女为王，其俗露紒衣服，无针功，以丹珠涂面。日本古代民俗，尊女为王，崇尚太阳，认为‘日出本土’，故而以‘日本’为国名’。隋炀帝大业（公元638年），倭王致书隋炀帝，自称‘日出处天子’。但‘本’字在汉字解释中，意为‘中央’，所以日本之汉译应是‘中央之国的太阳’，证明大和民族源自中国。”《荀子·大略》曰：“欲近四方，莫如中央；故王者必居天下之中，礼也。”而古庸都所在地的张家界市境内就有“中央仙山”地名、碑文和有关日本人来崇山寻根的传说，说明汤锦程先生的考证是有历史依据的。

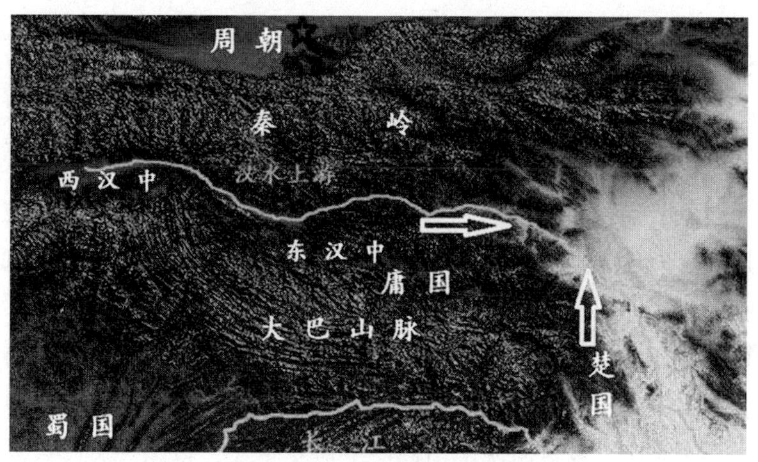

图 53：鼎盛时期的庸国疆域

颛顼作为庸国之帝而一统天下，其后他又曾坐镇中原，所以在河南等地也有颛顼故里遗迹之地的说法，但崇山之地仍是他发迹的祖山，庸国也依然是他的领地。这个史实过去没有人理清，现在应该是澄清这段本来历史面貌的时候了。

6. 犬戎盘瓠

传说颛顼帝高阳去世之后，紧接着继帝位的是青阳的孙子高辛，是为帝喾。《史记》描述帝喾高辛“生而神灵，自言其名。普施利物，不于其身；聪以知远，明以察微。……帝喾溉执中而遍天下，日月所照，风雨所至，莫不从服”。这说明帝喾也是一个聪明而有作为的皇帝，但他的具体事迹史籍记载不多，所以后人也无从了解详细。倒是与帝喾同时代的另一人物盘瓠，在民间传闻很多。

盘瓠是传说中帝喾（高辛）的神犬（女婿）。《后汉书》载：“帝高辛氏有狗名盘瓠，其文五色。时犬戎兵强，乃募能得犬戎吴将军首者，赐以少女。盘瓠得之，于是少女随盘瓠升南山，产子男女十二，自相夫妻。后繁盛也。”这些繁盛的后裔即是苗、瑶、畲等南蛮少数民族。

类似有关盘瓠的传说，在《风俗通义》、《搜神记》等史籍中还有不少记载。这些传说虽有历史的部分根据，但无疑已添加了统治阶级对战败者的丑化，也可看作是出自御用文人在仇蛮心理驱使下对少数民族泼的污水。而早期的史籍《史记·楚世家》有这样的记载：“……重黎为帝尝高辛居火正，甚有功，能光融天下，帝喾命曰祝融。共工氏作乱，帝尝使重黎诛之而不尽。帝乃以庚寅日诛重黎，而以其弟吴回为重黎后，复居火正，为祝融。吴回生陆终。”《世本·帝系》云：“陆终娶于鬼方氏，鬼方氏之妹，谓之女陨氏，产六子，孕而不粥，三年，启其左肋，六人出焉。”

不少史学家在做过许多考证后分析认为，盘瓠即是陆终，亦是狗图腾族人。盘瓠受高辛鼓动杀了犬戎部落的亲族，受封为犬封国王；陆终之父吴回，因高辛帝杀了陆终的伯父重黎而被封为火正官祝融。这两件事很可能发生在同一家族内。吴回担任火正官后，暗中可能仍在与高辛帝较劲，高辛帝故伎重演，威逼利诱陆终去杀死亲父“吴将军”（即吴回）。陆终为了当这强族女婿，竟作出了这违背人伦的蠢事。因其杀父为荣，猪狗不如，为后人所不齿，故被讽刺描绘成了一只狗。晋代郭璞在注释《山海经》的《玄中记》中记载："狗封氏者，高辛帝有美女，未嫁。犬戎为乱，帝曰'有讨之者，妻以美女，封三百户。'帝之狗名盘护，三月而杀犬戎，以其首来。帝以为不可训民，乃妻以女，流之会稽二万一千里，得海中土，方三千里而封之。生男为狗，生女为美女。封为狗民国。"

这则记载，算是解开了陆终杀其父，并被封为狗民国，成了盘瓠族先祖的真相。

与盘瓠而同闻名的还有其妻辛女。据泸溪县一带的民间传说，高辛帝招盘瓠杀敌将吴回，盘瓠取回其首级，帝喾将辛女嫁给他，两人结为夫妻，后共生了6个儿子。盘瓠是个亦狗亦人的神灵，两人生的儿子羞于其父是犬类，又将其父盘瓠杀死了。辛女为此悲伤过度，也化成了一座岩石，即辛女岩。两人生的儿子后来不断繁衍，盘瓠即成了苗、瑶、畲等少数民族的始祖。这则传说也揭示了盘瓠为何是犬身的真相，同时也反映了苗、瑶、畲等少数民族始祖起源的艰难历程，有其现实的意义，而盘瓠的墓地据传在泸溪县砣山，但具体位置现在可能也很难找寻到了。

7. 唐尧美德

史载帝喾年老去世之后，紧接其皇位的是帝挚。《史记·五帝本纪》云："帝挚立，不善，而弟放勋立，是为帝尧。"

尧因受封唐侯，姓伊祁而号陶唐氏。尧的出生及发迹与古庸国的关联很多。今张家界市有许多以尧命名的地名。如桑植的尧儿坪村，传说就是尧帝生活过的地方。尧帝 13 岁助理其兄挚治理国家有功，被封在陶城（坪），15 岁又改封于唐，所以史书上称尧为陶唐氏，是陶姓的授姓之祖。今桑植县苦竹坪乡内金子山下的陶姓有近千人，有谱书表明其姓脉出陶唐，为黄帝五世孙帝尧之后，始祖陶舍距帝尧 49 世。

另据《帝王世纪》载："帝尧之世，天下大和，百姓无事。有八九十老人，击壤而歌。"那《击壤歌》的歌词是："日出而作，日入而息。凿井而饮，耕田而食。帝力于我何有哉?"这首民谣描绘的是上古尧时代的太平盛世，人们过着无忧无虑的生活。尧儿坪，很有可能就是尧帝教儿子挖土击壤、培土护苗的地方。

尧为人和善，"能明驯德，以亲九族。"他和亲族人的关系不错，庸国又是祖宗之国，是他祖辈发迹的地方，交往也很密切，他在位时，或也可能在名义上还兼任着庸国的帝王首领。庸国在颛顼与帝喾时代，其实都是利益和利害都相关的子母国的关系。

尧在帝位的时代，也是最受史家好评的古代施行仁政圣治的典范。相传尧继位后，深受百姓拥护，因为他当政时，很有仁德之心。如《史记·五帝本纪》描述尧帝"其仁如天，其知如神；就之如日，望之如云；富而不骄，贵而不舒。"帝尧登位后，施仁政而爱民众，如有人挨了饿，尧就说"这是我使他挨饿的呀!"如有人受了冻，尧就说："这是我使他受冻的呀!"如有人犯了罪，尧就说："这是我使他陷入了罪恶呀!"所以他在位的 70 年，虽有过大旱、洪水的灾害，百姓仍很爱戴他。后世的大圣人孔子就这样赞扬过："大哉尧之为君也！巍巍乎，唯天为大，唯尧则之；荡荡乎，民无能名焉。"其意思是说，尧这位国君真伟大，最崇高最威严的是上天，唯有尧能像上天那样爱抚百姓。那种对百姓的宽厚坦荡的爱呵，老百姓不知说什么才好。尧在位时，传说天上曾有10个太阳并出，晒干了禾稼，给百姓带来了巨大灾难。尧遂派羿射杀九日，只留下一个继续在天上运转。羿奉尧令又杀“九婴”、脩蛇等猛兽魔怪，从而为民除了害。当洪水为害后，又指派了鲧去治水。

尧善用人才，而不用品行无端的人。有人举荐其儿子丹朱可担大任，尧听了摇头，说丹朱是“顽凶”而不肯重用。当他听说民间有位叫舜的人才干突出之后，就重用舜，并将自己的两个女儿嫁给了舜，借以进一步考察其德行，当觉得舜的品行确实不错，百姓都赞扬他的孝德之后，尧在晚年即主动把帝位禅让给了舜。而尧死后，据《山海经·海外南经》记载：“狄山，帝尧葬于阳，帝喾葬于阴”。据李书泰先生等考证，古代崇山亦称狄山（见岳麓版《山海经》注崇山条），可见帝尧和帝喾还有可能都是葬在了张家界崇山之上。

8. 虞舜登庸

继尧之后的舜为有虞氏，姚姓，其先国于虞，始为虞氏。据《史记》、《路史》等书载，舜是冀州之人。但古籍《山海经》记载："大荒之中，……有蒲山，澧水出焉，有载民之国。帝舜生无淫，降载处，是谓巫载民"。《史记·五帝本纪》也记载："舜耕历山，渔雷泽，陶河滨，作什器于寿丘，就时于负夏。"又说："舜耕历山。历山之人皆让畔……"这两段话中，清晰地说明了舜在历山（崇山亦称历山）住过，而历山在澧水发源地附近，追溯源头都在今张家界市境内，这说明舜年轻时有可能在桑植和大庸都居住过。也很可能出生在古庸澧水及郁水（源出今桑植官地坪镇烈山界）的羲和之国（今桑植县)。至今，官地坪一带还有不少姚姓居民。

关于帝舜的传说，民间流传也不少，如舜以孝闻名，为人很温良宽厚，道德修养很高。其后母生了一个兄弟名象，舜的生父瞽叟爱后母，几次欲杀害舜，却未得逞。舜仍孝顺父母，与弟也没有结仇。尧禅位后，舜继承尧的好传统，治理天下，广开视听，求贤若渴，还作五明扇，立诽谤木，又以乐教天下。相传著名的《箫韶乐》，就是舜南巡时到韶山被苗民土著所围困，舜命人奏起《韶乐》，一时间百鸟和鸣，苗民被感化，丢下武器伴着节奏也跳起舞来，于是，舜化干戈为玉帛，苗民也接受了礼乐文化。舜在位时，还曾巡狩四岳，又流共工，放驩兜，窜三苗，殛鲧，四罪而使天下咸服，使国家得以安定。舜又善用人才，"举八恺，使主后土，以揆百事，莫不时序；举八元，使布五教于四方，父义，母慈，兄友，弟恭，子孝，内平外成。"在舜任用的大臣中，有"二十二人咸成厥功：皋陶为大理，平，民各得其实；伯夷主礼，上下咸让。垂主工师，百工致功；益主虞，山泽辟；弃主稷，百谷时茂；契主司徒，百姓亲和；龙主宾客，远人至；十二牧行而九州莫敢辟违；唯禹之功为大，披九山，通九泽，决九河，定九州，各以其职来贡，不失厥宜。方五千里，至于荒服。……四海之内，咸戴帝舜之功。"从《史记》的这些评语中，不难看出舜帝所用人才的高明及舜帝自身的威望之高。帝舜晚年也像尧一样，将帝位禅让给了禹。相传，“卿云烂兮，纠缦缦兮。日月光华，旦复旦兮。”这首《卿云歌》，就是舜禅位于禹时，与群臣共唱和的一首古歌。尔后，舜在一次出巡中，死于苍梧（今湖南宁远县），葬于九嶷山下，是为零陵。而舜帝南巡去世后，他的二妃娥皇、女英登上君山，也悲恸而死葬于此地。据晋张华《博物志》记：“尧之女，舜之二妃，曰‘湘夫人’。帝崩，二妃啼，以涕挥竹，竹斑。”“斑竹一枝千滴泪，红霞万朵百重衣”。毛泽东主席1961年在《七律·答友人》中所写的这两句诗，更使湘妃竹的民间故事让扬天下皆知了。

君山所修复的二妃墓现保存完好，此墓为圆形石砌，石碑刻“虞帝二妃之墓”，字出清两江总督彭玉麟手笔。墓前引柱上，刻有民国七年舒绍亮所写一副对联：君妃二魄芳千古，山竹诸斑泪一人。君山之名，据说就出自这副对联的两个首位字。两位湘妃夫人为爱夫君悲恸而死，其情其爱真可谓感天动地。湘女之名从此传遍天下。二妃之墓也就此成了洞庭君山的一处最美的风景之地。

至于帝舜之陵，在今永州市宁远县九嶷山。据《九嶷山志》记载，最早的舜庙建于夏朝，后在秦朝和明朝又分别重建过。现今的舜帝陵则重建落成于1999年。其陵占地面积600余亩，由于舜帝的品德和孝道在历史上为儒家所特别推崇，所以历史上不少皇帝都曾祭祀过舜陵。2000年9月，永州市人民政府又组织6万人在舜陵进行过公祭。此后，在当地更形成了每年祭祀舜陵的制度。

舜的一生和尧的经历，现在看来与庸国的关联都是很多的。尧和舜也都可能出生在古庸大地的澧水河畔，或年轻时都在武陵山区长大，尔后受封登庸，才执掌皇权。后来，凡皇帝就位即曰登庸。而尧舜都是登庸之后，才入主中原，做了华夏九州的中华帝王。尧舜在位时，都创造了太平盛世，两位帝王的厚德仁政一直为后世所赞颂。尤其尧舜时代圣治使人心所达到的人心纯朴境界，即使到现代社会，仍不愧是值得提倡学习的楷模！

9. 雄主驩兜

驩兜，即古庸国崇山之祖地的一位部落首领。据一些史学家考证，驩兜又名丹朱，是尧的儿子。唐杜佑《通典》称："唐尧之代，其八伯，唯驩兜、共工、放齐、鲧四人而已，余四人无文可知。"晋张华《博物志》载："驩兜……帝尧司徒。"可见，尧的这个儿子即当过五官之长的"八伯"之首官，又当过天子五官之一的司徒。

图 54：传说中的驩兜图腾

尧在今山西临汾建都平阳时，驩兜率部落多次迁徙，从陕西华县东迁至河南的兜和兜牟山，建立了部族国家。《路史・国名纪乙》载："弘农有地名兜，志为驩兜之都。"尧子驩兜部族与支持他的部族结成联盟，但后来联盟破裂，驩兜部族再迁至河南阳原、山东巨野，并与斟人结合，建立过斟灌国，后受到东夷人攻击，再退回河南嵩山，大部分迁到丹水，和三苗部族结成联盟，与舜部落大战于丹水，失败后才向南方回迁。这段时间内，驩兜部族先后建立了驩朱国、驩兜国、驩头国、斟驩国。舜摄位不久，驩兜即遭拘并流放到了古庸都崇山。

驩兜被流放的原因，主要是因他在人事任用时推荐了共工，而共工曾乘“颛顼之衰，欲霸天下”，虽未霸成，却在尧的心目中有着阴影，认为共工的存在是对尧帝位的威胁。驩兜推荐他治世，莫非与他有勾结？所以尧怀疑驩兜“掩义隐贼”，与共工“是与比周”，即结党营私。尧对驩兜就很不放心了。同时，舜从外地视察归来，亦言于尧帝，主张将共工、驩兜等“四凶”流放。《史记·五帝本纪》载，“三苗在江淮、荆州数为乱。于是舜归而言于帝，请流共工于幽陵，以变北狄；放驩兜于崇山，以变南蛮；迁三苗于三危，以变西戎；殛鲧于羽山，以变东夷。四罪而天下咸服。”可见，尧帝是听舜建议后，才下决心将驩兜流放到了崇山。

关于尧和舜放驩兜于崇山，有史学家考证分析另有一新的看法，即认为放驩兜于崇山，也可能是两个皇族间的开亲，把驩兜嫁到崇山，是让他去当了丹朱祝融，即古庸国颛顼的女婿，成了一代庸国的新首领。因为上古之时是母系社会，婚姻是男嫁女娶，即美国历史学家摩尔根所指出的是“普那路亚”式婚姻。驩兜不能直接继承父位，只有出嫁到另外的女子家当女婿，像舜嫁给帝尧的两个女儿一样，才能继承妻子一族的皇权。当时的崇山，本就是庸国的祖地故都。舜此时到中原定都了。所以，将驩兜出嫁到崇山，自然就能继承女方在崇山的帝王之权。当然，驩兜因为不被尧所喜欢，这个出嫁也有流放的含义在内，让他去南蛮之地，似乎也是对他的惩罚。

驩兜后来死在崇山，清康熙《永定卫志》载：“崇山……最上巨垄云驩兜墓，人不易见，见多不详，昔民耕此，常获甲鐶等物。”在驩兜墓地附近，还有驩兜庙、驩兜石室、驩兜鼎、驩兜三角锄等遗迹遗物。由于驩兜在历史的正史中是个定位于因作乱而被舜流放的蛮夷首领，所以历代官府对待他都存偏见和排斥。比如，在驩兜屋场至驩兜墓之间，不知是何朝代，还被朝廷派人挖了一条800多米长，20多米宽，5米多深的沟槽。其目的竟是为防其造反而断其龙脉，使驩兜后代不出能人。可见驩兜在历史上就没受到公正的评价和待遇。其实，驩兜流放至崇山后，曾团结诸多部落，建成了南方少数民族的政权中心，获得了许多部族的尊崇和爱戴。驩兜死后，其后裔流落到大西南各地，与诸多土民融合，成了他们的先民。至今，大西南的苗、巴、百濮、卢、麇、庸、僚部落及海南的黎族等少数民族也都奉驩兜为始祖。所以，驩兜这个历史人物，和蚩尤、共工等人在历史上为多民族繁衍的贡献也不小，作为华夏后人，我们现在也理应对其作出正确的评价。他的墓地，也理应得到有关文物部门的重视和保护。

10. 大禹受禅

大禹，即夏禹，姒姓，名禹，又名伯禹。母亲为有莘氏，名志。禹父为鲧，“其先出于高阳，高阳生骆明，骆明生白马，是为伯鲧，字熙，汶山广柔人也。”（见宋·罗泌著《路史》）。

关于大禹出生的地点及活动的轨迹，有许多与古庸国存在关联，如今张家界市境内就有禹溪乡、禹山、奉禹山原《大庸县·协和公社概况》载，“插旗峪大队有禹王庙”等以禹命名的地名。特别是在禹溪乡还有涂氏侯夫化为石的传说。其内容是说大禹迎娶涂山氏之女，可还没有来得及与她举行婚礼，就到南方治水去了。涂山氏之女在漫长的等待中，深情地唱道：“侯人兮猗……”。意思是“等候着的人啊……”这首诗只有这一句，最早见于《吕氏春秋·音初》。应算是我国原始社会末期的原始诗歌。此诗虽只一句，但仍能反映出上古先民朴素、真挚的情感。因大禹治水一去多年，甚至忙得“三过家门而不入”，涂山女每每去禹溪漂洗都不见丈夫回家的身影，就只能连年寂寞寒暑守空寡了，最后致忧郁成疾，望夫而逝化为石了。《淮南子》记载：“禹治洪水，凿轘辕开，谓与涂氏曰：‘欲饷，闻鼓声乃去。’禹跳石，误中鼓，涂山氏往，见禹化为熊，惭而去。至嵩（梁）山脚下化为石，禹曰：‘归我子！’石破北方而启生。”这段记载，可算是对涂氏神话传说的一个写照。

大禹治水，在史籍中还有许多记载。鲧在世是治水的大臣，但鲧治水，采用堵的办法而没成功，最后还被处了死罪。鲧死后，禹被舜拜为治水大臣。禹年轻时就为治水拼命工作，一连 13 年，他曾几次经过家门口都没有进去看看。所谓大禹治水“三过家门而不入”（《孟子·滕文公》）的佳话就是说的这个事。禹治水采用以疏导为主，堙障（筑堤）为辅的方法，终于治好了大河三百条、支流小河三千条，更小的河无数条，这样，使大地的洪水都向东流入了大海，人们从此从高山洞穴走下山来，过上了安定的生活。当洪水平息之后，据说禹想弄清楚中国大地究竟有多长多宽，于是命属神太章从东端量到西端，属神竖亥从北端量到南端，结果，东西和北南恰好都是二亿三万三千五百里七十五步。所以，那时的中国国土是方方正正的，并从此被分成了九州。而大禹治水成功后，随即又得到舜的称赞。舜帝赐给他一块上方下圆的黑色玉石，名叫“元珪”，然后在崇山把帝皇的位子也禅让给了他。关于禹在崇山受禅继位的历史，史书多有明确的记载，毋庸置疑！《国语·周语上》曰：“昔夏之兴也，祝融降于崇山。”《史记·孙子吴起列传》载：“夏之兴也，祝融降于崇山。”《竹书纪年》载：“禹治水既毕，天赐玄圭，以告成功，夏道将兴，草木畅茂，青龙止于郊，祝融降于崇山，乃受舜禅，即天子位。”

禹在张家界市崇山继位之后，为了使人们出门能防备各类鬼魔精怪，曾把九州州长贡献来的铜铁之类的金属收集在一起，在黄帝曾经铸鼎的荆山脚下，铸造了九个极大的宝鼎，据说一个宝鼎要九万人才拉得动。那宝鼎上还刻绘着九州万国毒虫恶兽和鬼魅精怪的图像，其用意是教导百姓辨认奸邪，有所防范，而不是纪念自己的功德。禹晚年到东南方巡视，走到会稽（今浙江绍兴）生病而死了，其臣子们就把他埋葬到了那里。民间也有的说会稽山上有“禹穴”，禹是进到其穴中了。

综上所述，受舜禅让继位之后的帝禹，在崇山曾建立过最初的夏朝国都，这一史实已被越来越多的史学家所认可。如湖南大学教授杜钢建在 2015 年 12 月就曾写过一篇《禹王在湘西崇山开启夏朝，崇山乃夏朝第一国都》的文章，对此作了比较翔实的论证。

至于帝禹之后的中国历史，史书记载的就更详细了。禹的儿子启继位，尧舜时代的禅让制终被世袭制所代替。从此以后，3000 多年帝王制的历史，都是在以承袭的方式而不断地变换着，直到民国辛亥革命帝王制被推翻为止。现今看来，古代帝王禅让制的结束和世袭专制的开始应是历史造成的制度缺陷。这种制度缺陷阻碍了人权的进步和时代的发展，但禹在位不愧为古代的伟大帝王，他的治水之功，后世的人们不会忘记，并将永远津津乐道和赞颂！

第三章

春秋庸亡

1. 祝融八姓

在源远流长的历史长河中，由许多姓氏组成的氏族集团在历史上都很有名。其中，祝融氏族即是古老原始氏族集团存在过的一个典例。祝融氏族在历代都出现过，后来还分化出了许多姓氏。如古籍《炎黄源流图说》就记载：“传说颛顼生了个儿子叫老童，具有返老还童、死而复生的本领，寿命特别长，生了很多儿子，最有名的是祝融。祝融的后人分八姓己、黄、彭、秃、妘、曹、斟、芈（米）。楚国的始祖季连就姓芈。故南方都认祝融为祖先。”

此段话说明，从颛顼之后开始，祝融就有了8姓后裔，这8姓氏各领封地，有的做了开国的首领，有的做了一方诸侯或大臣。如楚祖鬻熊，是祝融八姓中的芈姓，名熊，又称为芈蚤、熊蚤。鬻熊是陆终第六个儿子季连的后裔。鬻熊著有《鬻子》一卷，并在古庸祖地崇山熊馆收授学子，周文王、姜子牙都曾拜他为师。《史记·楚世家》也载：“周文王之时，季连之苗裔曰鬻熊。鬻熊子事文王，早卒。其子曰熊丽。熊丽生熊狂，熊狂生熊绎。”“熊绎当周成王之时，举文、武勤劳之后嗣，而封熊绎于楚蛮，封以子男之田，姓芈氏，居丹阳。”

还有蜀国的最早首领蚕丛，或也出自祝融中的一姓。李白有诗云：“蚕丛及女凫，开国何茫然。”有学者分析，蚕丛很可能是古庸国第一个入主蜀地为王的庸国精英，是古蜀国的开国祝融，蚕丛“衣青衣，劝农桑，创石棺”，以其超群的胆略和智慧，在成都平原发展生产和经济，铸就了古蜀国的历史辉煌。

再有巴国的首领廪君，也可能出自祝融氏族的一姓。据著名史学学者张良皋先生《识出巴字》一文考证，巴人的“巴”字，就是持节使者的“节”字。而这位持节的使者，也很可能就是牧野之战伐纣之后，庸国派往蜀地收复商地的使节，这个使节即是传说中的廪君。西汉刘向在《世本》中记载：“廪君之先，故出巫诞。巴郡南郡蛮，本有五姓：巴氏、樊氏、瞫氏、相氏、郑氏、皆出于五落钟离山。其山有赤黑二穴，巴氏之子生于赤穴，四姓之子皆生黑穴。未有君长，俱事鬼神，乃共掷剑于石穴，约能中者，奉以为君。巴氏子务相乃独中之，众皆叹。又令各乘土船，约能浮者，当以为君。余姓悉沉，唯务相独浮。因共立之，是为廪君。”

殷商时当过侯伯的彭祖，可以明确出自祝融彭氏一姓的后裔。《史记·楚世家》载：“彭祖氏，殷之时尝为侯伯，殷之末世灭彭祖氏。”传说中所谓彭祖寿800岁，其实是指大彭氏国存在的年限。有关学者分析，大彭国最早的发祥地可能在湖南澧县的彭头山。周武王伐纣时，大彭国曾是“庸率八师”之一，可见，彭国与庸国的关系非同一般。大彭国在经历800年风风雨雨之后，于商武丁45年被商王朝罗织罪名，乘乱而灭。

屈氏的祖先也出自祝融。因屈原在《离骚》中曰：“帝高阳之苗裔兮，朕皇考曰伯庸。”这两句诗也说得很明确，屈原的家族就是高阳帝颛顼的后代，屈原的父亲就是伯庸。伯庸，也即祝融的后代。推算起来，屈原的远祖即为颛顼，直系祖先为鬻熊，开姓始祖为屈暇（第一代伯庸），生身父亲为伯庸。

祝融八姓中的其他姓氏，在各分封地肯定还有其他不少官职首领，这些首领也会有不少作为。但限于史籍记载的局限，有许多姓氏的首领目前还不很清楚，有的还待去作详细考证。总之，祝融一族的后裔很多，其散布在全国各地的许多姓氏人丁兴旺，在中华民族的众多名姓家族中，从祝融氏族分化出来的姓氏也占比不少。华夏民族的兴盛必有祝融一族的功劳，这些都是值得充分肯定的荣耀！

2. 灵山十巫

上古庸国至尧帝前期，以崇山为核心的澧、沅流域，曾普遍流行过一种以占星术和占卜术为主要形式，以盐和药为内容的巫风文化。

据《山海经·大荒西经》载，上古时期的灵山，共有巫咸、巫即、巫肦、巫彭、巫姑、巫真、巫礼、巫抵、巫谢、巫罗等十大巫师十分闻名。郭璞《巫咸山赋》也记载，这十巫的为首巫师名叫巫咸。此人为帝尧之师。据李书泰先生的考证分析，这个排名为首的巫咸应是今桑植咸池峪人。称名为巫彭的巫师应是澧县彭头山人，称为巫罗的巫师是永定区罗水人。另外七人，也应是分布在武（巫）陵地区（大巫山地区）的巫文化代表人物。所谓出巫师的灵山，其实就是指以崇山、沅陵一带为中心的一些大山，十巫在这些山区升降采药、采卤制盐，这也就是真正意义上的巫山。

在唐尧之前，实际上以崇山为中心的武陵地区，也早已建立了燧明国、古庸国、巫咸国、长寿国、三苗国，而巫澧（澧水）、巫罗（罗水）、巫咸（咸池峪）、巫彭（彭头山）等巫文化在澧沅流域、武（巫）陵地区（大巫山地区）已广泛盛行。从武陵地区还曾迁徙出了巫诞一部的八姓庸（融）人到达长江、秦岭以北。巫文化、庸文化与楚文化、巴文化、蜀文化等相融合，产生了一度繁荣的夏文化，孕育了“记神事之书”的《山海经》、伟大的庸国文学开篇之作澧歌《鄘风》、巫歌《楚辞》、周歌《诗经》，并在天文、文学、文字、艺术、医学、地理等方面都取得过丰硕成果。

在澧、沅流域集中形成的巫文化，其诞生的时间源远流长。在甲骨文中，巫字也早有了。最早的巫字是两个工字的交叉，是行法术时所用器物的象形，以后加上两个人，则是巫用形体动作跳舞请神灵降临。

巫往往自称通鬼神，所以，巫与鬼与神都离不开。鬼是精神怪物，它无所不在。巫的内容，早期除了占卜之外，主要就是装神弄鬼、请出神灵驱鬼，打鬼、斗鬼、斩鬼、降鬼，从而扫除邪魔。而且，鬼文化在民间的影响也很大，民间但凡要办大事，如节庆、婚丧、占卜、看病、驱邪、祈祷、求雨等等，都离不开要请巫师来做法事。

巫与傩也分不开。巫傩结合后，所形成的巫傩文化更是十分神秘而又深奥。巫傩文化除了包含鬼文化之外，还涉及傩坛剪纸、纸扎、书法、雕刻、服饰、绘画、打击乐、器具、舞蹈、傩戏、巫技表演等许多实际的艺术内容存在。

在傩事活动中，首要做的事就是布置傩坛。彰显古朴神秘的艺术美是对傩坛的基本要求。为此，傩坛所用的纸要具有五颜六色的美。选用的纸张一般以红、黄、绿为主色调。剪纸主要有四种，一为长方形或三角形的小旗，意指各路神祇及其率领兵马人众的旌旗。二为鸾鸟、大象等动物的图形。亦是鸾鸟图腾、大象图腾等农耕文化因子的表现。三为傩符图形，是法师请神、驱邪、镇坛用的。四为春兰、夏荷、秋菊、冬梅和圆形太极八卦图式的纸花等。剪纸完成后，要用绳子将傩符、傩画串起悬挂于中堂门口上方和两壁傩神图下方，名曰“吊飞”。兰、荷、菊、梅四种花则插在纸剪花的花瓶里，放在神案上供奉起来。

傩坛纸扎一般用彩色剪纸、新松枝、竹篾扎制傩坛洞门，在庭院大门处扎一大轩门，在中堂离神龛一米处的内坛扎三个上圆下方洞门的傩坛圆门。上书“桃源仙洞”字样。傩坛内外、庭院门窗两边及中堂吊飞的两边柱子上，要贴书法高手写的对联和字幅。如写“金砖铺地溶溶月，玉宇无尘淡淡风；满酌葡萄迎圣酒，堂堂桃洞赛华封”，即暗含了“金玉满堂”四个藏头吊飞字幅。

傩堂的傩神画像是巫师世代传承的，做傩事时则“请”出来带到事主家。傩事完毕，再“请”回到巫师家中收藏。傩神画像请来后，要悬挂在傩堂正中和两面壁上。傩神像，还有傩公傩母神像和祖师或已故师父的神像雕像，“请”来后则供奉在司桌上。每位神雕像从头顶到两肩，重重叠叠地披压着一二十层枣“红”土布，巫师每做一次法事，就会给这些傩神雕像上加一份“红”布。所以，傩神披的“红”布就越来越多。

做法事的巫师所穿服饰也很讲究。以沅陵下河教苗族巫师穿的法衣为例，一般多穿大红色无领、对胸、大袖、长襟、背绣有“蟠龙”的天师袍。其“蟠龙”图案，是神农图像。龙头额头为太阳图案，面部两颊为鸾鸟羽、凤羽。头部下面两侧为鸟爪，须为人须，暴眼圆睁、双眉分叉朝上，其特征恰好是太阳神崇拜、鸾鸟崇拜和农神崇拜的标志。傩法事中师娘、先锋等上穿彩衣，下系百褶裙。丑角铁匠、算匠头包红帕，穿对胸开襟衣。开山穿马褂、脚褂、彩裤。判官穿红色官衣。巫师的帽子有黑色山型帽和法帽两种。黑色山型帽的侧面两头帽檐高，中间头顶低。法帽由黑色小圆帽和五福冠组成。五福冠上绣有“三清大帝”和日神月神图案，象征着神圣至上的权威和庄严之美感。

巫师在傩坛做法事，还有一套必备的法器。这套法器主要有水牛角、茭子、牌经（又叫绺旗）、司刀、牌尺印、令牌、八宝铜铃等。水牛角的角尖被踞掉后安有一铜嘴，巫师做法事时，到特定时候会吹出“呜呜”的鸣角声，用来“调兵”和“开天门”。茭子是用牛角尖或竹兜从中锯开一分为二做成的，主要用来预测神意而占卦问卜的工具。牌经是巫师驱鬼的必用法器，一般用桃木棍柄与飘带制成。桃木是驱鬼避邪的利器，飘带是各长 38 厘米宽 4 厘米的五色彩布 18 条，包紧在桃木棍上，用针线缝严实牢固。这 18 条彩布，每条都绣有傩符箓图案，上有“兵行印转”、“将听令行”等字样和法印图案，象征着十八面威严的彩旗，所以又叫绺旗。司刀是铁制的，但并非刀，而是一铁杆接一直径 28 厘米左右的铁圆圈，圈上套 3 个以上直径 4 厘米左右的小铁环，铁杆另一头为手握的把柄。司刀在手中摆动，小铁环发出“叮当”的撞击声，所以又被称为铃刀。铃刀也是巫师驱鬼的法器。傩印是木制的或铜制的，一般为正方形，上刻有“太上玉皇老君正印”、“斩邪”、“伏鬼”字样。傩印的作用，主要是巫师在做傩事时行使法事权利的象征。傩印一盖上，就会“请神神到，请仙仙灵”。令牌，一般是木制的，高约 15 厘米，宽约 7 厘米。上圆下方，一面刻“雨头”“鬼脚”的傩符，一面刻“太上老君急急如律令”。令牌的作用，主要是用于驱逐鬼邪时拍打，其他时间用得较少。铜铃，一般为 8 个，是用铜链系在铁圈上，故称八宝铜铃，也是巫师驱鬼逐邪的用的法器。此外，傩法器还有祖师棍、牌尺、雷令、旗鞭等，都是巫师代表巫傩行使法事权利的工具。

傩坛请的神灵众多，这些神灵都戴有傩面具。傩面具以木制为多，其造型大体上有五类：即狞厉威猛型，英俊神威型、和蔼慈祥型、滑稽幽默型、靓丽柔和型。色彩上以黄、红、黑白为主色调，以蓝色与绿色为辅色调。这些色彩配调不一，使其人物才具有了神武、庄重、凝重、活泼、欢快、斑斓等不同的审美特征。

巫师在做傩坛法事时，少不了要打击乐的气氛。打击乐主要由锣鼓钹组成。自古至今，人们欢娱喜庆要敲锣鼓，劳作表演要敲锣鼓，驱鬼逐邪也要敲锣鼓。与打击乐声相伴随，在傩坛内外，各种的舞蹈也名目繁多。据《中国大百科全书·音乐舞蹈》卷载，沅湘一带的傩舞有三大类：一为祈神降福许愿类，二为酬神还愿类，三为“跳大神”巫舞。巫师在作法事时，传承的是罡步舞，这种舞边跳边唱，屈膝弯腰，独具特色。傩事活动时，按傩舞者手持乐器的不同，还有“八宝铜铃舞”、“赶尸舞”、“司刀舞”、“鼓舞”、“锣舞”、“钹舞”等不同舞剧。场面宏大的还有“芦笙舞”、“锥牛舞”、“摆手舞”、“茅古斯舞”、“跳香舞”等。此外，傩舞还有“旱龙船舞”、“大小脑壳舞”、“十二兽舞”等舞蹈。

傩舞中的大部分是歌舞，即一边唱一边舞。歌是傩舞和傩文化极重要的组成部分。傩歌又分傩坛祭祀歌、傩戏歌、跳香歌等。傩歌、傩戏的内容也极为丰富，著名的“桑植民歌”、“大庸阳戏”、“辰河戏”等等，就是傩文化流传下来的精髓表现。此外，傩坛法事中还有一项重要的内容是傩技的表演。傩技最惊险的节目有“上刀山”、“下火海”、“踩火铧犁”、“滚刺床、“钢针穿喉”等等，这些傩技至今在大湘西及大武陵山区还很盛行。

综上所述，巫傩文化的内容是极为丰富的。它在历史上的发展形成也应该经历了一个漫长的演变阶段。从上古庸国开始，最初的灵山十巫，可以说应是巫文化的发端。到后来，大约在春秋战国时期，巫与傩事活动开始逐渐相融合，才形成了新的巫傩文化风气。比如继庸传庸之风的楚国，其境内的巫傩之风就很有名气。现代的湖湘文化有许多内容就是从庸（巫）文化和楚（巫）文化传承而来。再往后，至明清时期，湖湘的巫傩文化才进入了鼎盛之时。如沅陵县相传的辰州著名傩坛谱系，可追溯的最早祖师爷，即是1485年的胡宅雷坛。而且，明清之时的傩坛，已能将傩舞、傩歌、傩乐、傩技这四者进行完美的结合，这样便使所有的巫傩法事都充满了一种神秘的活性动态之美，让观看了的人都惊奇无比，印象深刻，久久难忘。尽管这些巫傩法事也不乏迷信的一些成分掺杂其中，但人们仍然都很喜爱它。因为民间的一般巫傩活动都瑕不掩瑜，作为一种从灵山十巫所流传下来的精神文化遗产的活化石，就是到现代它的存在价值仍是巨大的。所以，这也是为什么巫傩文化能一直受到民间百姓的普遍欢迎，并保持了数千年流传而一直没有衰灭的重要原因吧！

3. 帝女之桑

神农炎帝时代，武陵山区曾有一种桑树十分闻名。干宝《搜神记》卷十四[1]讲述了一个故事，大意是说：上古时，有一女子因思念远征的父亲，对家中养的一马戏言，只要其载得父归，即嫁给它。这匹马听罢，数日后果从外地将其父载回。后来其父得知女儿的戏言，将此马杀死剥了皮，不料那马匹乘风卷走女子，挂在了一大桑树上，女子和马匹都化成了蚕虫，农家从此就有了用桑树叶养蚕而取丝制衣的习俗。

图 55：传说中的帝女之桑

从这则“蚕马”神话传说，我们可以分析到古人命名桑树的由来，桑者，即丧失之意。原来取这名字是为纪念这个传说中的“马头娘”的蚕女。此外，与这则神话相同的传说，在杜光庭《墉城集仙录》、《太古蚕马记》、唐《原化传拾遗蚕马》、宋《太平广记》等书中也都有类似的记载。

在“蚕马”的神话传说中，我们知道了桑树取名的来历，那么，“帝女之桑”是怎么回事？桑植之名又是怎么来的？

我们且看另一古籍《山海经·东山经》的记载：“又东三十里，曰雅山。澧水出焉，东流注于视水（今称柿水、柿溪），其中有大鱼，其上多美桑，其下多苴，多赤金。又东五十里，曰宣山，沦水出焉，东南流注于视水，其中多蛟。其上有桑焉，大五十尺，其枝四衢，其叶大尺余，赤理黄华青树，名曰帝女之桑。”

这个记载已很明白地告诉了几个重要信息：一是提到雅山，那里有澧水之源流出，这肯定是在桑植了。二是提到宣山，那里距雅山不过五十里，应该也在桑植境内。三是说宣山之下的沦水（澧水的支流）两岸，有一种高达五十尺、叶片有尺余大的树叫桑树，那就是“帝女之桑”。

“帝女之桑”又是什么意思？《太平御览》卷引《广异记》(2)记载了一个传说。这则神话说了这样一个故事，炎帝的女儿因学道成仙后，化作白鹊筑巢，居住在南阳崿山桑树上，炎帝见爱女变成这模样，心里很难过，叫她下树，她就是不肯。于是，炎帝用火烧树，逼她下地。帝女在火中焚化升天。这棵大树遂被命名为“帝女桑”。

《广异记》将帝女之桑的来历说得很明白，这个帝女就是炎帝的女儿，而这种桑树生在南阳崿山。但据《山海经》的记载，“帝女之桑”生长在距雅山和宣山不远的澧水之源，也就是应在今桑植境内。显然，这两书记载帝女之桑树的地点是不同的，但《山海经》是最早的古书，“帝女之桑”源出桑植，应该是更可信的。

从《广异记》的这则神话中，我们还可得知一重要信息，那就是炎帝的这位女儿化成了白鹊或白女。这使我们又可联想到《山海经》中的另一传说：“东海之外，甘泉之间，有羲和之国。有女子名羲和，为帝俊之妻，是生十日，常浴日于甘渊。”屈原《离骚》说：“吾令羲和弭节兮，望崦嵫而无迫。”这说明羲和是当时的司时之神，即神话中太阳神的名字。而羲和又是帝俊的妻子，与帝俊生了十个儿子，都是太阳，住在东方大海的扶桑树上，轮流在天上值日。羲和也是她儿子们的车夫——日御。因有炎帝之女化为白鹊的缘故，羲和之国的司时之神据此又称白帝。再后来，在春秋战国时，楚康王将伯庸所辖的古庸国核心地区又定名为白县，其含义原来也都是为纪念这个远古的“帝女”。而“帝女之桑”和“蚕马”的神话传说在武陵地区一直流传不衰，民间至今也还有祭奠马头娘的习俗，这些都足以说明古庸国历史文化故事在民间的传播充满了迷人的魅力。

至于桑植这一地名，在历史上的出现究竟在何时？笔者认为，远古的桑树在澧水之源生长旺盛，位于今澧水之北源的芭茅溪乡的桑植坪即包含了桑植两字，这应当是最早的桑植之名。而此名的出现，保守的估计可能至少也在2000余年之前了。另据桑植县的退休老人谷忠诚考证，北宋时设桑植司，司治也就在桑植坪。其时桑植坪“桑木成林，故地以物名，司治设此，司以司治名，这原是古今中外地理命名的焦点之一。顾名思义，‘桑植’一名便由此生。此后，桑植司虽数易司所……但桑植宣抚司和宣慰司的土司头衔称谓始终未改，故‘桑植’一名，见于史料已近千年”。（见《桑植地名典故》194页）谷忠诚先生还指出，桑植县的名称来历，应在改土归流后的雍正十三年（1735年），彼时以安福县改为桑植县，此后就再无更改了。

谷忠诚先生上述的考证很有道理，但“桑植坪”的地名，可以推测的是要早于北宋之史料记载。因为，根据上述《山海经》中关于“帝女之桑”的记载，澧水之源在远古时就应有桑树茂盛生长了。故“桑植”之地名的出现，有可能比北宋时始设桑植土司要早得多。

另外，值得一说的是，“帝女之桑”的传说源出桑植，还说明远古的桑植有可能是炎帝、黄帝和尧、舜、禹等帝王曾经出生长大、曾经耕作生产、曾经统领部族或家族居住过的地方。如《史记·五帝本纪》就记载：“舜耕历山，渔雷泽，陶河滨，作什器于寿丘，就时于负夏。舜父瞽叟顽，母嚚，弟象傲，皆欲杀舜。舜顺失不失子道，欲杀，不可得；即求，尝在侧。”又说：“舜年二十以孝闻，三十而帝尧问可用者，四岳皆荐虞舜，曰：‘可’。于是尧乃以二女妻舜，……舜耕历山。历山之人皆让畔……”这两段话中，清晰地说明了舜在历山住过，而历山为澧水发源地，追溯源头应在桑植，另一说则指今崇山。北魏郦道元在《水经注》中对此的注解是“历山，澧水所出”。至于前面所说生长桑树的“雅山”，也即在今桑植境内的雅雀洞所在之山。这些记载都说明，舜年轻时有可能在桑植和大庸都居住过。同时还说明寿丘有可能也就在历山附近，而寿丘也正是黄帝出生的地方。《史记》中亦有“黄帝居轩辕之丘，而娶于西陵之女，是为嫘祖”的明确记载。嫘祖从西陵嫁来寿丘，成了黄帝的媳妇，她在盛产蚕桑的澧水之源——桑植发挥特长，成为养蚕治丝的创始人，这也就不难理解了。

由此再推论，桑植作为“帝女之桑”的源头，这“蚕桑”的传说来历是如此不凡，其意义当然就很重大了。如果古代炎帝、炎帝之女与黄帝、尧帝、舜帝、禹帝等都与桑植、大庸等地有关联的话，那么，远古之庸国及以今永定、桑植、慈利等区域为中心的张家界的人文历史，自然也就显得更加清晰和厚重了。

注释：

(1) 干宝《搜神记》载："旧说，太古之时，有大人远征，家无余人，唯有一女。牡马一匹，女亲养之。穷居幽处，思念其父，乃戏马曰：'尔能为我迎得父还，吾将嫁汝。'马既承此言，乃绝辔而去，径至父所。……（父）亟乘以归。为畜生有非常之情，故厚加刍养。马不肯食，每见女出入，辄喜怒奋击，如此非一。父怪之，密以问女，女具以告父，……于是伏弩射杀之，暴皮于庭。父行，女与邻女于皮所戏，以足蹙之曰：'汝是畜生，而欲娶人为妇耶？招此屠剥，如何自苦？'言未及竟，马皮蹶然而起，卷女以行。……邻女走告其父。……后经数日，得于大树枝间，女及马皮尽化为蚕，而绩于树上。其蚕纶理厚大，异于常蚕。邻妇取而养之，其收数倍。因名其树曰桑。桑者，丧也。由斯百姓种之，今世所养是也。"

(2)《太平御览》卷引《广异记》载："南方赤帝女学道得仙，居南阳崿山桑树上，正月一日衔柴作巢，至十五日成，或作白鹊，或女人。赤帝见之悲恸，诱之不得，以火焚之，女即升天，因名帝女桑。"

4. 大贤善卷

中国古代早期的隐士，除了传说中的仙人赤松子之外，另有一位十分出名的真人隐士，其人就是尧、舜时代的善卷。相传善卷很有学问。尧帝南巡至洞庭苍梧时，在德山曾拜其为师。后来舜在位，亦欲禅位给善卷，但善卷辞而不授。关于此段历史，《广湖南考古略》有详细记载曰："善卷古贤人。尧北面事之，舜以天下让善卷。卷曰：'予立宇宙之中，冬衣皮毛，夏衣葛絺。春耕种，形足以劳动；秋收敛，身足以休息。日出而作，日入而息，逍遥天地间，而心意自德。予何以天下为哉?'遂入深山莫知其处。"

从善卷回答舜的这段话中，我们可以看出，善卷的学问虽高，但他对舜要禅位给他，让他当帝王并不感兴趣。他推辞的理由很简单，意思就是：我身立天地间，有衣穿，会劳动，顺应自然，日出而作，日入而息，逍遥自在，心意满足，还要坐什么"天下"大位呢? 善卷这种辞官不做的高雅隐士风度，对后人的影响很大。

据传，善卷后来果然到了辰溪大酉山，并隐居其地，直到死后被葬在了此山。此后，历代有许多名人曾慕名踏访其墓地，并写下过不朽诗文。如屈原涉江辰阳，祭祀善卷，并在《离骚》中写有"伏清白以死直兮，固前圣之所厚"之名句。中唐大诗人刘禹锡在参拜善卷墓后，写下著名的《游善卷祠》一诗："先生见尧心，相与去九有，斯民从己治，我亦安林薮。道为自然福，名是无穷寿。仙缘在此山，赞者常回首。"其诗中的"道为自然福，名是无穷寿"之两句，也可算是歌颂善卷大贤所写下的千古名句了。

作为一个雅儒之士，善卷在物质匮乏的贫困时代，能坚持过自己的清静隐居日子，而不被世间巨大的权与利所诱惑，其人品德行之高洁，至今仍令后人赞赏不已。值得一提的是，魏晋时期的大诗人陶渊明，40 岁就辞去县官，做了著名的归隐之士，并写下《桃花源记》不朽之作。桃花源与德山、大酉山相距不远，古代善卷之大隐士的风度和美德，在陶渊明身上也再次得到了体现。

另据清乾隆《辰州府志》载："善卷先生之墓在大酉山九峰岭，宋祥符间，敕禁樵采。相传有人窃发其冢，铁厚尺许，天气昏暗，雷雨交作，遂莫敢犯。"但善卷之墓，后来还是被人挖掘，其遗址现只剩下一片废墟，不能不令后人遗憾。

5. 八国之首

中国古代早期的皇朝政权，大约在炎帝和黄帝时代，即从南方开始不断向中原与北方迁徙发展。那时候，古庸国作为祖宗之国，虽然仍旧存在，但主政的皇帝将国都渐渐都移向了中原。古庸国的实力也不断在被削弱。后来，为了适应不断变化的形势，大约在西周初年，古庸国的都城也就来了一次搬迁，这次的都城是迁往今湖北竹山县境田家坝内，为纪念夏庸之地，故竹山即命名为（上）庸之都，它与下庸（即大庸）应该是承前启后的关系。

夏庸的时代，实际也就是夏朝的时代。这期间夏皇朝的执政者与庸国的关系仍是很紧密的，而且，夏代的皇帝，也可能就兼任着古庸国的君主。夏朝最后一位帝王桀在位后，因其实施残暴统治而被商汤推翻。商汤继位后，也繁荣了数百年，到商纣王时，因其腐败淫乱到极点，引起朝野反对。周武王这时乘机而起，开始了筹谋灭商的计划。

这个计划的核心就是联络以庸国为首的西土八国共同去讨伐商纣。

庸国其时实力已不是很大，但它是祖宗之国，资格很老，而且，周氏一族与庸国也是亲戚。周朝先祖出自后稷，《史记·周本纪》载：“周后稷，名弃，其母有邰氏女，曰姜原。姜原为帝喾元妃。”帝喾是出自庸国的帝王，所以，周氏后裔与庸国也是亲缘关系。周武王派使者到庸国去联络时，很快得到了庸国帝王的支持。庸国的这位帝王是谁？史书没有记载，但这位帝王却答允和西土八国一起去讨伐商纣，这八国分别是庸、蜀、羌、髳、微、卢、彭、濮，庸国在其中列在首位。

接下来，这西土八国就开始了举兵响应。据史载，这八国的总兵力也不过45000人，周武王还亲率了300辆战车和3000虎贲精锐，就这点兵力，比起商纣的实力还是小得多。不过，商纣的主力军这时已远征东夷而难赶回，周武王趁这时机才冒险进军讨伐。大军行进到牧野之时，周武王还作了一次战前动员。

中国最早的古书《尚书·牧野》，对这次大战还有一段明确的记载[1]：其内容大意是：甲子日黎明时分，周武王率领大军来到商都郊外的牧野举行誓师，武王左拿铜斧，右执白色旗对众人说："辛苦了，西土的将士们！""啊！我们尊敬的友邦国君和执事大臣，各位司徒、司马、司空、亚旅、师氏、千夫长、百夫长，还有庸：蜀、羌、髳、微、卢、彭、濮诸邦的将士们，举起你们的戈，排列好你们的盾，竖起你们的矛，我要发布誓师令了……纣王残暴虐待百姓，在商国都城胡作非为。现在我姬发要按上天的意志来讨伐商纣。"

周武王讲完这番动员令，随后即统率大军，开始向商军发起总攻。

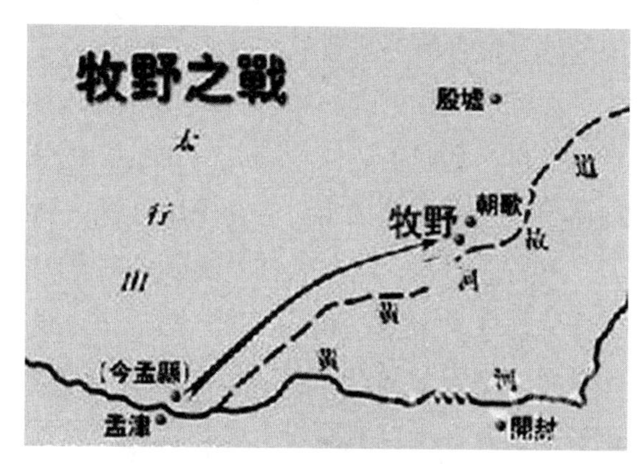

图 56：牧野之战形势图

当周武王统兵到来商都之前，在朝歌的商纣王帝辛还在醉生梦死，怀里拥着美人妲己，在酒池肉林中日夜作乐。叔父宰相比干苦苦劝谏，惹得纣王火冒，竟然下令将其心肝剜除而死。此后，朝廷再无人敢对其规劝直谏，大臣们也众叛亲离。一贯刚愎自用的纣王却还没能醒悟，直到周武王率大军来袭，才从梦中惊醒，此时商军的主力又因远征东夷而难赶回，纣王只好匆忙下令，让所有奴隶和囚徒都武装起来，并号称 70 万大军，前去牧野抵御决战。无奈这些商军不肯为纣王卖命，在前线稍稍厮杀，即如决堤洪水全面溃退，在后督阵的也无法阻住这倒退之势，有的商军还反戈而击，这样一来，商都很快就被周武王的军队所攻克，纣王走投无路，最后只好自焚而死。那妲己也被周武王下令处死了。周武王率部和八国联军一起，一举攻克殷都并消灭了商纣，这也就是历史上有名的"牧野之战"。

3000 年前的这段牧野之战的历史，创下了古代以少胜多的辉煌战例，800 年的周朝天下也从此奠基。庸国当时作为八国之首，在这场战斗中立功不小，所以，史书中对此才有一段记载。而人们对古庸国存在的历史，也是从这次发生的大战中，才算有了大略的了解。

注释：

(1)《尚书·牧野》原文："时甲子昧爽，王朝至于商郊牧野，乃誓。王左杖黄钺，右秉白旄以麾，曰'逖矣，西土之人！'王曰：嗟！我友邦冢君御事，司徒、司马、司空、亚旅、师氏，千夫长、百夫长，及庸蜀、羌、髳、微、卢、彭、濮人。称尔戈，比尔干，立尔矛，予其誓。'……俾暴虐于百姓，以奸宄于商邑。今予发惟恭行天之罚。"

6. 郝王归庸

在华夏历史进入周朝的后期，与张家界有紧密关联的另一个帝王是周赧王。《史记·周本纪》等史籍记载表明，周赧王，名姬延，是周朝最后一代国君，其在位共59年。

又据相关史料考证，周朝的始祖后稷，在世时对农耕有重要贡献，被尧封于邰，并以姬为姓，成了候国。后稷这一族的兴起，在历经唐尧、虞舜、夏禹时代都有好的德行名声，到古公亶父时，已做了很多有德有义事，亶父的孙子西伯更以善为业，为老百姓做了许多好事，得到了人们的拥护。比如，周朝国境内，所种的田都留有很宽的田塍而不耕种，百姓的习俗都是以礼让为荣。西伯还曾被人陷害，而被商纣囚禁过，幸有其部属设法解救，才使他躲过灾难。因西伯的德行高，后人都尊称他为周文王。

另外，周朝先祖在世时，历来与古庸国的关系非同一般。历史上，周、庸、荆、楚又都同宗共祖。周祖后稷之高祖玄嚣与楚祖祝融之太祖昌意都同为黄帝之子，楚祖祝融曾为周祖后稷之父帝喾的重臣，居火正，主管天文历法等皇家事物。周、庸、楚渊源之深可见一斑。同时，周氏一族在西部崛起图强时，在南边与庸国一直结好，并以庸国的支持作为强大的反殷商的基地。到周文王去世后，周武王一继位，即看准时机，立刻联合以庸国为首的八国共同讨伐商纣，最后一举灭了商纣，从而建立了周王朝。周王朝从公元前约11世纪立国，到公元前256年灭亡，中间延续达800余年，也算是践祚时光最长的王朝了。

由于时代不断变迁，周朝王室也出现了一些昏君，如周幽王宠幸褒姒，为博其一笑竟点燃救急烽火。玩笑开到这地步，弄到诸侯都失信了。结果，等真正的敌军犬戎攻来，再点烽火已没有人相信来救援了，周幽王就被杀死在了骊山脚下，也成了天下一大笑话。周王朝如此传承下去，到后期周赧王在位时，周王室已经十分弱小，其管辖的范围仅限洛阳附近几十个小城镇，人口只有3万余了。公元前257年，楚国考烈王派出使者，请求周赧王以天子名义号令各路诸侯联合起来，共同讨伐秦国。此时的周郝王明知自身实力有限，仍然答允了其请求，并组建了一支5000多人的抗秦队伍。不久，楚国和燕国也派军队赶到，加起来已有三万余人，但说好派兵参战的其他各国却迟迟不见动静。作为盟主的郝王和统帅的考烈王都失望了。两人一直苦等了3个月，仍不见其他诸侯国的一兵一卒。最后，郝王和考烈王只得偃旗息鼓，各自归去，联兵合纵抗秦就这样流产了。

其实，处于战国乱世的周郝王，彼时纵然有一番雄心一再想保住国祚，无奈时代迭变，他所执掌的末代国玺已无法发挥作用。所以，在大历史潮流到来的那一刻，周郝王及其王室就如大海里艰难飘摇的一叶破舟，它已不可能抵住其潮流的强力冲击，而最终只能被强大的秦国所掀起的波澜所吞并倾覆。

图57：河南卫辉市姜太公故里

《史记·周本纪》明确记载，周郝王59年，即公元前256年，秦国大兵压境，西周君受降，“王郝卒，周民遂东亡。”但周郝王死于何地，葬于何处，却只字未提，以致后世郝王之墓多处出现，成为千古之谜。

目前，据张家界本土的史学家考证，周郝王很可能在生前或死后回归了大庸。因本境古来就有这样一个传说：周朝灭亡时，周的居民向东逃亡，人群中有位姓丁的旧臣，曾世代受恩于周君，他便携郝王逃回了南国大庸。郝王在丁家溶隐居至死，后来就葬在了此处。故丁家溶有了郝王墓，而且墓前一直住着丁姓人家。此外，盛唐诗人王维曾写有《郝王墓》绝句诗曰：“蛮烟荒雨自千秋，夜邃空余鸟雀愁；周郝不辞亡国恨，却聆孤墓近驩兜。”这说明早在唐代即有名家认可周郝王葬地在南疆崇山境内。到了宋代，又有著名学者洪迈在其《容斋续笔》中记载：“淳熙十四年（1187），澧州慈利县周郝王墓旁五里山摧，盖古冢也。其中，藏器物甚多。予甥余玠宰是邑，得一錞。”洪迈认定周郝王墓在澧州慈利县旁五里山。其外甥还得到过出土的一錞文物。而本地明清《永定方志》亦有明确记载：“周郝王墓，在（永定）县西十五里。县有郝王山，中有大冢，封殖甚高，周列小冢四十余，或云殉葬宫嫔也。”这些史料都说明，周郝王之墓就葬在大庸故里。能回到庸国祖宗所在地安其尸骨，此帝王之死葬也算是魂有所归了。

7. 子吞母国

公元前611 年（楚庄王3 年）8 月，一个乌云笼罩天空的日子，住在庸国古都城里（今竹山县）的老庸王慢慢起了床。老庸王又叫伯庸，他到底有多大年纪，史籍上对他也没有详细记载，但我们能大略猜测，这个庸王大概年纪已大。他在侍从们的伴陪下，一早去上朝，没料刚进朝堂就傻了眼。只见诺大的宫廷内，到处都是执刀荷戟的楚军兵士，而那些原来守护王宫的庸国卫兵已都被解除了武装。年迈力衰的伯庸王当即跌坐在宝座上，惊慌地大声问臣子们道："这，这是怎么回事?"

一位身着盔甲的楚军将领指挥了这次政变袭击，这将领疾步趋前，当即就向庸王作了宣布。大意是："本将军奉楚王令，特来接管庸王宫廷护卫，庸国称号自即日起废除。庸国之玉玺还请庸王即刻交出。"

老庸王听了这番言辞，随即目瞪口呆说不出话了。他真没想到，算起来只是个子国的楚国，竟会在这一年荆楚大地灾荒之时，会暗地联合秦巴两国，突然兴兵来袭击庸国，并将自己的母国宣告废除了。难道，这真是所谓的天意吗?

其实，楚国和老庸国的关系原本不错。楚国的远祖是高阳帝颛顼，而颛顼本就是庸国的帝王。楚国的高祖鬻熊，出自祝融吴回之孙季连的后裔。周武王时，熊氏芈姓部落曾参与庸国一起，结盟八国，共同推翻了商纣王的统治。周成王继位后，念及熊氏一族的功劳，将其首领熊绎封于蛮畿的楚地，给了他子男爵位的土地，让其居于丹阳。

但从有了分封以后，楚部落首领代代相继，不断攻伐周边国家，其中就包括侵犯庸国的领土，为此庸、楚之间即有了矛盾冲突。《史记·楚世家》载："熊渠生子三，当周夷王时，王室微，诸侯或不朝，相伐。熊渠甚得江汉间民和，乃兴兵伐庸、杨粤，至于鄂。"鄂即今湖北荆州，其地本是庸国所属。楚国攻占后，与庸国的关系就更敌对紧张了。到楚成王熊恽时，楚国的疆土已扩展到千里之大。与此同时，周王室的权势却不断衰微。天下也渐渐进入春秋动乱之时，各诸侯国之间都在相互利用又相互倾轧，相互拼斗。最后便形成了秦、楚、燕、赵、魏、韩、吴等“战国七雄”并立的局面。而楚庄王侣继位时，其野心比谁都大。这位楚王最初 3 年不问政事，每天都似乎沉溺于淫乐享受之中。并下令国人道：“有敢进谏的，判死罪决不赦免。”此时有个叫伍举的臣子入宫进谏以隐喻道：“我听说有只鸟待在高山上，三年来不飞不叫，请问这是什么鸟？”楚庄王这时左手抱郑姬，右手抱越女，坐在钟鼓之间，听了伍举的话就回答道：“那鸟三年不飞，一飞必冲天；三年不叫，一叫必定惊人。”伍举告退道：“我明白了。”

又过数月，这楚庄王更加淫乐，有一个叫苏从的大夫这时又入宫进谏。楚庄王道：“你不曾听到命令吗？”苏从回道：“牺牲生命而能使国君清明，这是我的愿望。”楚庄王听了这话，于是停止淫乐，从此用心治理朝政，并杀掉了几百人，进用了几百人。伍举和苏从也得到了重用而管理政事。

也就在这一年，荆楚大地受灾发生饥荒，庸国趁机集结兵力至选（今枝城境内），准备进攻楚国都城郢，收复被楚占领的郢地。不料，楚庄王这时联合秦巴两国，突然出兵袭击了庸国都城。庸国的主力兵此时远在枝城，庸王还没来得及调兵应对，就在宫廷束手被擒了。面对楚国武将的威逼，老庸王最后不得不将传国玉玺拿了出来，乖乖地交给了那位楚将，这楚将又很快将玉玺转送给了楚庄王。

指挥整个战役的楚庄王，这一天十分高兴。因为他隐忍三年后才开始作为，初次出师就兵不血刃，轻而易举地攻占庸都废了庸国，并得到了庸王的玉玺。楚庄王的野心从此更加膨胀，接下来，他又挥兵攻伐宋国，获得战车 500 辆。楚庄王八年，又攻伐陆浑戎，再乘胜到了洛阳城下。周定王派遣王孙满前来慰劳，楚庄王即问那禹帝传下来的国宝九鼎大小轻重如何。王孙满道：“统治天下在乎德而不在乎鼎。”楚庄王道：“你不要恃着九鼎，楚国折断戈戟的尖端，就足够做九鼎了。”王孙满列举了夏桀商纣无德而九鼎才迁到周朝的经历，而后道：“如果天子有德，美善而光明，鼎虽小却是很重；如果天子无德，奸邪而昏乱，鼎虽大却是很轻。当初成王把鼎安置在郏鄏，曾经占卜，可以传三十代，经历七百年，这是上天的命令。如今周朝的道德虽已衰微，可是上天的命令并没有改变，这九鼎的轻重，还是不可以问的呢。”楚庄王听完这话，才领兵而回。

楚庄王后来在位23年即去世。此后，楚国继任的楚王依然雄心勃勃，至楚灵王时，因争权夺利而内部生变，灵王在外攻伐不能归回宫廷，最后竟饿死在申亥家中，被天下人所耻笑。所以太史公司马迁就楚庄王的志向到楚灵王的饿死而分析总结道："操行之不得，悲夫！势之于人也，可不慎与？"意思是操守品行达不到，是多么令人悲伤啊！形势可以使人成功，也可以使人失败，对于人是这样重要，能不小心运用吗？

综上所言，楚庄王这只呆鸟，三年不飞不鸣，其一飞就果然冲天，一鸣就果然惊人。但是，志向宏大而敢问九鼎于周室的楚庄王，毕竟在道德上修炼太差，他一出招竟灭了庸国，这难道不是其操守品行出了大问题？试想，连延续了数千年的老祖宗国他都敢灭，这不是冒天下之大不韪？所以，此次庸国政变的结局，其实也预示了楚国的前程必然黯淡。当然，已是实力衰微内部管理可能也已千疮百孔的古老庸国，这时就像一艘在海上航行太久的巨船，经楚国这么一强逼牵引，就不得不开到了靠岸点。卸了货后，这艘巨船终于完成了上天注定的历史使命，从此也就停靠在了春秋时代的码头边而永远划上休止符了。

第四章

山水履痕

1. 天门昆仑

巍巍天门山，神奇而秀美，伟岸又壮观。

如果是晴天，在张家界市城区，站在适当的角度，我们还可清晰地看到，天门山顶那巨大的山洞，像一轮弯弯的月亮仙女，在苍穹下张开着笑脸，显得格外的漂亮和妩媚动人。其情其景，也只有善于观览的人才能深入体会到。

图 58：雄伟的天门昆仑

天门山不仅仅因为她的秀美才名气大，也不仅仅是近年来的旅游热让她名闻世界。其实，就算在古代，天门山的知名度本身就很高。因为，有学者研究，天门山其实就是古籍中常提到的昆仑山。

提出这一看法的理由是，历代许多的古籍曾有涉及天门昆仑的记载，如《山海经》、《搜神记》(1)、《楚辞·九歌》(2)、《意林》(3)等古籍中都有关于天门昆仑的描述，清嘉庆李华《天门名峰记》(4)一文，更是认为天门山脉发昆仑。那么，现在我们所公认的昆仑山为何又是在西域呢？而且前不久，新疆天池都还举行过一次昆仑山西王母的祭祀大礼。难道西域的昆仑山还有什么问题？

原来，古代的昆仑山到底是不是在西域，其实学术界历来还真有不少争议。

现在的不少学者认为，古昆仑山所在地的认定在历史上曾发生过变化。其根据是，因为汉武帝时为扩展疆土的需要，将新疆与西藏交界处的山脉钦定成了昆仑山，这样，古时的昆仑与我们后来所说的昆仑就完全不同了。其实，司马迁(5)当年就曾对昆仑山的钦定有过异议，他认为《禹本纪》言河出昆仑，其上有澧泉、瑶池。而张骞使大夏之后，穷河源而言九州山川是不合实际的。现代著名史学家吕思勉(6)先生对此也有批驳，他认为阗河源之山为昆仑，实汉人之误，非其实也。是汉使谬以非河为河，汉武遂误以非河所出之山为河所出之山。

由此来看，今日地图上所标之昆仑山确实不是远古时的昆仑山。

而远古的昆仑是指天门山，这个说法还有其他一些古籍所说的地名依据。如《山海经·大荒西经》载："大荒之中，有山名曰日月山，天枢也。吴姖天门，日月所入。"按李书泰先生的分析，天门山古时又称日月山，"姖"字从女从巨，巨亦声。"巨"本义为"包罗万象"，转义为"气象万千"、"千姿百态"。"女"和"巨"联合起来表示姿态优雅的怀孕女子。"吴姖"很可能就是"吴枢"，故曰"天枢也，吴姖天门"，而吴枢是黄帝的母亲，（宋）罗泌《路史》载："黄帝，有熊氏……母吴枢，曰符葆。"东晋前秦王嘉《拾遗记》曰："轩辕出自有熊氏之国，母曰吴枢。"《太平御览·武陵记》(7)一书还载，天门山还有藏书洞和"神母祠"。按本土史学家的考证，天门山古时又称武陵山，所以这"神母祠"也就是西王母祠。

《山海经·海内经》还载："吴刚又曰吴权，西河人。"神话传说炎帝之孙伯陵，乘吴刚离家三年学仙道，和吴刚的妻子私通，生了三个儿子，吴刚一怒之下杀了伯陵，因此惹怒太阳神炎帝，把吴刚发配到月亮，命他砍伐不死之树月桂。吴刚的妻子对丈夫的遭遇感到内疚，命她的三个儿子飞上月亮，陪伴吴刚，一个变成蟾蜍，一个变成兔子，一个不详。又传南天门的吴刚和月亮里的嫦娥相好，经常相会而疏于职守。玉皇大帝知道后，一气之下，就罚吴刚到月亮里去砍一棵叫月亮树的大树，如不砍倒，便不能重返南天门，亦不能与嫦娥相会。远古神话多有历史的影子，而这天门山上的月斧山，与吴刚的神话传说地名也是十分吻合的。

天门山还有“吴贺比射服后羿”的故事传说。后羿是尧帝时的有名射手，传说他奉尧之命，曾射下九日，为民解除了灼热干旱之苦，又为民除了妖魔之害。而到夏代时，后羿是有穷国的国君，他在位曾经起兵推翻过夏朝太康的统治。有穷国后羿在代夏期间极度淫乱，有位臣子吴贺想提醒他，曾与后羿比射，吴贺使羿射雀左目，羿却误射中了右目。但吴贺比射仍没能提醒后羿觉醒。不久，被后羿任用为相的寒浞与羿的妻子纯狐私通，夺了他的王位。最后，后羿被其家臣逢蒙暗害，死在桃木棒下。《左传·襄公四年》[8]的一段文字中，有几个地名和人物记载与吴贺比射的传说相关。据本土史学家的研究，其文中的“伯因”可能是“伯庸”，“熊髡”可能是崇山熊馆或熊溪人，天门山十六峰里有“箭杆峰”，不远处有“后坪镇”，这两处地名都与“吴贺比射后羿”的传说有关。

天门山一带的民间，有关赤松子的传说也不少，并有赤松山、赤松溪、赤松坪、赤松岩、丹灶峰等十多处遗址。同时，汉留侯张良在天门山也“从赤松子游”过，而鬼谷子在天门山隐居的故事，在民间也一直有流传。这些传说，在（清）《永定县志》中都有记载。

此外，天门山洞口之上，据说每逢天下有重大事件发生之年，都会自然涌水而出。如1976年，毛泽东、周恩来逝世，唐山大地震发生，天门洞上就曾涌水。天门山一带，还流传有48点梅花雨的传说，即老百姓逢涝祈祷，遇旱祭之意求雨，有福喝到其水，可不夭不病，无衰老哀苦。故而这股涌水被视为“天门神瀵”，是“水庸之神”所为。其信仰源于夏代的水庸神崇拜，而实际就是古庸国的“天门神瀵”崇拜。《列子汤问》[9]一书中，也有“壶頭山”涌水的记载，而文中所说壶頭山实际就是天门山。

以上这些远古时期的传说，都证明了古庸时期的天门山实在不平凡，它和崇山相连，又曾被称为天崇山，再加上桑植的天子山，在古代都被统称过昆仑或昆仑山、昆仑丘、昆仑地等。由于古代昆仑的名气很大，后来九州各地昆仑开花，冠以昆仑名字的山到处都有了，所以也难考究谁对谁错。不过，天门昆仑是古大庸帝国原始的昆仑之祖山，这个事实也是不可否认的。

注释：

(1)《搜神记》载："昆仑之墟，地首也。是维帝之下都，故其外绝以弱水之深，又环以炎火之山。(按：天门洞口南麓有火焰山地名)"

(2)《楚辞·九歌》中《大司命》载："广开兮天门，纷吾乘兮玄云；令漂风兮先驱，使涷雨兮洒尘"。

(3)(汉)焦延寿《易林·比之第八》载："登昆仑，入天门；过糟丘，宿玉泉；开惠观，见仁君。"

(4)清嘉庆李华《天门名峰记》载："天钟灵境，待久以兴；地转畅期，应时而起。颐东岱西岱，神真显化；山开五圣九嶷，菩萨放光峰头。永邑南境，天门名山，松梁首冠于汉世，天门异号于晋朝。脉发昆仑，分支口摇，连辰永以翠峰，达澧常而高耸。"

(5)司马迁《史记·大宛列传》载："《禹本纪》言河出昆仑，昆仑其高二千五百里，日月所相隐蔽为光明也，其上有澧泉、瑶池。自今张骞使大夏之后也，穷河源，恶睹《本纪》所谓昆仑者乎？故言九州山川，《尚书》近之也。"

(6)吕思勉《昆仑考》载："予谓以于阗河源之山为昆仑，实汉人之误，非其实也。水性就下，天山南路，地势实低于黄河上源，且其地多沙漠。巨川下流，悉成湖泊；每得潜行南出，更为大河之源。汉使于西域形势，盖本无所知，徒闻大河来自西方，西行骤睹巨川，遂以为河源在是。汉武不知其诳，遂案古图书，而以河所出之昆仑名之。盖汉使谬以非河为河，汉武遂误以非河所出之山为河所出之山矣。"

(7)《太平御览·武陵记》载："天门山，上有葱，如人所种，畦陇成行。人欲取之，先祷山神乃取，气味甚美；不然者，不可得。岩中有书数千卷，人见而不可取。"又曰："武陵山上有神母祠。"

(8)《左传·襄公四年》载："昔有夏之方衰也，后羿自鉏迁于有穷，因夏民以代夏政恃其射也，不修民事而淫于原兽。弃武罗、伯因、熊髡而用寒浞，……浞行媚于内而使赂于外，愚弃其民而虞羿于田，树立诈慝，以取其国家，外内咸服。羿尤不悛将归自田，家众杀而烹之，以食其子，其子不忍食诸，死于穷门。……有穷氏遂亡，失人故也。”

(9)《列子·汤问》载：“禹之治水土也，迷而失途，……当国之中，有山，名壶领（頭），顶有口，状如甗甀，状若圆环，名曰滋穴，有水涌出，曰神瀵，臭过兰椒，味过醪醴，一源分四埒，注于山下。民性婉而从物，不夭不病，无衰老哀苦。”

2. 天子山记

天子山是武陵源境内最著名的一座风景名山。站在那山上你会感觉到，这座神山的构造是那么绝妙，四周的山脚山腰都是岩柱岩峰突起，而那山顶上，却是一片长达十余公里的台地。上面有数千亩平展的土地和森林。

图 59：神秘的天子山

天子山上的每一处景色也各具特色，如将军岩、御笔峰和神堂湾等等，看上去都堪称鬼斧神工的真正绝作。而到这里来看风景的游客，无不都想知道一下这座仙山的来历吧！

关于此山的名称来源，现在我们见诸许多旅游册子及相关书籍的一致说法是：元末明初，有一位土家英雄向大坤追随明玉珍在蜀地建过大夏国，明玉珍败亡之后，向大坤流落到桑植一带，不久在天子山举旗起义，建邦称王，并自号“向王天子”。意欲以天子山为中心，建一个“至德至善”的理想国家。向王天子年轻时出家学过道，又读过《论语》等儒家的书，后来对“忠孝仁义礼智信温良恭俭让”12 字很感兴趣，并准备以此作为信条来收揽人心和建国治国。不料，向王天子起义不久，朱元璋急派湖广平章杨璟、中山侯汤和、江夏侯周德兴等，先后率数万官军至天子山一带征剿。向王天子率部奋起应战。数年抵抗征剿，使天子山一带到处都留下了血腥的战场痕迹，如将军岩、百仗峡、点将台、神兵聚会、插旗峪等地名，都皆来源于此。由于寡不敌众，向王天子最终在神堂湾跳崖自尽。他死后，土家族人特地在天子山建了三座天子庙以示纪念。正因为向王天子一生的经历十分传奇，他的传闻故事就使天子山更增添了浓厚的神秘色彩。天子山的风景本很绝美，而有关向王天子的传说十分壮烈动人，它在某种精神层面的意义上更进一步提升了天子山的知名度。所以，现在，人们一般都认为天子山取名的来源，就出自于向大坤造反起义的这个故事。

但据本土一些史学家最新的考证研究分析，天子山的来历有可能在很古的时候就已存在了。因为，古代以君权为神所授，故称帝王为天子。如《诗经·大雅·江汉》曰："明明天子，令闻不已。"《史记·五帝本纪》："於是帝尧老，命舜摄行天子之政，以观天命。"同时，据世居天子山的彭辉毓老人说，天子山之名"老古就已存在"。因此，这天子山的"天子"，很可能是指古代的祝融，而史载"祝融降于崇山，以火施化，称火神，号赤帝"，是真正的上天之子。另一最大的可能是指高阳帝颛顼。因为，颛顼为黑帝，而天子山一带恰有"黑儿垭"、"黑岩屋"、"上天子庙"、"中天子庙"等地名。比如，1983 年 7 月桑植县人民政府编印的《湖南省桑植县地名录·汨湖公社地片》载："黑儿垭、黑岩屋、昆仑、上天子庙、中天子庙在袁家界牧场；高溪峪、土地垭、折门塔、岩敦坡在咸池峪大队和小咸池大队。"这说明"黑儿"有可能就是指黑帝颛顼，黑帝颛顼有可能就是天子庙中供奉的天子。而且，天子山还有一个山峰，其名叫做"昆仑峰"。而山下不远处，即是"咸池峪"等地名，这些都是与古昆仑有相关联的地名信息。可见，天子山在远古时代就应是很闻名的地方了。

此外，颛顼即黄帝之孙高阳，屈原即"帝高阳之苗裔"，而桑植县芙蓉桥乡和马合口乡分别有"高阳村"、"青阳村"等地名，那么这"高阳村"和"黑儿垭"有可能就是黑帝高阳的出生和生活之地。《炎黄源流图说》载："传说颛顼生了个儿子叫老童，具有返老还童、死而复生的本领，寿命特别长，生了很多儿子，最有名的是祝融。祝融的后人分八姓己、黄、彭、秃、妘、曹、斟、芈（米）。楚国的始祖季连就姓芈。故南方都认祝融为祖先。"所以，天子山的命名，与高阳、老童、祝融的传说一定也有关联。同时，"咸池"在古代是日入之地，是专供西王母及年轻貌美仙女们洗澡的地方。《咸池》又为黄帝之乐名。《水经注·河水》中载："……南有潢水出塞外，东经西王母有室。"而桑植汨湖乡又有潢河村、潢河垭、潢河庵等地名，这潢水是否就是潢河呢？传说中的昆仑有牧场，牧神兽。昆仑山的神兽，浑身雪白，是吉祥之兽，能逢凶化吉。并会说人话，通万物之情，但很少出没，除非有圣人治理天下，才奉书而至。黄帝当年巡狩，至海滨而得白泽神兽。也可能就是到汪洋一片如海滨的汨湖才见到神兽吧！因为桑植汨湖土地肥沃，水源丰富。内有48大岔，48小岔，但因潢河经常涨水，这里的土地被淹没时，就像是一片海洋。而洪水消退后，这里的湖地水草茂盛，是天然的好牧区。所以，古庸帝国时代，这里很可能就是妇女儿童放牧的神都牧场。咸池则是传说中仙女们洗澡的地方。而不远处的天子山，也就是男子刀耕火种和打猎的好乐园。

天子山与汨湖紧密相连，与崇山、天门山等著名的大山也相距不远。这一带区域整体联系起来看，也与古籍中描述的远古昆仑山或昆仑虚相符合。总之，在古庸国时期，也应该早有以天子命名的山名了。

3. 八大公山

一

在张家界乃至整个湖南省，若以山的高度、山的面积以及生物的多样性而言，首推第一的应是八大公山。

图 60：古老的八大公山

有权威的林业部门的统计数据为证：八大公山原始森林由斗篷山、杉木界、天平山三大林区组成，周边方圆 250 平方公里，森林 4.9 万公顷，境内斗篷山顶海拔 2003 米。有各类植物 206 科，2408 种，其中不乏一、二级野生植物珙桐、滇楸、紫茎、玉兰、仿栗、香果、马褂、铁杉、黄杉、银杏等名贵树种；有各类昆虫 4175 种等等。1998 年，八大公山被列为全球 200 个重要生态区之一。

八大公山多种原生态的长期存在，在自然界的生存史上也是一个奇迹。因为，从地球寒武纪冰川期的开始至今，已先后经历了 5 亿多年的演变。寒武纪之后，地球上才渐渐有了动物和植物的生命繁衍。根据地质考古的发现，桑植境内石灰岩地区有多处三叶虫化石，这说明 4.5 亿年前，这种动物就已在八大公山地区存在了。而距八大公山百余公里的芙蓉桥乡，又发现过恐龙化石。八大公山地区，至今还长有大片的珙桐、红豆杉等被称为“活化石”的古树，这些迹象都表明，几亿年前，八大公山的动物和植物都已大量存在了。而这些生物在漫长的历史演变中，由于处在北纬30度生物圈与东经110度分界轴线两侧的坐标系内的地区，在冰川的爆发初期，是青藏高原及四川大盆地的承载和缓冲，才使这个生物圈没有受到过特大冲击。但两亿年前的芙蓉恐龙灭绝，应该是在第三纪的某一次冰川爆发所带来气候巨变袭击的结果。伴随着恐龙灭绝，其它生物也可能被毁灭不少，但幸运的是，八大公山一带所保存下来的物种仍然不少，躲过这多次的毁灭性冰川巨变的恶劣气候袭击，这不能不算是一大奇迹。

二

八大公山名称的来历究竟出于何时？有的说是出自清朝改土归流之前的土司时期。那时，曾有八大业主在此指山为界，八人各占一方山头，后来，这八个业主就成了桑植内半县的八大诸侯。然而，这个说法并不一定准确。

我们可以分析一下，就算清朝初年到现在，时间也不过300多年。

而在这之前，八大公山怎么会没有名称？其实，这一地区至少在6000年前的古庸国时期，就应有人居住。因为，古庸国的核心区域崇山，距八大公山的直线距离也不过100余公里。而在传说中更早前的燧人、伏羲、神农为首领的时代，这个地区也都可能有人活动居住。不过，那个时期的地名肯定还没有约定俗成的称呼。到蚩尤、驩兜、伯庸为古庸国首领的时代，估计这一带山区就应该有了取名的可能。如反映古代帝王以“茅土受封”的“芭茅溪”、“四门岩”等地名，即是八大公山所辖的地方。还有以国取名的小地名“尧儿国”，也在其地域的沙塔坪乡之内。

由此还可推断，八大公山的地名，至少在古庸国鼎盛时期，就有可能已被受封为八大诸侯所管辖的地方。而这八大诸侯是哪八人，现在似乎已说不清了。不过，八大公山的取名，还有人认为可能是出自传说中分封的祝融八姓，即己、黄、彭、秃、妘、曹、斟、芈（米）姓或是苗族的八部大王。这些说法，究竟谁是谁非，都尚待进一步考察才能求证出其真假。

三

八大公山所拥有的丰富自然生态资源，是上天赐给人类的最宝贵礼物。居住在这块圣地的张家界人，理应都要珍惜重视，保护好这里的生态资源。

在八大公山境内，应该严禁乱砍滥伐。林区内的珍贵树种，要防止被人为偷盗。林区内还要防止火灾，禁止烧炭、砍火畲等原始用火行为，才有可能防止引发山火酿成灾害。

对林区内的动物也要实行严格的保护措施，不能让这里的野生动物成为偷猎者的天堂，而市场也应禁止各类野生动物的买卖行为，并让人们自觉“禁嘴”，即远离野味餐桌，不被有野物的盛宴佳肴所诱惑。这样才可从源头减少市场的野物交易，使偷盗者失去打猎获利的动机。

八大公山的水资源十分丰富，其大小溪沟源头所在地，应禁止人为开发污染，居民所住的乡镇村组，应将垃圾和污水进行有效的处理。同时，更要禁止引进有烟雾和污水排放的各类企业入驻生产，以便防止环境可能被灾难性破坏的发生。

总之，作为居住在这块山区的普通市民，都应认识到保护好八大公山原始生态的重要性。只有公民保护环境的意识都提高了，镶嵌在古庸大地上的八大公山这颗明珠，才会不断发出它璀璨夺目的光彩。

4. 索源澧水

一

风景绝美的张家界，不仅因数以千计的石柱山峰构成奇观，还有不计其数的小小溪河构成几大水流，为那处处所在的山景平添了许多水的秀色。

张家界的水美，美在澧水、溇水、酉水、茹水、索水、道水等几大水流的一路狂奔和汇聚。

“沅有芷兮澧有兰，思公子兮未敢言。”这是古代大诗人屈原在诗中所歌颂过的词句。《山海经》(1)、《水经注》(2)、《列子·汤问》等古籍对澧水都有多处描述。清慈利知县顾光奎还写过《澧源说》(3)的文章，考证认为，澧水之源是三源合一，即桑植凉水口东流，绿水河北流，永顺上下峒西流。澧水三源自桑植龙江口汇合后，流经南岔至桑植县城，与酉水会，合称“酉澧”；南流至苦竹河入永定县界，流至今茅岩河段与温塘之温水会，合称“温澧”；流经武溪口龙茹山与茹水会，合称“茹澧”；流至慈利县与溇水会，合称“溇澧”；流至石门县与渫水会，合称“渫澧”；因黄溪水注入，又可合称“黄澧”；流至澧县与涔合，合称“涔澧”；流经临澧县与道水会，合称“道澧”；流经安乡县与澹水会，合称“澹澧”。因有上述九大支流注入澧水，故整个澧水流域又称“九澧”。

关于澧水的含义，有学者解释，澧者，醴也，亦即里也。既指发明酒的地方，本是指人类最早居住的故里。当然，民间对于澧水之名的来历，却还有另一传说，这个传说是笔者30多年前搜集民间资料时，听桑植赤溪乡87岁的老人金幺公所述。内容大意是：很古的时候，桑植八大公山下面的一个平坝里住着一个名叫李水的后生，他一年四季给人放牛，无事时就折树枝当画笔，在地上画画。有一天晚上，他在梦中见到一白胡子老人送了他一支神笔，醒来手里果然握了一支笔。此后他更爱画画，而且越画越好，画得就像真的一样。又一天，他正画山水，忽然天空乌云翻滚，百鸟惊飞，走兽奔逃。瞬时大雨倾盆，山洪滚滚。洪水冲走了人畜、田地、房屋。李水见这情景，急忙挥笔画了只大木船，画船刚落笔就变成了真船。李水撑篙跳上船去，在船上又匆忙画了一大河道和无数座高山，那画的山沉在洪水里就落地生根，变成了一座座山岭，河道落下去，就成了真河道，所有的洪水都纳进了这条河里。这条河被迫沿着群山峡谷，从八大公山流到桑植城外，最后经大庸下慈利、津市入了洞庭湖。由于河道被开通，那洪水就被驯服了，百姓们也都获救了。而那李水乘着船，却不知冲到什么地方去了。打这以后，人们为了纪念李水，就把桑植起源的这一条河，称呼成了澧水。

图 61：秀美的澧水

这个故事虽是传说，也难考证其真假，但远古的人遭受洪灾袭击和开辟河道治理洪水，却是完全可能的。比如，4000 多年之前的上古庸国时期，同样是传说中的大禹就曾是治水的英雄。在永定区的禹溪乡、中湖乡等地，过去还建有纪念大禹的禹王庙。

二

澧水之外，张家界另外几条河流都是澧水的支流。其中，溇水起源于湖北省鹤峰县下坪乡云梦村。沿途经鹤峰太平、江口入湖南桑植的人潮溪、于慈利县城郊与澧水相汇。酉水，发源于桑植县的双泉水库之上，流经马河口，芙蓉桥、刘家坪、澧源镇等地，到桑植县城郊与澧水相汇。茹水，发源于永定区，在武溪口龙茹山下与澧水汇。索水，发源于天子山下，经张家界金鞭溪、水绕四门、军地坪、三官寺至江垭与溇水合而后汇入澧水。道水，有南北两支，均发源于慈利五雷山麓，两水在官渡桥镇尖刀醉汇合后，经白洋湖于龙口桥入临澧县、再流至澧县道河口注入澧水。

在张家界，这五条澧水支流河的流域面积也很广，构成的奇异风光更是美不胜收。如溇水一线，从江垭以上的水域，有80%属峡谷区，两岸风光原始古朴，沿途主要有龙潭湾、五里溪、潭口、穿眼洞、阴门山、廖城等著名景观；西水一线，主要有双泉库区、马合口、芙蓉桥白族乡风情风貌、刘家坪长征出发地遗址等景观；茹水一线，主要有龙茹山、茅岩河等景观；索水河一线，有闻名遐迩的天子山、张家界、金鞭溪、水绕四门、索溪峪、黄龙洞等景观；道水一线，主要有五雷山道教神地、蒙泉水库、尖刀嘴、白洋湖、龙口桥等景观。

此外，这五大支流河取名的来历，说法也各有差异。溇水，慈利人称其为后河，而其发源地的鹤峰人及桑植人都称其为溇水。溇，有漏之意。因此水出于高山，一路流下来，地下溶洞多，漏洞大，故有人认为这是取其名的原因。还有的说法是，古人饮酒不醉曰溇，溇水之名当来自此意。另外，西汉时，官府有“溇中蛮”之称，溇水之名也可能源出于此时。至于在鹤峰占地盘有过近千年的田氏容美土司，与溇水关系密切，此溇水之地名的确立，是否出自其土司时期，也难以考证了。

西水，与沅水的支流酉水同名。但汇入澧水的这条西水比较小。只能算小西水。这条西水的取名，有人说与酒有关。据说过去酿酒的作坊多，所以酒字去掉三点水，就成了西字。取名“西水”，就是指有酒出产之地。另有说法是，古庸国时期，民间百姓有三夏丙丁日酉时祭灶神祝融的习俗，这条水的取名在当地与此习俗的形成有着关联。

茹水，按本土一些学者的解释是：茹者，若之本；若者，茹之果；“茹”、“若”本一物也，今引申连读为“如若”，即“如果”之意。《山海经·海内经》载：“皇帝妻雷祖，生昌意，昌意降处若水，生韩流。韩流……取淖子曰阿女，生帝颛项。”所以，若水既然是茹水的话，那么，黄帝的孙子高阳帝颛顼就应该出生在这里。此外，永定区七星山顶有“高阳洞”，阳和坪镇有高阳庙，会同县有“若水镇”等地名，这亦可补证高阳帝出生并活动于古庸湖湘地区。

索水，这条水的沿线景观最多，也最闻名。而索水的来历，说法也有多种。有说此水因溪水状如绳索而得名，有说索是土家语“雾”的意思，有说是取屈原名句“吾将上下而求索”之意。民国《慈利县志·事记》载：“宋真宗祥府三年，慈利蛮相仇杀，治澄州知州刘仁霸宣鼓谕解之，乃筑武口、安福、杨泉、索溪、西牛五寨，以资钤控。”这是关于索溪之名来历的官方解释。其实，索溪的名称可以肯定的是取得很早。在至少2600年前的上古庸国时期，武陵源一带属诸侯小国索国地盘，索溪称呼，是依其国名而取，这才是其名真正的来历。

道水，其名称的来历，亦有几种说法，一是相传黄帝时，有浮邱子者，种苦荞于浮邱之岗，洗药道水之上，丹成得道，即有道澧之名。另有说法是此水起源于五雷山，是道教圣地，道水之名当来于此。李书泰先生的说法是，道者，稻也，产稻之地也；亦即导也，植稻之先导也。此外，李书泰先生认为，道者，还有道理之意。“澧”者，醴也，亦即礼也。“道澧”即要讲礼节和道理。这道水和澧水名字的含义可谓深刻。作为后人应当牢记澧水，不忘道水，要热爱家乡，热爱故里，如果背离故土，忘了根本，就是不讲“稻澧”，失了礼，不地道。可见，我们人类祖先自古就有尊祖爱国，恋家恋乡的情结。

三

源远流长的澧水，从八大公山等一带高山孕育后奔腾而下，沿途造就了许多奇异的山水风景，也养育繁衍了历代无数人类子嗣。更留下了许多高品位的文化品牌。如澧水之源出过桑蚕之祖、帝女之桑、蚕纹陶片、土司城、桑植文化（包括桑植民歌、仗鼓舞、桑植红色历史）等。澧水靠上游一带，出过崇山之祖文化、古庸国文化（包括大庸阳戏、驩兜、鬼谷子、赤松子、屈原等名人文化）。澧水中下游一带，出过白公城、九溪城、石门燕儿洞、澧县城头山、彭头山等文化遗址。

澧水及其附属的几大支流，对古庸大地及湖湘文明的贡献可谓巨大。但历史经过数千年演变之后，到现今时代，特别是过去的数十年来，沿线的城市发展多了，居住的人口密集，澧水及其支流的水源也不断受到污染，河道再难见过去那么秀美的清澈绿水，鱼虾也越来越少。这些状况都令人痛心不已。而今我们追根溯源澧水历史，为的就是要唤醒一种高度认识和良知。即对这样一条养育我们的母亲河、生命河，必须得采取措施从多方面加以爱护。我们不能再任其肌体受到人为肆意污染破坏，对违背自然规律，过度开发修筑河坝、乱采乱挖河沙、倾倒各类垃圾以及未经处理直排污水进河道等现象，尤其要加强整治。同时要重视防范各类天灾人祸，特别是防止类似 1998 年那种洪水泛滥带来的危害。如果居住在澧水沿线河岸的广大居民真正提高了认识，人人都从自我做起，让水源不再受各类污染，澧水的生态环境才会得到真正有效的保护。

注释：

(1)《山海经·大荒南经》载："大荒之中，……有蒲山，澧水出焉。"

(2) 北魏郦道元《水经注》载："历山，澧水所出，东至下隽入沅，过郡二，行一千二百里。"

(3)《列子·汤问》载："甘露降，澧泉涌"。

(4) 清慈利知县顾光奎《澧源说》载："永定庄以宽言澧水源有三：一由凉水口东流，一由绿水河北流，一由上下峒西流。东流者源出今桑植县与鹤峰州抵界之七眼泉。北流者源出桑植与龙山交界之栗山坡，经夹石河至绿水河。西流者出永顺县境内十万坪趋上下峒与绿水河汇，二十里两夹澜与凉水口之水合，是名龙江口，三源合为一。"

5. 洞穴之秘

有着典型喀斯特地貌的张家界山区，境内各县都遍布岩石洞穴。这些洞穴有大有小，形状不一，坐落方位也不同，有的在坪地，有的在峡谷，有的在高山，有的在溪沟，有的在河岸悬崖。有的处在风景区早已被开发，更多的却还没被挖掘，因而也默默无闻。

目前，在张家界已被开发而著名的岩石洞穴，主要有以下几个。

黄龙洞。位于武陵源城区仅 8 公里处的一个天然大溶洞，在国内外都早已闻名。此洞长 11 公里，有 13 个大厅，96 条长廊，一处瀑布，一条地下河。洞内有石钟乳、石笋、石柱、石旗、石帘、石幔、石花、穴珠、云盆、石梯田等多种造型景观。洞口两则现还建有当代名人题词的碑刻 26 方。

九天洞。位于桑植县利福塔乡境内，该洞面积达 260 多万平方米。号称亚洲最大的地下溶洞。此洞分上中下三层，有一个大厅（可容纳上万人），两个玉池、三口龙井、三条阴河、五座天生桥、六个山峰、七个小湖、八处千丘田、九个天窗、十座瀑布、三十六个立体厅堂、百余处景点景观。1989 年 9 月下旬，美国、英国、比利时的 15 位洞穴专家曾连续七天七夜在九天洞内作全面考察，他们一致认为该洞不仅具有很高的旅游价值，同时还有很高的科研价值。从那之后，九天洞即被开发成了张家界景区内的一大旅游热点。

大岩屋洞。位于桑植县五道水镇之内。此洞处在一高山悬崖上，清雍正年间，桑植土司王与鹤峰容美土司王曾在此和好结盟，并在山崖上刻下“山高水长，忆斯万年”的大字，从而成了历史上两县民族团结的佳话。

玉皇洞。位于永定区城西麻空山南，是由清朝乡绅李京开独资开发捐修的一个雕刻神像艺术洞窟。其洞按上中下方位布局，开凿成“天堂”、“人间”、“地府”三层八个洞，上层有“玉皇洞”，人间层有玉金洞、豪笔洞、墨池洞、虎龙洞、雄狮洞、孔圣洞，地府层有因果洞。因玉皇洞是八洞之首，所以，八洞也统称为玉皇洞。玉皇洞的雕塑工艺精湛，人物神韵生动。值得一说的是，在人间层虎龙洞内，还刻有四大上古历史人像，分别为唐尧、虞舜、后稷、皋陶。这些雕塑都说明，李京开因考科举失败，他寄希望有一个像唐尧那样贤明的帝王掌管国家，能将帝位不传不肖子孙，而选拔像舜那样品德高尚、才华出众的人继位。还要有一个像后稷那样的人掌管农业，以让天下“高天粟满”，五谷丰登。还有一个像皋陶那样正直无私的人管理刑法，以让人们遵纪守法，安居乐业。

除了上述这些著名洞穴被开发之外，张家界境内还有许多地下洞穴没有人探索。这些洞分布在各地，有的洞据说面积非常大，如桑植澧水北源的岔角溪，有一溶洞直通湖北鹤峰的毛坝乡，其间的距离有几十公里。在澧水中源的桑植河口乡内，亦有一溶洞直通龙山县的乌雅河，其洞绵延亦达 10 多公里。在桑植与鹤峰、宣恩三县交界的八大公山地区，有一个呈半圆形的溶洞，洞口有 4 层楼房高，洞内宽敞如一巨大的广场。洞内延伸长达 l0 余公里，洞壁有成千上万的岩燕，不时成群结队地飞来飞去，地面的岩燕屎堆积有尺余厚，人走在上面如踩海绵。因人在洞里发声，洞壁便传出如敲锣打鼓般的声响，故当地人称之为锣鼓圈洞。

整个张家界山区的溶洞到底有多少？据地质研究人员保守的估算，大大小小至少有 3000 多个。这些洞内普遍都有造型奇特的钟乳石，有的如笋，如柱，如厅室殿堂；有的如龙如虎，如鸦如鹰；有的如仙女，如将军；有的如宝塔，如长亭；有的如老树盘根古藤缠绵；有的如瀑布飞泻流水奔腾……有的洞内还有竹叶人参、一止血、透身汗等多种地面上看不到的名贵药材，以及蟒蛇、蝙蝠、岩燕、壁虎等动物。而与这些洞穴有关的历代故事传闻也很多。如桑植咸池峪的高阳洞，传说就是上古庸国时颛顼高阳帝小时曾居住玩耍过的山洞。永定区天门山有鬼谷子洞，传说鬼谷子曾在这个洞内隐居和练过鬼谷功。20 世纪 30 年代初，贺龙领导红军在桑植闹革命时，有次遇到敌人围剿，贺龙就是藏入谷罗山乡一个山洞躲过了一场劫难。

张家界的洞穴奇妙无穷，其中有不少洞还藏有古代的化石文物。如慈利县的毕家山洞内就曾出土过第四纪化石 5 目 13 种，有犀牛、猕猴、鹿、牛、羊、豪猪、熊猫等动物化石。慈利县熊家庄乡鸡公洛一溶洞内也发现过第四纪鹿、猪、羊和金丝猴的化石。桑植县的缸钵洞，曾因剿灭过中国大陆最后一个土匪覃国卿而闻名于世。上述这些洞因为有了动物和人类活动的足迹，所留下的信息就很容易被后人所记住了。但还有更多至今未被人发现的山洞景观，也正期待着敢于涉险的勇士去探寻和开发；还有一些隐藏着古庸人活动信息的洞穴之谜，也在等待着后人去找寻和破解。

6. 草木崇拜

横跨湘鄂渝黔的武陵山曾是古庸国所辖的中心区域，也是草木植物生长的天堂。据有关统计表明，至今武陵山区的植物种类仍达3700多种。其中属国家一二类保护的有珙桐、水杉、银杏、贵州紫薇等数十种。中医药植物主要有治癌植物红豆杉以及金银花、五倍子、桔梗等400多种。经济林木主要有杜仲、猕猴桃、椪柑、淡竹、油桐、油茶、吴萸等100多种；用材林主要有松、柏、杉和各类阔叶林木等上千种。可以说，武陵山区是全国物种保存最为完好的地方之一。

伴随着旺盛的草木植物而同生存在武陵山的远古庸国人，对身边的神木神草充满了崇拜就不足为奇了。比如，反映三苗部落枫树神木崇拜习俗的古地名，即有桑植县的枫香凼村，永顺县的枫香岗村，永定区的枫香岗镇、枫洞边村，沅陵县的枫香坪，桃源县的枫树台、枫树溶，洪江县的枫木团，辰溪县的枫香坪，麻阳县的枫木坪等等。这些以枫树命名的地方，即是有名的古庸“神木崇拜十祭坛”之地。至今，在永定区三个苗族方言区的传说中，蚩尤都被称作为“祖父”、“祖公”，永定区王家坪镇桥边河村还有“尤公坪”的地名，枫香岗乡因有一颗3000多年树龄的古枫树而得名，该乡宋坪之宋山又多有红蛇出没，这些信息与蚩尤史迹及神话传说相吻合，也证明蚩尤就是古庸国的一代先祖。而枫树不仅与蚩尤紧密相关联，它还是一种“龙树”。据《山海经·大荒南经》[(1)]载，蚩尤即是盘踞在枫树上的赤蛇。李书泰先生在《庸国荒史研究》中曾分析指出：“赤蛇者，亦蚩尤所化，‘赤’是‘蚩尤血’的涂染或所化，更具可能。所以这赤蛇、枫木不但是一种‘龙树’，而且可以视为龙血之树，蚩尤之树。”在黔东南一带的苗族史诗里，“妹榜妹留，苗语指“蝴蝶妈妈”，是人、兽、神的共同母亲，而“妹榜妹留”也是由“蚩尤之械”的枫香树所化，可见枫木在苗族人的心中，已普遍被视作是蚩尤所化的神树。

除了苗族人拜枫树之外，在张家界一带，其他民族迄今还有一些传统的拜普通神木的习俗。如每到春节期间，不少土家族人都有拜果树的习惯。拜果树的时候，一般有两人。其中一个会点燃香烛，到树下虔诚敬拜，口里念念有词的祭拜一番后，还会发问道："今年果树结不结呀?"另一随拜的人会随口而答："结呀!""结得多不多哇?""多哇!"这果树被祭拜之后，就有了神的保护，当年就会如愿结出丰硕的果实来。

拜神木如此，拜神草亦然。古代的拜草文化有多种表现形式。其中突出的有茅土授封、箭落定穴、苞茅缩酒、苞匦青茅、编草为卢碗、结草为服、代鬻遗风等方式。"茅土授封"是帝王分封诸侯的一种礼仪，即帝王以五色土为太社，分封诸侯时，各授他们以相应的某方某色土，并包以白茅，使归以立社。"箭落定穴"出自南宋朱辅《溪蛮丛笑·葬堂》(2)对五溪蛮地区的记载。"苞茅缩酒"是指古代祭祀时束茅立之祭前，沃酒其上，酒渗下，若神饮之，故谓之缩酒。"苞匦青茅"出自《禹贡》。相传古梅山的辰州有苞茅山，产苞茅，在麻阳县境。苞茅纵使生长在山崖峭壁的瘠薄土壤中，在大雪纷飞的日子里，也能生出葱翠的嫩叶。这种茅草有三脊，后来传到了江淮之间。《史记·孝武本纪》载："江淮一茅三脊为神藉。"今柳州市柳北区长塘镇尚有青茅村地名。"编草为卢碗"是指原居在青草洞庭湖的卢人，利用得天独厚的湖滨芦苇编成采摘野生果实的"卢碗"（饭器）。同时，卢人还发明了"结草为服"。"代鬻遗风"是指今麻阳县绿溪口乡枫木村尚有苞茅山地名，山顶原有苞茅庵。这里乡民自称"歹熊"、"代熊"或"大熊"；又称"歹鬻""代鬻"或"大鬻"。实际就是对祝融和鬻熊的敬称。名称前誉一"大"字，表示他们祖先是了不起的"大人物"、"大英雄"、"大天帝"。

古人对于苞茅这一植物似乎情有独钟，许多的诗人在作品中也都描写过有关苞茅的优美辞赋语句。如唐·路荡的《徵苞茅赋》："猗彼菁茅，挺生不杂，缩醪醴以致洁，与清明而相合。"唐·吕岩说《灵茅赋》："有灵茅之繁育，禀堪舆之粹晶……纳日月之光照，资雨露之沾融。……茅之为物也贱，尚见采于先王；士之所贵者道，岂敢昧于文章?"明·王儒真的《菁茅赋》(3)中对菁茅也有过优美的描述。这些诗人都以饱满的激情，抒写了对于苞茅这种普通茅草的由衷赞颂。

此外，在张家界地区，反映远古时代帝王茅土授封的古俗地名也有不少。如茅土关、茅冈寨、茅溪口、茅岩河、茅塔坪、茅花界、芭茅溪、青草湖、茅草街等等。诸如此类的以拜草文化为特征的地名理应都是地理科学的眼睛，是研究历史的窗口。同时，在整个武陵山区以始祖、古人、古族、古市、古蛮、古国、神山、神都、神岩、帝王、古陵、古墓、天文、古乐等命名的地名就更多了。这些地名同样都要引起我们的重视，我们多研究这些古老的地名，就有可能找到远古庸国历史的最初起点，找到远古庸国文化的边界，找回久已失去的记忆和快消失的一些古庸国人文精神的源头。

注释：

(1) 据《山海经·大荒南经》载："……有宋山者，有赤蛇，名曰育蛇。有木生山上，名曰枫木。枫木，蚩尤所弃桎梏，是为枫木。"

(2) 南宋朱辅《溪蛮丛笑·葬堂》载："死者诸子照水内，一人背尸，以箭射地，箭落处定穴，穴中藉以木。贫则已；富者不问岁月，酿酒屠牛，呼团洞发骨而出，易以小函，或枷崖屋，或挂大木，风霜剥落皆置不问，名葬堂。"

(3) 明·王儒真《菁茅赋》载："惟兹苞茅，生而异类……先王制礼，后王荐修，历代未泯，万世流传。作古今之仪范，继天地之皇猷……宜栽宜种，冀其于万斯年，不失沅江之底贡。"

第五章

真相探秘

1. 庸国疆域

在上古历史上曾长期存在过的古庸国，其领土疆域究竟有多大？所有古籍似乎都没有记载。但是，从相当多的史载事件、民间传闻、古人事迹、古老地名信息以及出土文物的考证中，我们还是可以分析找寻出大量的证据，从而大致弄清古庸国的疆域分布区域。

当古庸国立国之初，即庸成氏在位之时，其疆域不是很大。周边最多能辐射几百里区域而已。庸成氏消亡之后，庸国的后裔出现了分化，而到伏羲、炎帝乃至蚩尤时代，祝融一族复兴，疆域相对有了大的扩展，北方的涿鹿等地都已是蚩尤开辟的新领地，而蚩尤也即是庸国的一个传承首领。著名史学家张良皋认为，出自庸国的黄帝也不是外来人。黄帝统一天下时，坐镇祖地崇山的庸国仍应是一个与黄帝有直接亲缘关系的古国，属于其领地的疆域则主要在武陵山及三湘大地。当颛顼高阳帝在位时，庸国即是高阳氏之国，也是一统华夏的中国，此时庸国的疆域面积最大，《史记·五帝本纪》载，其领土“北至于幽灵，南至于交阯，西至于流沙，东至于蟠木”。其中的幽灵指幽州居庸关，交阯指越南，流沙指四川的庸部，蟠木指日本。有史料表明，越南人传说中的祖先雄王为炎帝神农氏之后裔径阳王，日本人传说中大和民族的祖先出自太阳升起的“中央仙山”，其实也即出自中国崇山。

古庸国在夏商周时代，是祝融氏之国。祝融氏又有很多姓，比如芈姓、熊姓、庸姓、屈姓，应都是祝融氏一族。而究竟有哪些姓氏的人当了庸国帝王，还有待详细考证。庸国的都城其时已迁往湖北竹山，所管辖的地域这时还有湖北、湖南、重庆、河南、陕西等地区的数十个县域，比较起以往鼎盛时期的疆域是小了很多，但在战国初期，庸国的地盘相对一些小国而言，仍然还不算小。

庸国被楚国所灭的时间在公元前 611 年。此后，庸国原有的领土被楚、秦、巴等国所瓜分。原庸国的大部分子民也逃回到了故乡大庸一代谋生。庸国原有的疆域领土至此也全部丧失，但庸国在历史上存在很久，其影响一直没有消失。据李书泰先生考证，至今，全国还有数十处与庸国历史文化紧密相关的地名。其中很典型的有湖北竹山县上庸、湖南张家界市大庸、河南卫辉市鄘城、修武县庸城、信阳市庸墩村、安徽舒城县之舒庸城、宿州市之庸桥区、无为县之庸浦、山东青岛胶州市之庸村、云南建水县哈不庸村、广西容州、重庆黔江庸州、贵州德江县庸州、四川成都之庸部、河北容城、北京市昌平居庸关等等。这些地名的来历一般都有其深厚的历史根源或其他缘故之出处。如河南卫辉市鄘城，因周武王伐纣时，以庸为首的 8 国出兵，助其推翻了商纣统治，战后商朝王畿被分为邶、卫、鄘三国，由武王之弟管叔等人管辖，史称“三监”，而鄘城之地名即来源于此。

河南修武县庸城之地名，相传是周武王伐纣时，庸师八国联军进军途中因遇雨，曾在此地临时驻扎修兵练武，故此得名“修武”。

安徽舒城县之舒庸城的来历，相传是楚、秦、巴三国灭庸后，部分庸人逃到安徽舒城，故史称“舒庸”。

北京居庸关的名称，据称是见于战国时成书的《吕氏春秋》，该书说天下有九塞，居庸是九塞之一，故后称为居庸关。有学者考证认为，周简王十二年（前 574 年），舒庸人联合吴人讨伐楚国，被楚国灭之，庸人又被迫迁往幽州，即今北京地区。公元 228 年正月，司马懿攻入上庸城，擒斩孟达，又将上庸、房州 7000 余户迁往幽州苦寒之地，这可能是后来取名为居庸关的真实来历。

山东青岛胶州市有东庸村和西庸村，其名称相传来自西汉宣帝时代，当时有个以治《尚书》及《齐论语》出名的儒生叫庸谭，是以庸国为姓的真名实例，此人为传播古文化作出了重要贡献，死后葬于其地。后人纪念他的功德，给他建过“庸生庙”，又将其地命名为庸村。

云南建水县有哈不庸村，其名称与庸国也有关联。建水素有“文献名邦”，“滇南邹鲁”之美誉，其地的少数民族具有祝融血统，以庸命名为村，应是崇庸遗风的体现。

广西的容县古称容州。容姓出自大容氏。容与庸同声同用。容成氏即庸成氏。容县在远古时，应是容成氏所居之处。故容州也是古庸国南方疆域的一部分。

河北的容城县地处京、津、石三角腹地，其名称来历也应与大容氏族有关。从容城出土新石器时期的磁山文化和龙山文化遗址，可证明其地在7000年前就有人居住，尤其此地出土的文物与大庸国古都古城堤、慈利金台、桑植朱家台等遗址出土的文物有很多相似之处，这说明远古大庸国时期，庸人有可能北迁，故此才有了同一批人在不同地区创造出的相同文化。

另外，安徽宿县有庸城、庸桥区、苗庵乡等地名。其名称与古庸国关联也不少。据有关学者考证，庸桥区还是马戏之乡，表明这里的戏剧起源很早，它与古庸国的原始戏剧的传承肯定有关系。“戏剧”的繁体字有虎和猪，古庸先人们常常见到猛虎跟野猪搏斗，不仅造了其字来表示，并用以标志斗争的剧烈与难解难分。“戏剧”的“戲”和“劇”就从此而来。而戏剧的娱乐与本质的冲突，由此两字的释义都可理解到。同时，打虎猎猪也是古庸国先民围猎生活的仪式化和娱乐化的原始傩蜡表现，这种庸国原始的傩蜡遗风，说明至今在庸桥马戏、杂技表演的某些仪式和技术元素之中还有残留。

此外，贵州德江的庸州、四川成都之庸部、重庆黔江县的庸州、湖北的恩施、鹤峰的容美土司、广西的融安县、贵州的榕江县等古地名的来历，都与古庸国有许多历史关联。在此不一一列举。总而言之，古庸国因历史悠久，其领土疆域最盛时曾遍布华夏大地，即使到了夏商周时期，其疆域仍然面积不小。不过，到战国群雄纷争，庸国被自己的子国——楚国所吞灭之后，这些原属庸国的疆域和领土才被后来的帝王所占据。庸国的时代虽然远去了，但它的遗响不绝，古代的庸风文化，仍将会在华夏大地的庸人后裔中永久地传承下去。

2. 庸国十说

古老的庸国究竟起源在何地？又是如何演变的？现代的学者对此持有多种不同的观点。其中，比较有代表性的说法共有十种。

一是“大踵说”。持此说的学者认为，古大庸国的母国是华胥国。而华胥国亦称“大踵国”。而张家界境内有三处足迹岩，恰像是巨人留下的脚印。其址分布在永定区天门山丹灶峰、枫香岗麻空山、慈利县金岩乡神坛坪内。这三处足迹与传说中的“大踵国”人脚迹十分相似。永定区白鹤嘴还有雷泽坪地名，联系起来看，张家界一带就有着华胥生育神话诞生的物质基础，也就是说，这一带应是伏羲、女娲出生的原生点。所谓“大踵”，也即是腿足长大。传说华胥氏有一天到一处名叫“雷泽”的地方游玩，发现一只巨大的脚印，那是人头龙身之雷神的脚印，踩者只要鼓起肚子，就能发出响雷。华胥氏很好奇地踩了那脚印一下，果然全身震颤，回到家就怀孕了。不久生下人头蛇身的伏羲，后来子孙繁衍，发展成“大踵”一族，《山海经·海外西经》中将其地称为大踵国[(1)]。

二是“大容”说。持此观点的学者考证，容成氏就是庸国的先君。“容”与“庸”通用。朱起凤《辞痛·庸》云：“容、庸同声同用。”明陈士元《荒史》载：“庸成者，墉城也。”庸成氏传8世。《庄子·胠箧》篇云，容成氏至神农时期，先民“甘其食，美其服，乐其俗，安其居，邻国相望，鸡犬之声相闻，民至老死，而不相往来”。容成氏世代任氏族部落首领，故“大庸”亦可称“大容”。

三是“鄘国”说。持此观点的学者认为，周武王灭商后，因怕武庚叛周，分商都畿内地为邶、鄘、卫三国，监视武庚，史称三监。而殷都的西南归鄘国管辖。庸国由于参与了武王伐纣，有功于周，周为了给予嘉奖，封庸为三监之一，负责管理过千里之外的方伯之国，并保留其原有的疆土。“三监之乱”后，又迁回了南方之大庸。所以，历史上的“鄘国”，也即是庸国的子国。

四是“上庸”说。知名史学者甘启良先生认为：“庸国的都城，本身也表现出庸国的古老。为何叫上庸？庸有城的意思。上庸可以理解为上古之城，也可以理解为天子之城。”李书泰先生认为，西周早期，大庸人在鬻熊、熊绎领导下一度复兴，成为协助武王伐纣的“八国之首”，但正是这次伐纣也引起了周王朝的高度警觉，采取大封庸国子族的策略，一步一步分化削弱庸国领导核心和军事力量。随着楚、巴、秦等子族的纷纷独立自大，大庸帝国已进入“后庸国”时代，末代“庸主”不得不考虑迁都偏安，因而选择了今湖北省竹山县境之田家坝为临时都城，出于不忘古都的感情，遂将新城定名为“上庸”，古都大庸称为“下庸”了。

五是“夏庸”说。《竹书纪年》载：“当尧之时，舜举之禹……祝融之神降于崇山，乃受舜禅，即天子之位。”有学者据此认为，夏朝在入主中原前，前首领应一直在崇山称伯（霸）一方，故《白虎通·五行》载：“时为夏，夏之言大也，位在南方。”湖南工业大学历史系教授刘俊南在《华夏上古史研究》一文中更肯定地说：“鲧曾被分封在崇山，称崇伯鲧。”《大戴礼记·五帝德》也记载，鲧为崇伯，禹为鲧子[2]，且受禅于崇山，故夏禹在崇，亦即夏禹在庸，“夏庸”即“大庸”也。

六是“大邑”说。据有关学者考证，商王都多以大邑称之，但甲骨文中之“大邑”未必尽指商都。因“大邑”与大庸乃一声之转，且是商代实力很强的一个方国，所以，大庸很有可能就是甲骨文所记之“大邑”，故在殷墟甲骨文中有“新庸”、“旧庸”、“美庸”、“口庸”、“庸门”、“水庸”及“贞口大邑于庸土”字样。

七是“大融”说。有史学家认为，大庸古国源于远古蚕图腾部落。蚕食桑叶而成为蛹。融疑为蛹的初文。古人曾拜蛹（融）为神灵。故屈原《离骚》开篇言：“帝高阳之苗裔兮，朕皇考曰伯庸。”意思是说，我是古帝高阳族三苗部落的后裔，我的高祖叫伯庸。也就是说，他是祝融的后裔，因“伯”、“祝”训诂皆为大。伯为长，长为大，兄为长，长兄为大。由此再推论，屈原也承认自己是以“大融”为图腾的祝融后裔。

八是“大戎”说。湘西苗族《接龙词》说：大庸就是“大戎”，大庸国亦称大戎国。苗语接龙是接“大戎（大庸）”、“大笮”。传说大戎（大庸）是湘西苗族的主要祖先，他首先发现朱砂和使用朱砂，故把大戎（大庸）接回来时，要在中堂放朱砂酒，叫“安龙堂”。大戎（大庸）是一个很强大的部落，在长江中游活动的时间很长，上起神农下至夏禹，都是长江中游苗蛮集团的主体氏族。他们的后裔认为，从舜以后所遭到的一切不幸，都是由于祖先大戎（大庸）离开了他们之后才发生。因此，他们想把大戎（大庸）接回来。尔后“接龙”的祖宗崇拜仪式，就相沿为习俗了。一大批苗族学者都认为，祝融就是仡索。蛮左蛮戎都是九熊后裔，南蛮中的大氏族。他们的后裔现在自称仡索、仡戎，扑程就是扑左。九熊后裔到崇山后，叫濮人，建立大庸国；后叫苗民，建立驩兜国；再后叫南蛮，建立卵民国、羽民国、凿齿民国、黑齿民国等许多小鬼国，度过夏、商、周三朝而没遭大的兵祸，并盛极一时。

九是“大钟”说。著名建筑史学家张良皋先生考证，古庸国是铸钟大国；著名古文字学家裘锡圭先生亦指出，庸是大钟。因此，又有学者认为，大庸国就是大钟国。而永定区沅古坪一带，民间婚俗礼仪中的《告祖词》曰：“祝融佳人伴夜郎，繁衍百国围崧梁。伯庸八祖铸钟铃，神农嫘祖植麻桑。”沅陵县北容（伯庸）乡尚有铁炉巷、钟铃巷、铸庸池、祭祝岗等地名，而且在铸钟、铸瓦、铸钹、铸锣等铸造活动中要唱《铸钟歌》，祭祀时要唱《祭祝歌》，在《薅草锣鼓·请神词》中要唱《庸人歌》，写家神词时要写歌颂祝融（伯庸）的对联：“钟铃长昭百世香火，伯庸永显千秋神明。”裘锡圭先生还考证，庸即是“镛”，亦称“铙”，是镛口向上而未置于座上的打击乐器。甲骨文中至少可寻出 18 种乐器名。商代的乐师，主要是由称作“万”的人组成。甲骨文有“万其奏”、“万其作庸”等词组。后世古庸旧地也多出土有錞于等庸钟。如清嘉庆《慈利县志·卷之六》和清康熙《慈利县志·卷之二》对此出土文物都有相关记载。可见，大庸古国是名副其实的铸钟大国。称大庸国为大钟国亦名正言顺。

十是祝融说。《史记·楚世家集解》载：“祝，大也。融，庸音同，古通用。”古代许多史书都提到祝融，如《白虎通》说：“伏羲、神农、祝融，三皇也。”有学者认为，融与庸同音，庸即融演化而来，祝融就是庸国的先祖。古今大庸人都是祝融氏的后代，都是帝颛顼的后裔，也是楚国的祖先。

以上关于大庸的“十说”，表面看似矛盾，但实际高度一致，只是各说在字义上侧重点有不同而已。而“十说”也将古大庸国的起源和演变都说得比较清晰了。故此，本土一些史学家认为，大庸，就先祖生育神话而言，被称“大踵”；就族别而言，被称“大容（庸）”或“容成”；就部落图腾而言，被称“大融”或“祝融”；就国家事功而言，被称“大钟”、“大庸”或“大戎”；就国都位置而言，被称“夏庸”、“下庸”或“大邑”。总之，有关对“大庸”的其他特定称呼都是有道理的。“大庸”二字也不是一个普通的概念，它实际是“东方的古罗马”，是中华最早的古国都城所在地。而“古庸文化”也应是中华文化最重要的源头之一。但时至如今，就我们的国家层面而言，还很少有人悟透她的真像，破解她的密码，以致其历史文脉一直被阻隔着，历史地位也被矮化。这个状况应该早日得到改变才好。也就是说，我们只有正本清源，从华夏上古历史的源头上，承认古大庸国文明史的真实存在，这样才能真正还华夏历史以本来面貌。

注释：

(1)《山海经·海外西经》载：“跂踵国在拘缨东，其为人大，两足亦在。一曰大踵国。”

(2)《大戴礼记·五帝德》云：“宰我曰：请问禹。孔子曰：高阳之孙，鲧之子也，曰文命。”

3. 庸都初探

落地崇山而逐渐建立的上古庸国，因其历史的漫长悠久，加上中国文字记载的年代有限，致使迄今为止的古籍史料，几乎都没能说清庸国的始创时间以及有哪些国主传承等重要信息。至于庸国所建立的都城设在何处，都城有无迁徙等，更是鲜有涉及。

图 62：大庸古人堤遗址

不过，近年来，经过张家界本土几个历史学者的不懈努力，以上几个问题现在可以说基本上都被一一破解了。

首先，庸国的首创时间，我们认为应在距今约 9000 至一万余年间。其根据是，宋《路史》与明《荒史》中已明确记载，庸成氏时，已守墉城，而墉城又是先王之册府所在，庸成之前的先王是谁？他就是燧人氏祝融。燧人氏祝融在崇山传下了光明之火，其时间距今应在一万年左右。燧人氏以火施化，故又被尊为创世祝融，也得到了部落的拥戴，所以就被推崇成了庸国先祖始皇，故《尚书》中亦称其为燧皇氏。燧皇氏传四世，其后即是庸成氏登位。

而庸成氏即为《庄子》书中所说过的容成氏，亦是传说中大容氏的后裔，也应是立国的祝融氏。因庸、融、容三字古代通用。“大融”也即祝融、大庸。祝融的后裔又分为己、董、彭、秃、妘、曹、斟、芈等八姓。而“雍尼”、“容米”、“容美”均与“融芈”、“庸芈”同音，且“用”、“庸”同音通用。显然，临近今张家界市桑植县的古代湖北鹤峰“容美土司”族人，也是大庸（容）古国祝融八姓中“芈”姓一族的余脉。土司王“墨施什用”的名称正是“芈氏什庸”的变音。

张家界本土的历史学者李书泰先生还分析指出：“墨施什用”本义为“天王”，亦可称“天皇”，而大庸帝国三皇之一的伏羲就称“天皇”。这使我们不得不联想到20世纪80年代日本考察团来张家界崇山寻根拜祖的一幕史事，并明白了日本国王为何要称天皇，其国民又为何一概以四字命名。没想到日本人与大庸古国也有如此久远的渊源关系。这种史源上的不谋而合，正是学术研究上的殊途同归，正是真理在科学轨道上的胜利会师。

再说庸成氏共传了八世。其后，庸国慢慢衰落了，但其氏族却还存在。后又经十八氏族演变，才到黄帝有熊氏世代。这中间的十八氏是：史皇氏仓颉、柏皇氏、大庭氏（以火为纪，亦曰炎帝或朱须氏）、栗陆氏、昆连氏、轩辕氏、赫胥氏、葛天氏、尊卢氏、祝融氏（以火为纪，名为赤帝）、昊英氏、有巢氏、朱襄氏、阴康氏、无怀氏、太昊氏（又称伏羲氏、包牺氏）、女皇氏（女娲）、炎帝氏（包括神农氏、炎帝柱、炎帝庆甲、炎帝临、炎帝承、炎帝魁、炎帝明、炎帝直、炎帝厘、炎帝居、炎帝节茎、炎帝克、炎帝戏、炎帝器、炎帝少君、炎帝榆惘）。

黄帝有熊氏在位，最后打败其他部落，成了华夏的一统皇帝。而其他的诸侯小国，这时都俯首称臣了。原古庸国祝融即庸（容）成氏的后裔，在历代的演变中应该是以不同的氏族出现而中兴过，特别是其中以火为纪的大庭氏赤帝、祝融氏赤帝、伏羲（包牺）氏、神农氏等氏族，应当都是燧皇氏祝融的直系传承。而黄帝其实也不是外来户（史学家张良皋语），他和炎帝一样也都是少典氏的后裔，也就是燧皇氏创世祝融的后裔，自然也是古庸国帝王的后裔。在大庭氏、祝融氏、伏羲氏、神农氏在位时，因都以火为纪，其国的帝王也就等于是庸国的首领，所以，这时的庸国权势都很大。

当黄帝统一后，开始以龙为图腾并纪历，其他的小国依旧被分封，古庸国作为祖宗之国，这时虽然还存在着，只是其实力就变弱了。后来到颛顼继位时，庸国忽然又强大起来。原因是，这颛顼是在庸国崇山澧水长大并发迹，也是靠承袭庸国的分封而再继承皇帝之位的。所以，他当政后，国家又等于成了庸国的天下，颛顼本人也就是庸国的首领。其时，来附庸风雅的小国就多了，庸国的疆域也就是在这时达到了鼎盛之时。不过，颛顼在位时，龙的旗帜依然飘扬，庸国虽然执掌实力，但国家纪历却都是沿袭了黄帝时的而没有改变。

颛顼之后，在帝喾及尧、舜、禹及夏、商等帝王当政的时代，庸国作为老祖宗国，也一直存在着。只是，庸国这期间的实力又渐降弱了。到周武王发迹时，庸国还能以八国之首而帮周武王灭掉商纣，说明其国还有不少实力。再到战国之时（公元前552年），历经了约5200余年的古老庸国才最后被它的子国——楚国所吞并，其封号也被取消，另置了白县来安置原有之庸国老贵族们的生活。

弄清了古庸国的大致兴亡历史，我们就不难考证古庸国所设立的都城所在地了。

在9000年前至一万年间，古庸国的最初都城应该就是今张家界的永定城区古人堤一带。据1962年的第一次考古发掘，在永定城的古人堤曾发现过一系列陶器，这些陶器多为鼎、鬲、罐、壶、绳纹筒瓦和板瓦。经鉴定属距今2400年前的战国时期文物。1980年，经第二次考古发掘，考古队在原址下层又挖掘出一批更古的文物，这批文物有石器和陶器。石器有长方形的磨光石锛，打击石片、割削器及许多石器半成品等。土层内还有炭末、木屑、红烧土等。陶器有折唇罐口器及圈足豆、鬲、鼎、碗、钵等，并刻有一些纹饰。这些文物当时并未经碳位数严格测定，只经专家大致鉴定，其石器和陶器属新时期时代晚期文物，距今约7000至10000余年。但这个时间段也说明，古人堤在那时就有许多人居住，上古庸国的都城应该就在此地。因为此地位置优越，城临澧水河旁，对面遥望天门山，距祖山发迹之地崇山也很近，所以，现今发掘占地八万余平方米的古人堤一带，应该就是远古庸国最初所选定和建立的都城所在地。

当然，即使是远古都城也应该有相当的规模，而且城墙、排水系统等也应具备，而这些远古的城市设施现在似乎看不到了。这种情况的出现只有一种可能，那就是因后来的永定古城是建立在老古城的基础之上，所以，远古的庸国都城早被后来的古城拆除了。所以，我们现在从史料上所知道的就只有最早始建于汉的古城，其时为充县县治所在地。再往后，此城市不断沿袭和扩建，历代有天门郡、北衡州、崇州、大庸所、永定卫、大庸县、大庸市乃至今日之张家界市等治所均设于此。由于历代城市的不断修建，那远古的庸国古城当然早都已被这后来的城建完全抹去了痕迹。

在长达6000余年的历史长河中，古庸国的都城也肯定迭经了多次迁徙和演变。最近宣告挖掘出伏羲帝的都城高庙遗址，距今8000年前，其地坐落在怀化市安江境内，距张家界也只300余公里。此遗址已挖掘出许多有价值的古陶器及古石器等文物，这应是继古庸国墉城氏之后的早期古城。

图63：澧县城头山遗址

另一距张家界直线距离仅100余公里的澧县城头山，也是考古界发现的中国最早功能较完善的古代城市，其城区建于6000年前，面积达八万余平方米。该古城用荆条版筑而成城墙，城郭沟池都十分明显，出土的文物有大溪文化时代的粗泥釜、红衣粗弦纹厚陶片、圆辰高领红陶罐等器物，还有几座陶窑和与陶窑组合一起的料坑、储水坑、工棚等；在壕沟里有用竖立的木桩、芦席、横木条和子篾扎紧成篱笆状的相当紧实的护坡设施，有用榫卯结构的木构件架设的交通桥的遗存，还有十分精致的小桨和残存的船艄，展示了壕沟既可以防御，又可以通航的全方位功能。这里不仅有供人居住的多层房屋遗址，还有供人食用的近百种植物籽食和多种动物骨骼。比如水稻、冬瓜、葫芦、牛、鹿、象、猪、螺、蚌、鸟类、鱼类等，几近与近代社会一样，应有尽有。这里不仅有世界上最早的水稻田，还有编织得如同近代样式的“人”字图案的芦席、竹席和纺织而成的麻布，以及供人使用的木质穿孔安腿的凳面，展示了当时的农业、饲养业、种植业、牧业、水产业以及木工编织等手工业已经发展到了相当水平。这个社会的产业结构表明，当时的这座古城，应该就是一个古国的都城，这个古国在6000年前既已存在，它极有可能就是古庸国继伏羲氏后或炎帝为帝王时的古城。

此外，古庸国还经历过多次分化变迁的过程，在全国共留下过河南卫辉市之鄘城、安徽舒城县之舒庸城等几十处直接命名为庸的辖区，这些地方真正被作为古庸国都建筑居住过的，应当只有张家界之大庸、澧县城头山之都城、竹山县之上庸和河南卫辉市之鄘城等几处古城辖地。至于古庸国消亡之时，以白公胜为首的贵族被楚国圈定在白县，城区取名为白公城，其地在今慈利县境内，这个白公古城也可以算是古庸国最后的都城，白公胜在位曾力图灭楚而复兴庸祖的大业，无奈他因种种缘故被束缚了手脚，最后也没能成功而消失隐遁了。

远古庸国的都城现今虽然都已不存，但澧县城头山的发现，让我们已可约略看到那个时代古城的大致模样，那城墙壕沟及居住生活状态都已可感受触摸，其产业结构及社会分工管理状况等也都可划分出细节，并可提供给人以丰富的想象了。总之，古庸国的都城在6000年前即已显出了相当的发展水平。这个事实的存在，应该是现在的庸国后人从历史遗存的角度给其充分考察和认定的时候了。

4. 百国之祖

古庸国在中国历史上建立最早，其国体最后的消亡时间也有准确的记载，这个客观史实的存在是无可置疑的。

即是立国最早的天朝帝国，它的资格当然也最老，权威也最大。在后来兴起的诸多大大小小的国家面前，古庸国也是当然的百国之祖宗了。至今，张家界市永定区沅古坪镇还流传一首《告祖词·庸人歌》：

“祝融佳人伴夜郎，繁衍百国围崧粱。伯庸八祖铸钟铃，神农嫘祖植麻桑。”这几句歌词，其实也说明了一个事实，即古庸国曾经是百国之祖的历史真相。

相关的许多史籍对此真相也有大量记载。如《尚书·尧典》云：“尧时庸人善奕”、“舜生三十征庸。”说明尧帝和舜帝时代庸国就早已存在。《尚书·周书》载：“王若曰：‘诰告尔多方，非天庸释有夏，非天庸释有殷。’”《说文解字》曰：“天乃颠也，至高至上，从一大也。”故“天庸”即“大庸”。因庸国为先夏一代天朝，所以具有至高无上的天威。而“非天庸释有夏，非天庸释有殷”，是说夏国和殷国政权的存在，都要经名义上的天朝庸帝授权或认可。《尚书·君奭》载：“天不降庸释于文王受命。”说明到了周代，仍需口头上听命于“天朝庸帝”。《国语·周语》载：“禹夏之兴，融降于崇山。”说明大禹夏朝政权的兴起之地，是舜帝征庸后的远古祝融故里——崇山。西汉司马相如《大人赋》曰：“余欲往乎南矣，历唐尧于崇山兮，经虞舜于九嶷。”说明尧唐时期的政治经济中心在南方庸国的崇山，而不在北方。

而历代帝王称登基即位亦曰“登庸”。如《杜夷幽求》曰：“以舜禹之登庸，视孔氏之穷屈，不似跛鳖之与晨骥乎？”这说明，在古代，不管哪个朝代都是把天朝庸帝作为国家最高权力的象征。又如《春秋·左氏传》曰：“楚左氏倚相，能读《三坟》、《五典》、《八索》、《九丘》。即谓上世帝王遗书也。”这说明，古庸国曾有帝王之书，可惜后世没能完整流传下来。

以上种种史载表明，大庸古国本是一代很长时期的王朝，五帝之前相当长一段时间和五帝时期的历史，其实都属庸国史。故此，著名史学家张良皋在其著作《巴史别观》中断定说："夏商周时代，庸国是祝融氏之国；五帝时代，庸国是高阳氏之国。"所以，中华民族的历史，也应该是在夏朝之前还有庸朝，即经庸、夏、商、周传承以至秦汉而脉传至今的。总之，从立国历史的总源头来看，古庸国理应是百国之祖！

有关中国的古代历史，过去由于受种种根据政治需要而编正统史的观念束缚，从孔夫子起，就几乎忽视了远古庸国存在的客观事实，以致后来历朝史学家都争议不断，但官方却始终没能正式主持编定悠久的远古史。1997 年 8 月，"海峡两岸史学家合撰中华民族第四次研讨会"上，与会者又发出过重写"中华一万年"历史的呼吁。中国考古学会理事长苏秉琦当时也曾表态："时至今日，把重建中国古史的任务正式提到全国史学学者、考古学者的面前，条件已经是基本成熟，其主要标志是重建中国古史的构思、脉络已基本清楚。从宏观的角度、从理论和实践结合的高度把中国历史的框架、脉络可以概括为：超百万年的文化根系，上万年的文明起步，五千年的古国，两千年的中华一统实体，这就是我国的基本国情。"为此，我们也衷心期望，国家重建中华古史的宏大构想能够早日实施完成！

5. 三湘古陵

远古庸国所辖的湖南，因历史悠久，死去的帝王也不少。这从以“陵”命名的湖南各地多达十八陵的地名中就可看出。当然，这十八陵也不全是上古时代的帝王之陵，而多半应是后来的帝王之陵。又因为历经数千年的时光侵蚀，这十八陵早被毁灭而变得面目全非，但唯有两座帝陵至今仍名气很大。

其中一座是炎帝陵，位置坐落在株洲炎陵县。其地原名酃县，因境内有炎帝陵，1994 年始改名为炎陵县。有关炎帝神农氏殆葬的记载，最早见于晋·皇甫谧著的《帝王世纪》。到唐朝时，开始有了对炎帝陵的奉祀。宋初时，宋太祖登极，遍访天下古陵，终于在湖南原酃县康乐乡白鹿原觅见炎帝陵，遂于宋乾德五年（公元 967 年）正式建庙祭祀。新中国成立后，炎帝陵被列为湖南省重点文物保护单位。1954 年，因香客失火，烧毁了主殿。“文革”十年动乱，炎帝陵再次遭到摧残而夷为平地。1986 年，由于市、省和全国人大代表们的呼吁，湖南省人民政府和株洲市人民政府拨出专款，使炎帝陵得以重建。此后，炎帝陵便成了国内外游人不断前来观览和祭祀的旅游胜地。

另一座是舜陵，在今永州市宁远县九嶷山。《史记·五帝本纪》载：舜“南巡狩，崩于苍梧之野，葬于江南九疑”。据《九嶷山志》记载，最早的舜庙建于夏朝，后在秦朝和明朝又分别重建过。现今的舜帝陵则重建落成于1999 年。其陵占地面积 600 余亩，由于舜帝的品德和孝道在历史上为儒家所特别推崇，所以历史上不少皇帝都曾祭祀过舜陵。2000 年 9 月，永州市人民政府又组织 6 万人在舜陵进行过公祭。此后，在当地更形成了每年祭祀舜陵的制度。

除了炎陵和舜陵是湖南两座最闻名的帝王之陵外，湖南境内还有以下十六处以陵命名的地名。

零陵，即舜陵。全国共有三处：一是秦始皇二下六年（公元前 221 年），在今广西全州县咸水乡设零陵县。二是汉武帝元鼎六年（公元前 111 年），增设零陵郡，零陵县治亦为郡治。三是隋开皇九年（589），改零阳县为零陵县。

开皇十八年（598），改零陵县为慈利县，泉陵县改为零陵县，治所在永州。这样，零陵作为县级区域名称，在广西全州存在了810年，在湖南慈利存在了10年，在永州（1984年止）存在了1385年。

沅陵，在今怀化市沅陵县。沅陵从汉高祖五年（公元前202年）置沅陵县，历为郡、州、路、府、道和湘西行署治所，曾是湘西地区的政治、经济、文化中心。从沅陵字义解，沅陵很可能就是元陵，其境内应该葬有古代初始的一个帝王，但这个帝王是谁，史料却没有记载。

澧陵，在今株洲市醴陵（县级）市内。其地名来源是，公元前184年，长沙相刘越受封到澧陵为侯，食邑600户，并建侯城于古城村。东汉初，从临湘县、湘南县各划出一部分置醴陵县。1985年8月，醴陵撤县建市（县级）。澧陵即在此市内。

茶陵，又名炎陵，在今株洲市炎陵县。其地名因地处原茶陵县“茶山之阴”，加上炎帝神农氏“崩葬于茶乡之尾”，故此命名茶陵，后又改称为炎陵。

居陵，在今浏阳市内。东汉建安十四年（209年）析临湘县地始置浏阳县。元初（1271年）浏阳县治迁往居陵镇。居陵的墓主是谁？尚难确定。

安陵，在今永兴县。唐开元十三年（725），析郴县北四乡置安陵县，属桂阳郡。唐开宝元年（742），改安陵县为高亭县，宋熙宁六年（1073），按郴州太守李士燮建议改高亭县为永兴县。安陵即在此县内。至于安陵的墓主是谁，尚难定论。

迁陵，在今湘西州保靖县内。汉高祖五年（公元前202年），更黔中郡为武陵郡，将湘西五溪地置迁陵县，其治所在今迁陵镇东酉水北岸的乳香岩，地名“四方城”。西汉后期，王莽改迁陵为迁陆。东汉复迁陵，仍隶武陵郡。现保靖县内设有迁陵镇。迁陵的墓主是谁，亦未定论。

容陵，在今株洲市攸县内。容陵的来历是，西汉高祖五年（公元前202年），置长沙国，攸县、容陵均属长沙国，元光六年（前129年），封长沙定王子刘福为容陵侯。东汉时攸县、容陵均属荆州长沙郡。现攸县为株洲市所管辖，容陵仍为攸县所有。而容陵的墓主是谁，亦未有定论。

义陵，在今怀化市溆浦县内。唐高祖武德五年（622），分辰溪原汉义陵县地，始置溆浦县，属辰州。现溆浦县为怀化市辖地，义陵即在溆浦县境内。而义陵的墓主是谁，也尚未有定论。

孱陵，在今常德市安乡县内。西汉高祖五年（公元前 202 年），安县为武陵郡属孱陵县地。现在的安乡属常德市辖地，孱陵即在此县中。孱陵的墓主是谁，亦有待考证。

邵陵，在今邵阳市境内。西汉初，始设昭陵县，属于长沙国零陵郡。西晋太康元年（280），武帝司马炎因避其父司马昭之讳，改昭陵郡为邵陵郡，改昭陵县、昭阳县为邵陵县、邵阳县。“邵阳”之名由此始。南宋理宗赵殉当太子时，曾封为邵州防御使，他做皇帝后年号“宝庆”（1225 年），所以邵阳又有“宝庆”之称。邵陵的墓主是谁，亦未定论。

泉陵，在今永州市祁阳县。西汉时，祁阳属零陵郡泉陵侯国。三国东吴孙亮太平二年（257 年），分泉陵县，置祁阳县和永昌县，仍属零陵郡。现祁阳县隶属永州市。泉陵的墓主是谁，亦未有定论。

舂陵，在今宁远县。秦代，今宁远县境内设有舂陵、泠道二县，是为建县之始。晋朝永和年间，改舂阳县为舂陵县。这就是舂陵的来历。而舂陵的墓主是谁，也尚未定论。

巴陵，在今岳阳市境内，晋武帝太康元年（280 年）建巴陵县。南朝宋元嘉十六年（439 年），分长沙郡北部的巴陵、蒲圻、下隽县和江夏郡的沙阳县置巴陵郡。郡治设在巴陵城，从此岳阳城区一直作为郡治所。那巴陵的墓主是谁，也未定论。

黄陵，指湖南的黄陵渡。但具体方位在何处？黄陵的墓主又是谁？亦尚未有定论。

武陵，在今武陵山区。武陵之名的来历是，西汉高祖时取“止戈为武，高平为陵”之意，改黔中郡为武陵郡。开皇九年（589 年）隋灭陈后，废陈在武陵郡所置的沅州，改武陵郡为朗州，并临沅、汉寿、沅南为“武陵县”。是为武陵县设置之始，此后一直使用。中华民国二年（1913 年），改武陵县为常德县。现今的常德市设有武陵区，张家界市设有武陵源区。武陵山则指横跨湘鄂渝黔上千公里 40 多县区的大武陵山区。这些地域均以武陵为名设立。但武陵是否指有墓主，墓主又是谁，亦无定论。

分析以上十八陵地名的来历，我们不难看出，这些以陵命名的称号至少分为三种情况，一是以实有其名的帝王所命名，如炎帝陵、舜帝陵等；二是可能以纪念死去帝王的名号来命名地名，如零陵、义陵、巴陵、居陵、邵陵、醴陵、澧陵、泉陵、春陵等；三是以陵的含义来命名地名，如武陵、安陵、迁陵等等。由此来看，湖湘十八陵，实际并不是等于就有十八座帝王之陵，而是也有只把陵当作纪念意义来命名的。当然，整体而言，十八陵中，其辖地实有帝王墓主而命名的应是占大多数，只是由于年代久远，这些墓主的真名已不知了。

此外，由于许多古陵取名的时间不确定，其墓主有无真墓葬，其身份究竟是哪些具体人物，考证起来都还有相当的难度。如沅陵是否就是元陵？元陵的墓主又是谁？是远古庸国的帝王，还是其他朝代的帝王，现在都很难给以定论。笔者分析，沅陵的墓主有可能就是远古庸国的某位帝王，如燧皇氏、伏羲氏的皇陵都有可能。因为沅陵县紧邻永定区，也是古庸国时离得很近的辖地，所以古庸国的帝王葬于沅陵是合情理的。至于其他以陵命名的地域，也都存在类似不知真实墓主的情况。这些问题都有待科学考古手段去挖掘证明，才有可能得到真正解决。

中国数千年的历史，既离不开以人民为主体的潮流的推动，也离不开各个时代为首精英人物的引领作用。而历朝帝王因其德行能力的不同，有的杰出辉耀，有的却昏聩不堪。作为帝王之陵，人们能记得其大名的，说明其墓主的功德很大；人们不记得和已忘记了的，说明其墓主也可能没有什么作为。但唯有不同的是，上古时期，因时间太久远，有作为的帝王也可能被历史所湮灭。所以，对于这些帝王之陵，只要我们的考古学还能去考证出来的，我们就应努力去考证，以还原出历史的真相，这也算是一种顺应时代潮流的所需吧！

6. 庸人古墓

远古时期，三湘大地在相当长一段时间，曾经都是古庸国之辖地。而神话传说和非神话传说中的许多古代名人，在死后都安葬在了这块土地之上，这些名人之墓，有的遗址尚存，有的却早不见了踪迹。笔者据历代史料记载和部分走访之考察，特对有代表性的“古湘十三墓”作一探讨和分析。

祝融墓，在南岳最高山峰，即祝融峰顶。祝融是神话传说中最多、身份也最复杂的人物。因其身份在许多朝代都有出现。而南岳的祝融出自何时？各种史料说法也不相同。据宋《路氏》和明《荒史》记载，南岳的祝融出在“尊卢氏”之后，曾称为赤帝，比伏羲、神农都早。而《黄帝录》等书记载，衡山祝融名字叫容光，是黄帝的大司马，也即《管子》书中提到的任黄帝六相之一的祝融。此祝融是夏官之名。另还有说法，南岳祝融是帝喾时的火官。这些说法各不相同，原因在于祝融是神话传说中氏族首领人物，且在历代都有，并不固定是某一具体人之上，所以，其墓究竟有无或属哪个祝融，其实都难以考证认定，我们也大可不必去较真。唯有南岳的佛教香火很旺，且是“寿比南山”之山，祝融有灵，看到历朝人们不断前来虔诚敬拜祭火，就必定开心极了。

嫘祖墓，在衡阳岣嵝峰。嫘祖是黄帝元妃。相传黄帝巡南方，嫘祖同往，到湖湘衡山时，嫘祖因水土不服，病倒在岣嵝峰下。黄帝将她就地埋葬在这岣嵝峰。清李元度编《南岳志》引《四库全书》载《衡阳稽古》云：“嫘祖从帝南游，死于衡山（古称岣嵝为衡山），遂葬之。今岣嵝有嫘祖峰，上有嫘祖山之墓，谓之先蚕冢。”嫘祖坟遗址地原修有嫘祖殿，其建筑毁于1944年日军轰炸。现殿基尚存。

嫘祖是黄帝之妻，其功在贤内助，定农桑，织衣裳、兴嫁娶，尚礼仪，架宫室，奠国基，是值得后人纪念的伟大女性。但关于嫘祖的故里和墓地迄今还存有争议，四川盐亭、河南西平等地亦建有其故里纪念地或墓地。

驩兜墓，在永定区崇山。清康熙《永定卫志》(1)对此墓有文字记载，并传闻此墓不易见，但昔日山民耕此地，常获甲鐶等文物。在驩兜墓地附近，还有驩兜庙、驩兜石室、驩兜鼎、驩兜三角锄等遗迹遗物。由于驩兜在历史的正史中是个定位于因作乱而被舜流放的蛮夷首领，所以历代官府对待他都存偏见和排斥。在驩兜屋场至驩兜墓之间，不知是何朝代，还被朝廷派人挖了一条800多米长，20多米宽，5米多深的沟槽。其目的竟是为防其造反而断其龙脉，使驩兜后代不出能人。可见驩兜在历史上就没受到公正的评价和待遇。其实，驩兜流放至崇山后，曾团结诸多部落，建成了南方少数民族的政权中心，获得了许多部族的尊崇和爱戴。驩兜死后，其后裔流落到大西南各地，与诸多土民融合，成了他们的先民。这些少数民族也都奉驩兜为始祖。所以，驩兜这个历史人物，应该给予其应有的公正评价，他的墓地，也理应得到有关文物部门的重视和保护。

善卷墓，在辰溪大西山。查有关史料可知，善卷是尧舜时的贤人隐士，很有学问。相传尧帝南巡至洞庭苍梧时，在德山曾拜其为师。后来舜在位，亦欲禅位给善卷，但善卷辞而不授。不久，他即来到辰溪大西山隐居，死后便被葬在了此山。清乾隆《辰州府志》载："善卷先生墓在大西山九峰岭，宋祥符间，敕禁樵采。相传有人窃发其冢，铁厚尺许，天气昏暗，雷雨交作，遂莫敢犯。"

作为一个雅儒之士，善卷在物质匮乏的贫困时代，能坚持过自己的清静隐居日子，而不被世间巨大的权与利所诱惑，其人品德行之高洁，至今仍令后人赞赏不已。但善卷之墓后来还是被人挖掘，其遗址只剩下一片废墟，不能不令后人遗憾。

二妃墓，在岳阳君山东麓山脚下，又名湘妃墓。传说舜帝南巡崩于苍梧之野，他的二妃娥皇、女英登上君山，悲恸而死葬于此地。据晋张华《博物志》记："尧之女，舜之二妃，曰'湘夫人'。帝崩，二妃啼，以涕挥竹，竹斑。""斑竹一枝千滴泪，红霞万朵百重衣"。毛泽东主席1961年在《七律·答友人》中所写的这两句诗，更将湘妃竹的民间故事传扬得天下皆知了。

君山所修复的二妃墓现保存完好，此墓为圆形石砌，石碑刻"虞帝二妃之墓"，字出清两江总督彭玉麟手笔。墓前引柱上，刻有民国七年舒绍亮所写一副对联：君妃二魄芳千古，山竹诸斑泪一人。君山之名，据说就出自这副对联的两个首位字。两位湘妃夫人为爱夫君悲恸而死，其情其爱真可谓感天动地。湘女之名从此传遍天下。二妃之墓也就此成了洞庭君山的一处最美的风景之地。

盘瓠墓，在泸溪县砣山。盘瓠是传说中帝喾（高辛）的神犬（女婿），有学者分析盘瓠即是陆终，因陆终杀其父吴回而讽刺比喻其为狗。其墓其实难以考证。与盘瓠而同闻名的还有其妻辛女，传说高辛帝招盘瓠杀敌将吴回，盘瓠取回其首级，帝喾将辛女嫁给他，两人结为夫妻，后共生了 6 个儿子。盘瓠是个亦狗亦人的神灵，两人生的儿子羞于其父是犬类，竟将其父杀死了，辛女悲伤过度，也化成了一座岩石，即辛女岩。两人生的儿子后来不断繁衍，盘瓠即成了苗、瑶、畲等少数民族的始祖。此神话反映了苗瑶、畲等少数民族始祖起源的艰难历程，有其现实的意义，但盘瓠毕竟是神话创造人物，其墓也就难以实证了。

白公胜墓，在慈利县城关石板村。据李书泰先生的考证，白公胜原名熊胜，乃楚平王之子——太子建的儿子。公元前 479 年 6 月，被封为白县之君主的白公胜，带兵出征，在慎邑击败吴军。接着，白公胜以来楚都献捷为名，率兵入朝，斩杀了他的仇人司马子期和令尹子西，同时生擒了楚惠王，这即是历史上有名的“白公之乱”。政变得手后，白公胜未杀惠王，结果，被叶公沈诸梁起兵打败，其得力护卫石乞受烹而死，白公胜据说自缢了，但死未见尸，其去向就成了千古之谜。而实际上，白公胜是从此隐姓埋名，称作了鬼谷子，并在天门山的天门洞隐居了，这也是鬼谷子其人的真正来历。但假白公胜当时还是被埋葬了。其妻贞姬还守过此墓。白公胜的墓地虽然不是真的“白公”墓，现在这墓也早不存在，但只要白公城遗址尚存，白公墓的假定存在就有一定意义，那就是能让人们更好地了解古白县的那段历史。

申鸣墓，在临澧县合口镇。申鸣是楚惠王手下的猛将，与白公胜是同时代人。“白公之乱”后，申鸣奉令率兵包围了白公胜。白公胜采纳石乞之言，将申鸣之父劫持了，并以此要挟申鸣反楚王。申鸣是有名的孝子，见到父亲被绑架，很是痛心。但忠孝不能两全，申鸣权衡之后，毅然击鼓进攻，将白公胜打败，白公胜据说自缢而死，只是死未见尸。申鸣虽然平息了白公之乱，但因父亲被杀，他亦为没能尽孝而自杀了。楚惠王在其死后，将其葬在合口镇，并筑起一座古城，分封给了其子孙管理。其古城及墓地迄今尚存。申鸣之“孝义、尚友”的精神，亦感动着无数后人。

屈原墓，在汨罗市城北玉笥山东 5 公里处的山顶，其间 2 公里范围内有 12 座墓冢，相传为屈原的“十二疑冢”。其中只有一座是真墓。为何要建这些疑冢？传说是屈原死后，反屈原的贵族要来掘墓鞭尸，屈原的女儿女婴闻讯后，用罗裙兜土筑疑冢，百姓亦纷纷相助，一夜间又筑了十一座坟，从而就有了这“十二疑冢”。

在古庸湖湘大地，屈原也是走向全国乃至世界，并对后人影响最大的古代第一大诗人。他死后，百姓都很怀念他，并相传为纪念他而形成了端午节，这一天人们都会吃粽子和赛龙舟。屈原忧国忧民的思想和情怀，亦成了后人传承的精神财富。

黄歇墓，在常德城朱履坊。黄歇即楚国著名的春申君。据《中湘四修谱》记载，黄歇的籍贯是今天的常德市。其父辈的楚国属国黄的贵族。清嘉庆《常德府志》载，春申君在常德养有大批食客，建有珠履坊。《方舆胜览》还记载，常德有黄歇的住宅和坟墓，历代都有修整春申君墓的记载。常德上南门还耸立着纪念他的春申阁。不过，春申君死后的葬地也有争议，安徽淮南、江苏苏州、湖北江夏、江苏江阴等地都各有所说。有的认为常德的黄歇墓只是衣冠冢，不可能是真实墓，黄歇死葬地，最有可能的应在淮南。

其实，黄歇的墓地究竟何处是真并不重要。而弄清其死之历史教训才有意义。对于黄歇之死的历史，笔者 1991 年就曾到寿县（楚国新都寿春）作过采访，并写过一篇游记文章，内有一段话道：“战国末期，楚国迁都寿春（今寿县）后，考烈王因生理原因而无子，一个名叫李园的赵国政客，用计将自己的妹妹献给相国春申君，有孕后再转献给楚王，结果生下一个太子，就是楚幽王。李园妹因生太子而封皇后，李园渐掌重权。考烈王死后，春申君在宫中赴丧时，被李园派的刺客杀死灭口。后人为从这件事里吸取教训，就在城南门墙上刻了一个刺客形象，以防暗箭之虞，此即“门里人”的典故。寿县“门里人”的石刻像保存了 1000 多年，如今看去已有些模糊，但此像折射出的含意至今仍有现实意义。俗话说，明枪易躲，暗箭难防。生活中，对于“门里人”一类的人物，我们是否应有清醒的头脑，多一点警惕和防范，答案，似乎不言而喻的亦很清晰了。”从此段话中，我们便可明了黄歇为什么会死的历史教训了。

宋玉墓，在今临澧县望城乡看花村。宋玉本是楚国鄢（今湖北宜城）人，在楚襄王时做过文学侍从、大夫之类的小官，因遭诋毁，被王疏远，楚亡之时，亦抑郁而死。宋玉的作品以赋最闻名，代表作有《九辩》等。宋玉死后，后人为其修有纪念墓地。至唐文宗太和二年，澧州诗人李群玉从洛阳考落第回来，在澧阳郡长乐乡拜祀宋玉墓，见该墓历经多朝而有损毁，遂又发起修复宋玉墓，并建立了宋玉庙。其庙后被毁，宋玉墓遗址尚存。另据史料载，全国共有宋玉墓五处，究竟哪一处为宋玉葬身墓，似乎仍难定论。

周郝王墓，在今永定区丁家溶。据《史记·周本纪》载，公元前256年，秦国大兵压境，西周武公受降，周君王郝卒，周民遂东亡。但周郝王死于何地，葬于何处，却只字未提，以致后世郝王之墓多处出现，成为千古之谜。据宋朝著名学者洪迈在其《容斋续笔》[2]中记载，认为周郝王墓在澧州慈利县旁五里山。其外甥还得到过出土的一錞文物。本地明清《永定方志》[3]亦有明确记载，认定周郝王墓坐落在永定县西十五里的郝王山。

张良墓，相传在武陵源水绕四门。张良为汉高祖刘邦的开国元勋。传说他晚年为明哲保身，向刘邦请求“愿弃人间事，欲从赤松子游耳”。刘邦没有挽留，他即云游到了张家界，寻访过赤松子，并住在黄石寨。直到百年逝去，墓就被人葬在武陵源水绕四门。并留有诗为证：踏遍青山寻古人，四门水绕得佳城；香炉岩上旧土堡，汉代留侯张良坟。关于张良死后的真正墓地在何处？目前史学界还有争议。《史记》中也没有明确的记载，只是交代曾授张良兵书的那位下邳圯上老人当初说过“十三年孺子见我济北，谷城山下黄石即我矣”。而文末又说：“子房所见下邳圯上老父与《太公书》者，后十三年从高帝过济北，果见谷城山下黄石，取而葆祠之。留侯死，并葬黄石（冢）。每上冢伏腊，祠黄石。”从这些文字记载中可以看出，张良死后是与黄石公合葬在一起的，至于埋葬的具体地点，却未明确点出，所以，张良死后的墓葬地仍有争议。但葬于武陵源水绕四门的张良墓，也算是聊备一说。

综上所述，古湘十三墓有的真实可信，有的或存疑需要进一步考证其真假。但即使这些墓葬有个别墓主身份真实的争议，也无碍我们细致探讨这些古代杰出名人的真实传奇经历，特别是探讨这些著名人物曾经在古庸国所辖之三湘大地活动过的辉煌历史。

注释：

（1）清康熙《永定卫志》载："崇山……最上巨垄云驩兜墓，人不易见，见多不详，昔民耕此，常获甲鐶等物。"

（2）洪迈在其《容斋续笔》中记载："淳熙十四年（1187），澧州慈利县周郝王墓旁五里山摧，盖古冢也。其中，藏器物甚多。予甥余玠宰是邑，得一錞。"

（3）本地（慈利或永定，待查清）明清方志记载："周郝王墓，在（永定）县西十五里。县有郝王山，中有大冢，封殖甚高，周列小冢四十余，或云殉葬宫嫔也。"

7. 拜鬼精灵

上古庸国时期，由于生产力的低下，人们对自然的认识能力有限，以“万物有灵”的自然宗教崇拜现象也得到人们认可。而信鬼拜鬼的风气在澧沅流域为中心的大武陵地区这时也盛行起来。

如大湘西有许多民间所取的地名可以佐证拜鬼文化在那个时代的存在。花垣县猫儿乡的猫儿寨，有一座三米多高似猫非猫的天然岩石，一直被苗民所膜拜，当地苗民认为“山有山鬼，树有树鬼，河有河鬼，泉有泉鬼，花有花鬼”。这似猫的石头就是鬼精灵，所以其地名就是远古时村民以这猫儿取的名。凤凰县两头羊有个叫“鬼塘”村的苗寨，其得名于村里有口干塘有时会冒水出来，村民们以为塘里有鬼，故名“鬼塘”。花垣县茶洞镇有个名“贵炭沟”（即鬼炭沟）的苗寨，苗语“贵为鬼”，相传以前有一烧木炭的人死于此地，后来人们常在夜晚看见闪闪火光，以为是鬼在烧炭。所以取了这个地名。

鬼在远古的人们心目中应是个可怕的精灵，其形象阴森恐怖，似人又似魔。在澧沅流域众多的鬼当中。苗、土先民认为最凶恶要属麻阳鬼了。这在土家地名中也有许多体现。如永顺县两岔乡的“大区坪”，原名叫“杀切坪”和“杀且土”，柏杨乡的“杀且”、“锡铁西”，大坝乡的“杀西枯”和龙山县比溪乡的“杀溪科”、红岩镇的“杀西湖”村，这些地名都是土家语地名，意为“麻阳鬼”管辖的四湾老林和荆蓬闲散地角。行人只要进到“麻阳鬼”的辖地，就会神魂颠倒，哭笑无常。故土家人心中，“麻阳鬼”是个厉鬼。古代的人们之所以把村子建到那里，也是迫于官兵的围剿才躲来了此处。由此可见，“万物有灵”观是澧沅巫鬼文化的初始。人们对自然物的崇拜，对鬼神敬畏的产生都是在此基础上发展起来的。

鬼在古代人们心目中虽然面貌可怖，但人若和它亲近，多祭祀它，它就显出神的一面，对人和好，并与人相安无事；而人若得罪了它，它就会作祟弄邪，让人吃亏。所以，人们为了自身利益，就常给其烧香烧纸钱祭祀，比如每年清明节时，为祭奠死去的亲人之亡灵，人们在死者坟前祈祷，一方面是表达对死去亲人的哀思，另方面也是想祈求亡灵之鬼魂的保佑，希望亡灵之鬼神能赐福寿或帮助后人免灾免祸。而这种清明祭的形式在历代不断连续循环，到后来就渐渐形成了一种固定的习俗。

在日常生活中，人们因对鬼神心存敬畏，所以，断事决疑也会问鬼神。这种占卜，即是鬼谷占。通常情况下，人们占卜得最多的是婚姻、财禄、吉凶、病症、农事、渔猎等问题。如问婚姻，占卜之后，卦师会根据《断易天机》卷一《无鬼无气》解答曰："占婚无鬼，婚难成；纵成，夫当夭折。占官无鬼，功名难就；卦中纵有贵人，终为贵而无位。占婚遇之，亦不为吉。世者男家也，鬼者夫也，自克自家，本不为美；更遇财爻发动，生助鬼爻，纵使成就，必主其妇不贤不孝公姑，搬唆夫主，割户分门，不和兄弟。"其他类问题，卦师也会根据历朝相关古籍诸如《洞林秘诀》、《占疾病凶卦》、《卜筮元龟》、《论渔猎歌》等占卜书来断卦进行相应解答。

在日常生活中，古代人们有时为避开鬼的纠缠，还会给鬼一些好的东西，以吸引它的注意力。比如，永顺县三家田乡、盐井乡和龙山县毛坪乡、贾市镇都有"丢草坡"的地名，相传，那些地方有鬼赶人，行人经过那些地方要丢一个草把，让鬼去赶草把，不然鬼就会赶人缠身。《苗防备览》书载："土家人至其好祀青草鬼，忌带青草入室，剖竹为契，血誓为信，则蛮苗故无区别也"。澧沅流域的巫鬼信仰后来也受到佛教文化的影响，人们会利用佛教理念驱鬼避鬼。如龙山县老兴乡有个名"阿弥陀佛"的地方，传说此地有鬼，经过此地的人，必须口中不断地念"阿弥陀佛"，让佛在心中，鬼就不敢近身。

土家和苗民中的巫师也是专降鬼魔的高手，土家的巫师叫"梯玛"，苗族的巫师叫"苗老司"。这两种巫师都知识渊博，有驱拿鬼怪之法。各地村民若遇鬼怪作祟，大都会请这些巫师去作法捉拿。如保靖县水银乡有个"锁邪洞"，传说过去洞里闹过鬼，常出来为害村民和家畜。后来村民请来"梯玛"用一张黄纸条贴在洞壁上，鬼就被锁在洞中再没闹事了。古丈县茄通乡有个叫"老司岩"的寨子，相传昔日有个土老司与一条恶龙斗法，结果法术不高，反被恶龙一个摆尾，摔死在岩壁上了。由此可见，巫鬼文化在澧沅流域的地方命名中都有很多残存的表现。

鬼精灵虽然很多，也很厉害，但它归根到底也不可怕，道术高的巫师一定有办法能降服它。所以，古代的原始宗教信仰即给了人们对鬼神的敬畏之感，也给了人们以征服鬼怪妖魔的勇敢和信心，这就是为什么人们虽恐鬼而又祀鬼，使巫鬼文化能不断流传下来的根本原因。

8. 赶尸放蛊

在古庸国时期，由于巫鬼文化的兴起，赶尸与放蛊这两种现象，在澧沅流域也开始出现了。据民间的书记载，苗族的祖先阿普（苗语公公）蚩尤在黄河边与敌对阵厮杀，死伤很多。打完仗后，撤退时要把伤员抬走，还要把战死的士兵送回故里。这时就靠巫师行使法力，将死者唤起站立，尔后赶其尸回到南方故里。这个传说，可以说应是湘西赶尸传闻的最早起源。

关于赶尸的种种情景和分析，笔者在数年前所写的《走玩大湘西》一书中曾有过一篇文章这样描述道："月黑风高，山野寂静，通往某寨的一条小路上，一位身穿黑道袍，手提阴锣的道士，'哐哐'敲响几下，口中吆喝道：'阴人赶路，阳人回避……'或'畜生，快走……'紧随其后，是几位戴着斗笠的人影，身背着背篓，两手平伸，脚下呈机械似地一步一步，跳跃着直往前行走……。"

这幅景象，一般人想起来也许就感觉神秘和阴森可怕。而这种传闻虽说在蚩尤时期就出现了，但此说似乎只限于民间书的版本。现在查阅很古的文献，也并无"赶尸"二字出现。只在明清时期，从蒲松龄的《聊斋志异》、诸晦香辑录的《明斋小识》、清人袁枚的《弟不语》等书中，才有了"僵死"、"移尸"、"赶尸""尸变"的记录描述。由此推测，湘西赶尸的兴盛至少应该在明朝以前。至于具体起源于何时，似已无从考证定论。

关于湘西赶尸的范围，专家学者们认为，一般都集聚在湘西苗族、土家族居住的区域内，其中又以沅陵、辰溪、泸溪、凤凰、花垣一带为中心。至于全国范围内，赶尸的现象在湖北、四川、贵州、山东、云南、广西、江西等地也出现过，只是这些地方没有湖南湘西赶尸闻名而已。

从湘西赶尸的职业操作人员来看，它的组成者名曰老司，也就是赶尸的专门匠人。这种人身份地位不高，但很令人敬畏，加入赶尸匠这个行业的徒弟，据说还需具备几个条件，一要胆量大，二要身体好，三要没结婚的童男。徒弟拜师后，需颠倒黑白的生活，只在晚上起来活动。练功就是学咒语、走夜路、练手力脚力等等，所用咒语主要是背文天祥的“正气歌”。使用的法器则有海螺、道符、道袍、罗盘、招魂阴锣等等。

从湘西赶尸的操作过程来看，一般是死人后，由死者亲属到“祝尤科”请老司。老司问明情况，凡属不明病死、投河、吊颈死、雷打火烧死的不赶，其余均可赶。老司答允赶尸后，请者要付一定银两，然后，由老司带着徒弟到死者处做法事，设坛、点香、念咒、烧纸等。到夜深人静，没人观看之后，老司公就开始作法，为死者还魂输魄，并将辰砂用神符和五色布条压于死者的“七心”，即脑门心、背膛心、胸膛心、左右手板心、左右脚膛心，又用朱砂塞入死者的口耳鼻中，再用神符堵紧，之后，尸体就会站立行走了。如有几个尸体，则用绳子相互连着。赶尸匠则一个拿着法器在前招魂引路，一个手持赶尸鞭，在后驱赶死尸。行程是在夜晚，不走白天，不走官道，专拣荒僻的山野乡村小路行走。沿途会撒纸钱，并不时打阴锣，吆喝行人避开，遇到狗咬，老司会使法术把狗赶跑。行到天亮时分，赶尸人会找到某破庙或者为赶尸人服务的小旅店休息。此时的尸体就倚在门后壁立着。等到白天过去，赶尸匠便又乘夜继续赶尸行走，直到赶到丧家，把尸体装殓棺材，再举行隆重的下葬仪式为止。其间的时间从几天到几十天不等。

至于湘西赶尸的真与假，历来对此就有很多的质疑与争议。一般的主流媒体都认为“赶尸”是骗人的。有的文章揭露过赶尸的真相。其说法是，赶尸匠总是选择黑夜无人时才行走，怕的就是别人发觉其真相。赶尸其实就是“背尸”，即把尸体背在背篓中行走，外面罩上宽大的道袍，至于老司的法器、撒纸钱等等，不过都是故弄玄虚遮人耳目；还有的更是借赶尸来贩卖走私毒品等等。

湘西赶尸的真实性尽管受到过质疑，但它作为一种神秘的文化现象，在历史上确实存在过很久，并且直到新中国成立初期才消失。有意思的是，现代许多著名的作家、学者、影视创作人员，对湘西赶尸一事，都兴致浓厚，在作品中刻意描述，大做文章。比如沈从文，在散文《沅陵的人》和《沅水上游的几个县份》中就多处描述过湘西赶尸的传说。著名文学家、翻译家施蛰存在《祝尤科的巫术》中，也详细写过湘西赶尸之事。著名武侠家梁羽生、金庸、古龙等在作品中更有过大量赶尸的描述。在影视界，曾有《湘西赶尸记》、《古屋行尸记》等赶尸电影放映过。

在大湘西旅游热兴起的今天，研究湘西赶尸的真与假，其实已并不重要，而探索这种神秘的文化现象，从中感受到一份旅游湘西的快乐，这对于旅游者，才可能是最大的收获。

除了赶尸之外，放蛊毒也应是在有巫师出现的古庸国时就已存在的神秘现象。

何谓放蛊毒？据说用一个陶制瓦罐或瓷坛之类的器皿，里面盛着毒蛇、蜈蚣、青蛙、蝎子、马蜂、飞蛾、蚕蛹、蚂蚁之类的上百条虫子，因其大虫吃小虫的缘故，加上用妇人经血的刺激和喂养，集成了一个聚百毒于一身的毒王，把这毒王烘干研成粉末，即成了一种名叫“蛊”的毒药。拥有这种蛊毒的人，再把蛊毒置放于水井、山林岩石或道路旁，不知情的外来人路过，接触了这种蛊毒就会中毒。还有一种是指缝里沾了蛊毒，乘人不注意，往别人家的食物中弹一弹指头，那吃过这种食物的人就会害起病来。这病轻者，肚子里会长出虫子，吸人肠胃营养，让人变得瘦骨嶙峋；重者会疼痛难忍，并危及性命。而专干这种营生的人，大都是年纪较大的妇女，民间称其为“蛊婆”。

在大湘西和大武陵地区，凡苗寨集中的地域，过去一般都有这种骇人的放蛊习俗。而据历史记载来看，蛊毒其实不仅在几千年前的古代就早已产生，地域也遍及中原大地，放蛊的蛊婆也绝不会只有湘西才有。蛊药即是毒药，放毒者自然免不了受严格惩处。秦、汉时期的法律甚至还规定，对放蛊者将处弃市、灭族之类的严厉惩罚。但在湘西，因为天高皇帝远，朝廷的法律管不了边远山区的草民，加上放蛊的行为大都做得十分隐蔽，其间又夹杂了许多神秘行巫的成分，因而放蛊这一旧习俗就盛行流传了下来。

湘西放蛊习俗，在新中国成立前夕一直还有。笔者小时候曾听村里一位老太婆讲过这样一个故事。某寨一对苗民男女，从小青梅竹马，彼此爱慕而结了婚。那男人会当兽医，一年四季在四乡里走。因为经常在外，难免拈花惹草。数年后，这男人与外乡一个年轻女子相好了，从此经常不回家。妻子发觉丈夫有了外遇，开始苦口婆心进行劝阻。丈夫不但不听，还提出了离婚要求。妻子不得已，遂哄他道：“你要离婚可以，我也不阻拦你。今日我敬你一杯酒，以后你要是回心转意了，仍愿你回到我这里。”说罢，就倒了一杯下了蛊药的酒给丈夫喝了。那丈夫喝过此酒，不知不觉便中了蛊毒，到外乡没走多久就发了病。后来，这位男人知道自己中了蛊毒，只得断绝了与外乡那位女子的来往，重新回到了妻子的身边。妻子原谅他，给他吃了解药，他的病才又好了。从那以后，这位男人再不敢向妻子提离婚之事，两人关系终又和好如初，直到百年偕老。像这位女子给丈夫下的蛊毒还比较轻微，中毒严重者，据说性命都很难保。

图 64：赶尸传说

蛊毒作为一种报复或要挟控制人的利器，使用得当，或能取得一定好处；使用不得当，可能反会伤害到放蛊人自己。所以，制造蛊毒的蛊婆，一般名声都不怎么好。尤其寨里有人生病严重或出现死亡者后，还往往被人怀疑咒骂，这时的蛊婆，纵使受了冤枉，也百口难辩，只有忍耐，是她放的蛊，病轻者她还有解药可解毒，重者她亦无法起死回生。不是她所放，她亦作不出令人信服的解释。

湘西和大武陵地区的放蛊习俗，在新中国成立后已被作为迷信被取缔了。如今，在那些偏远的山寨里，是否还有这种奇异的习俗保存也难说清。不过，作为一种从古庸国时代就传承了下来的神秘文化现象，放蛊与赶尸一样，无疑都是很能吸引游人好奇眼球的。因此，对于放蛊的种种传闻与作法，实也值得人们去作深入考证和探究。

9. 辰符魔力

古庸国时期，以画符念咒为特征的一种巫师行医方式，在澧沅流域也曾相当盛行。相传，早在有熊氏时代，黄帝的身边有一个医官医术相当高明，他看病不劳针石，亦不用吃药，只靠清水一碗，加以画符念咒，然后让病人饮下，即能解除患者病痛。这个医官的名字叫祝由。《黄帝内经·素问》载："余闻古之治病，惟其移精变气，可祝由而已。"有方家对此注释："祝说病由，不劳针石而已。"

祝由氏为湖南辰州府人，所以，后来赫赫有名的辰州符派，就奉了他为祝由科的鼻祖。

清人张培仁在《妙香室丛话》中载："祝由科辰州最盛。某年本处校场阅兵，一人目集流矢，镞坚不得出。急访得一祝由科者，乃龙钟老妪也。至即命缚伤者于东楹，己立西楹咒……咒移时，妪命观者稍远，立即大叱一声，急侧其首，伤者目中矢，立飞出返射，中西楹入寸许；去妪鬓才数寸，众大骇，视伤者目，乃完好无创痕。"

清《沅陵县志》载："舒荣，有异术，能治外症，不方不药。取水一盂，咒之，指画若符，患者服之立瘳。或剖腹去毒，拭以水，创合而人不知痛。乾隆末年，贝子福公康安，宣勇伯和公琳督师征苗，荣游军中。士卒中铳炮，饮水即瘥，全活千万人。群称为神水。"

从这些文字记载可看出，辰州符在距今200多年前，在湘西一带曾是治病疗伤的重要手段。清乾嘉起义时，连福康安与和琳这样两位出名的统帅，在征剿湘西苗民中，还曾请过民间通晓辰州符的巫医来治疗伤员。

辰州符发展到后来，魔力所及似乎已无所不能，当地一切的巫事都是离不开这个神符的法术。正如沈从文在《沅陵的人》一文中所说："辰州地方是以辰州符驰名的，辰州符的传说奇迹中又以赶尸著闻。"赶尸要画辰州符，要将死者的"七心"和耳鼻口用符堵住，否则尸体就立不起来。

在巫医施行辰州符时，还离不开念咒语。赶尸的咒语是念文天祥的《正气歌》，其他治病的咒语则各有不同。如人被犬咬，巫医即在土地上书一虎字，口里念咒："一二三四五，金木水和土。凡人被犬咬，请土地揭起土来补。"咒毕，巫医吐口涎在土上，再揭土在患处，患者之伤即会痊愈。又如，巫医治孕妇难产，其咒语为："请得辰州师父来，师父名叫张尚才。吹得五马龙凤开，是男是女早下来。一不准伤肝，二不准伤肺，吾奉太上老君急急如律令。"咒毕，巫医给孕妇再饮点念过咒的清水，据说就能顺利助产。

此外，湘西苗族地区，年轻的女子因为性压抑而导致神志昏迷不醒或疯疯癫癫，口中乱说胡话，此种病状，过去即被称为落洞女。患了这种病的女子，也要请巫医来诊治。

按照沈从文先生的说法，这种落洞女子现象的产生，是一种人神错综的悲剧。沈从文在《凤凰》一文中曾描述道："凡属落洞的女子，必眼睛光亮，性情纯和，聪明而美丽。必未婚，必爱好，善修饰。平时贞静自处，情感热烈不外露，转多幻想。间或出门，即自以为某一时无意中从某处洞穴旁经过，为洞神一瞥见到，欢喜了她……这个抽象对手到女人心中时，虽引起女子一点羞怯和恐惧，却必然也感到热烈而兴奋。事实上也就是一种变形的自渎。"女子得了这种怪病后，家人为其着急，求医治疗多半无效，于是只得请仙娘来用巫术整治。仙娘在其家中设了傩堂，骑上木马，左右摇摆，口念咒语，不一会儿就登仙进入了仙界之中。接着，仙娘经过一番找寻探询，便告诉主家，说其姑娘因为长得漂亮，某月某日到山上砍柴劳作或到洞中饮水，被洞神看中了，要讨她做洞神娘娘，她魂魄被掠走了，所以要请土老师做法事去打洞，才能救其女儿。主人家听了这番说法，遂又将土老司请来。土老司是男巫师，他的手中执一把牛角司刀，头上戴着法冠，身穿青色道袍，脚登水草鞋，腿上缠白绑带，背上插着打神鞭。要打洞前，土老司先要做一番傩事，即在傩堂中翻筋斗，打旋转，做一系列惊险动作，尔后执着牛角刀和打神鞭杀出大门，一路冲关斩将，来到女子落洞的那岩洞前。并令天兵神将把邪魅及所藏的灵魂紧紧包围起来，口中则念念有词道："我左脚踏上我的马哩，我右脚踏上我的车啊，十万雄兵，八万猛将，围住啊！围住啊！"此时，旁观的众人也一起助威呐喊"围住，围住！"须臾，老土司又须发上指，厉声大喊："什么神鬼，拿了她的魂魄？什么神鬼，拿了她的魂魄？百万雄兵，十万猛将啊，用力使劲呀！魂来要归家，魄来要归身！围观众人也一起高喊。这一番打斗历时至天亮，洞神邪魅终于不敌巫神之力，逃遁消失，土老司于是宣称夺回了患者之魂，遂重新敲锣打鼓，收兵回归，再送傩倒傩，把天兵天将请回天堂，法事即告结束。落洞女经过这番拯救，有的或许真的好了，有的却并不见效果，最终还是会在病痛中死去。

为落洞女招魂打洞这种旧时习俗，看起来充满一种迷信色彩，新中国成立后这类现象也已基本绝迹，但作为湘西神秘巫术的习俗之一，如果着眼于研究其中丰富的文化内涵，当然仍有着现实的积极意义和价值。

在湘西民间，巫医治病疗伤所施行的画符、念咒的内容还有许多，总体来说，在医学不发达的古代，这些巫术曾大有市场。但到当今，谁如再被这种神符所迷，那可能只有令人好笑的傻子才会中其魔力。尽管如此，辰州符作为一种曾长时期出现过的神秘文化现象，无论后人承认与否，它在历史上曾有过极大声誉和有益价值，仍会永恒存在。

10. 巫傩绝技

上刀山、下火海是古庸国时代逐渐承传下来的最神奇最惊险的一种巫傩表演技术。此种巫技在大湘西乃至武陵山区过去都很盛行。

所谓上刀山，就是上刀梯。此种上刀山巫技除了表演之外，过去一般都是请巫师来为12岁以内小孩子举行的过关还愿巫仪，同时也有为禳解灾难而专门举办这种仪式的。其具体做法是，在坪场上竖起两根竿子，两竿之间用绳子绑着一把把层叠而上的刀具。刀有12把，24把或36把，刀的刃口向上，木杆一般有4至5米来高。

请巫师上刀梯之前，主家须备好棺木、寿衣、马、新伞与谢师酬金。巫师在踩刀前会“请师”、“拜师”，然后洗脚，在脚掌心画“铁草鞋符咒”，口里念一番“封刀咒”，其词曰：“封刀张四姐，闭刀李四娘，石上牵牛无脚印，水上拖刀永无踪。痛在风波浪里痛，疼在风波浪里疼。云刀36把，锋口化为岩板大路。吾辈大小师郎，脚手化为铜板仙师，铁板仙人。吾奉太上老君，急急如律令。勅!”咒罢，巫师又手持一把茅草花，在每把刀口上刷三次，方才背起过关小孩，一步一步登上刀梯。若是禳灾，事主亦须赤脚，跟着巫师之后爬上刀梯。巫师上刀梯中，还会念咒词曰：“步步踏在刀尖上，把把都是鬼门关。三灾八难从此了，孩童共盏去过关。上叩神灵来保佑，挂号延生到百年。凡人制造不知因，有灾有难叩神灵。……世难唯有上刀山，舍身抵命替别人。两手血盆抓饭吃，全望圣主作证盟。惊心虎牙真可惨，翻上天篷得一半。上刀容易下刀难，如同竹篮挑水上刀山。步步踏在刀尖上，千年万载永不忘。”从这段咒词可以看出，巫师是视每一把刀为鬼门关，每走一步，即意味着度过一难关。每把刀象征一月，12把刀，就等于一年。24、36，不过是12的翻倍数。而人生的历程就如攀这刀梯，时时处处都隐伏着危机灾难，稍遇不慎，就会大难临头。所以。每走一把刀尖，就象征着度过了一月艰难，每走完12把刀尖，就等于度过了一年灾难。上过12刀梯的小孩，据说就等于闯过了阎王设下的12道难关，今后就会长命百岁，易养成人了。同样，禳灾的成人就会在攀过刀梯后变为平安。

最后，巫师上完刀梯，会在顶端的歇马台上撑开新伞。此时，地面刀手砍断固定刀梯的绳索，任刀梯倒下，巫师便撑伞从空中落下。如果落地平安，则骑上马狂奔一番，直到碰上人时才勒马回头。若落地不幸摔死，那备好的棺木就会派上用场。一般而言，巫师上刀梯大都有惊无险，不幸身亡的十分罕见”。

上刀梯这一民间习俗，如今在大湘西民间还能时常碰见。只是，现在的上刀梯已少了许多行巫的仪式，有的纯粹只是为了娱乐的需要和活跃节日的气氛，才进行这类表演。为禳灾解难或给小孩度关化愿之类的上刀梯活动已很难见踪迹了。

与上刀山相媲美的另一巫技表演是下火海。所谓下火海，即是“踩火铧犁”和“咬火犁口”。表演前，事主要用几百斤木炭将7至13块铁铧犁和3块铧犁尖口烧得通红，再把烧红的木炭摆放成长条堆，把铁铧犁按一步一块摆成直线。巫师在表演前，要祭神、请师、焚香烧纸、画符、掐诀、念咒、卜卦（卜的必是阴卦才止）、施法水。尔后，巫师才赤脚走进熊熊燃烧着的炭火之中，走一步，用脚把红炭朝边上踢出去一些，直至走到火海的彼岸。再从彼岸又一步步走回此岸。其间的速度比较快。然后把赤脚亮给人们看，表明双脚没被烫伤。接着，巫师用铁钳将烧红的铧犁尖口夹住，送至口边用牙齿咬住铧口，只听“嗞嗞”作响，青烟直冒。三块铧口分别要咬几十秒钟。铧口放下后，再张嘴让人们看，表明口中无烫伤迹象。

此外，湘西一带的巫傩技巧中还有“滚刺床”、“钢针穿喉”等神技节目。“滚刺床”是将一大堆棘刺铺成床，巫师只穿短裤，赤身露体从刺床上滚来滚去，而不被棘刺刺伤。“钢针穿喉”是指巫师用钢针穿过喉管附近的肌肉，穿透4—8厘米，再在钢针两头各挂2－3块重3公斤左右的砖头。抽出钢针后，肌肉很快恢复正常，有针口之痕而无伤无血。这些傩技与上刀山、下火海一样，其惊险表演程度很高，让人观看时都格外提心吊胆，为巫技法师无不捏一把汗。总之，巫傩技巧的这等表演既给了人以惊险美的震撼，也给了人以无惧刀山火海、一身是胆的阳刚示范。从美学的角度看，其表演中的神奇、神秘和魔幻之美，也不愧是中华民族的艺术瑰宝。

第六章

文化遗存

1. 天文贡献

古庸张家界一带是帝王建都居国之地，也是中国最早的天文观测和祭祀礼天之地。据张家界本地史学者考证，今崇山又叫重山，即南正重观天制历之山。山下又有北正黎司地为官之处，即“官黎坪”。故今日庸城及周边尚留有“北正”、“南正”、“阳和”、“羲栖”、“子午”、“七星”、“天台”、“天门”、“天枢”、“云梯”、“甘溪”、“大昊”、“小昊”、“辰溪”、“酉水”、“咸池”、“汤谷”、“汤溪”、“黄石”、“五星”、“雨母”等天文学地名符号。

图 65：蔡伦造纸

按现代考古学推定，中华文明的天文地理知识有一个极为古老和系统的积累过程，其初始期可上溯到两万年左右。那时古人以巨木刻录太阳、月亮的变化，是为杲木或表木。又经过几千年的日积月累，才形成昼观太阳，夜观星辰和月亮亏盈，使时空、气节成为一体认知的天文地理系统知识。据《世本》(1)、《史记·索隐》(2)、《后汉书》注引《博物志》(3)等古籍记载，早在黄帝时代，我国天文历法就已经比较成熟，并有一个主管天文的官员——容成，作成了《调历》，这个容成既是黄帝的大臣，也就是古庸国的国君。宋·罗泌在《路史》和明·陈士元在《荒史》中都提到过这位容成（即庸成氏）。到黄帝时代，这个“容成”其实就是“庸成”或“墉城”的后裔，只不过其称呼叫作“容成”，“容”、“庸”从字音到字义在古代都是相通的。黄帝时代，容成对天文历法有很大贡献，这个记载是很清楚的。但这些天文成就是在何处诞生的，这些史载却没有交代。

现据张家界本地学者的考证，张家界及周边地区有反映大庸古国先民对太阳、月亮、星星崇拜的地名达 80 多处。如慈利县就有太阳湾村、太阳坪村、三阳村、青阳村、阳和乡、零阳镇、朝阳村、龙阳村、广阳村、枫阳村、阳坪村、阳风坪村、刻木山村、天山村、天台村、月亮山村，月亮岩村、天星村、天星桥村等；桑植县有青阳村、高阳村、明阳村、天台山村、金星村、银星村、月亮桥村、南斗溪村流天河村、朝阳湾村等；永定区有北正街、南正街、太阳山、日月山、看日山村、七星山村等；沅陵县有扶桑村、太阳池村、北斗口村等等。这些大量集中的地名证据表明，张家界一带，也极有可能是古代天文历法的创立之地。

在这些以天文命名的地名中，还有多处纪念两个古代帝王的地名遗址引人注目。这两个帝王，一个是青阳，一个是高阳。《史记》等书载，秦汉时长沙郡有青阳县。明清《慈利县志》载，桑植县有青阳乡。高阳即帝颛顼，是黄帝之孙昌意之子。史载颛顼帝根据进步的天文观察与测算，改革了黄帝颁行的《调历》，以初春元月一日黎明之时为立春，以此类推，定下了四季和二十四节气，从而基本上吻合了自然规律。因此，后人将他推戴为“历宗”。容成和颛顼都是很了不起的人物，容成观天文地理，用“岁纪甲寅，日纪甲子”的办法而首创《调历》，从而开辟制定了历法。颛顼则继承改革《调历》，并精确制定了一回归年的时间，又定下了四季和二十四节气，对农牧业生产起到了科学的指导作用，这些成就都是对人类所作出的很大贡献。

古庸国时期，人们对天文历法的研究，也主要是靠“看日望月”进行。因为那时没有望远镜，传说颛顼为观测太阳而被晒得黝黑，故他又被民间称为黑神和黑帝。古庸之地的张家界一带，过去曾建有多处黑神庙和高阳寺，其实都是为纪念颛顼帝而特修的寺庙。

古代最早的“看日望月”研究天文的活动，应是从黄帝时代的容成大臣之前即已开始。《山海经·大荒西经》载：“西海之外，大荒之中，有方山者，上有青树，名曰柜格之松，日月所出入也。”据李书泰先生的分析，这段经文中的方山，很可能是一座四方台型的天文观测站。所谓松木上有柜格，大约是在一笔直的竖立的松木上，横向平行插有或绑有若干横木，这些横木彼此相隔一定的尺寸，观测者每天都在距离柜格松的一个固定位置上，观测日月升起的高度在第几格的横木上，并据此刻上记号和表格，据此来判断一年的季节变化。也就是说，柜格松可能是最早的天文仪器之一，亦即后世圭表的前身。不过，由于这种观测方法眼睛容易被灼伤，以后人们才逐渐改为观测圭表影子的方向和长短，不再需要“柜格”了。

古时人们为了计时，还曾以悬壶漏水刻节的方式计算时间。《说文》载：“漏，以铜盛水，刻节，昼夜百刻。”《周礼·夏官》载：“挈壶氏：掌挈壶以令军井。凡军事，悬壶以序聚柝。凡丧，悬壶以代哭。皆以水火守之，分以日夜。”

《山海经·海外东经》(4)中记载，东海之下有汤谷，其上有扶桑。原来，古人直观看到太阳升于东海之上，便推想太阳升起的地方是一处热水沸腾的山谷，并称之为汤谷。汤谷上有扶桑树。同时，由于古人采取十天干计日，十日为一旬，周而复始，便认为天上有十个太阳，它们轮流东升西落，其模拟场景即“九日居下枝，一日居上枝”。

古籍《淮南子》(5)也曾记载，认为太阳出于阳谷，浴于咸池，拂于扶桑。并描述解释了“晨明”、“朏明”、“屈阿”、“朝明”、“曾泉”、“桑野”、“衡阳”、“禺中”、“昆吾”、“鸟次”、“悲谷”、“女纪”、“隅泉”、“高舂”、“连石”、“下舂”、“虞泉”、“崦兹”、“蒙谷”、“桑榆”等等地名或景象。而文中所描述的天文现象和天文观测活动，则牵涉到今张家界许多地名，如汤谷在温塘，扶桑在沅陵，咸池在汨湖，衡阳在湘中，昆吾即昆仑亦即天门，下舂即崇山之下，虞泉即玉泉，这些也都证明，今张家界一带应是古代天文历法的诞生地。

张家界至今还有几处天台山地名，天门山也有四大悬圃，皆在高阳洞周围。有悬圃的地方必有天梯。《山海经》中记有九丘建木，袁珂认为建木就是天梯。而建木，其实是上古庸先民崇拜的一种圣树，位于天地中心，传说它是沟通天地人神的桥梁，伏羲、黄帝等众帝都是通过这一神梯子上下往来于人间的。

张家界一带的古庸地区还有切璧礼阳的地名。《周礼·大宗伯》记载："以玉做六器，以礼天地四方；以苍璧礼天，以黄琮礼地，以青圭礼东方，以赤璋礼南方，以白琥礼西方，以玄璜礼北方。"可见玉璧作为礼器在祭祀中的重要地位。而张家界一带有"切璧"与"礼阳"之地名，说明这里也应是古庸帝进行过有关国事祭祀活动的地名化石。

张家界一带至今仍有七星山、辰溪、南斗溪、看日山等地名，这也绝非偶然。它必定与古庸国的天文活动有关。"北斗"星的命名时代在新石器时代中晚期，有学者分析认为，北斗星命名的时候，可能已经出现了天子。因为北斗绕北极旋转，这隐含着"帝王居中（居北极）"的概念。《春秋运斗枢》曰："第一天枢，第二天旋，第三天玑，第四天权，第五玉衡，第六开阳，第七摇光。第一至第四为魁，第五至第七为标，合而为斗。"道教形成后，以北斗为天神加以崇拜，并对之作种种神学解释。《河图帝览嬉》曰："斗七星，富贵之官也；其旁二星，主爵禄；其中一星，主寿夭。"《山海经·大荒西经》记述："大荒之中，有山名日月山，天枢也，吴姖天门，日月所入。"这"北斗天枢"和"吴姖天门"的记载，也清晰地说明了天门山应是北斗七星等天文现象的观测之地。

与北斗七星相关的还有七夕节，农历的七月初七是我国民间传统的情人节日，传说这一天，神话中被隔开的牛郎星与织女星，一年一度在银河搭鹊桥相会。而张家界的桑植县还有一个七夕庄村的古老地名，这也说明桑植作为桑蚕之乡、爱情之乡、民歌之乡、文化之乡有多么厚重的历史积淀和文化底蕴！

注释：

(1) 古籍《世本》载："容成作调历，澍按容成因五量，治五气，起消息，察发敛，作调历，岁纪甲寅，日纪甲子而时节定。"

(2)《史记·索隐》曰："《世本》即《律历》云：黄帝使……容成综斯六术而著调历。"

(3)《后汉书》注引《博物志》云："容成氏作历，黄帝史官。"

(4)《山海经·海外东经》载："下有汤谷。汤谷上有扶桑。十日所浴，在黑齿北。居水中，有大木，九日居下枝，一日居上枝。"

(5)《淮南子》载："日出于阳谷，浴于咸池，拂于扶桑，是谓晨明。登于扶桑之之上，爰始将行，是谓朏明。至于屈阿，是谓朝明。临于曾泉，是谓早食。次于桑野，是谓晏食。臻于衡阳，是谓禺中。对于昆吾，是谓正中。靡于鸟次，是谓小迁。至于悲谷，是谓晡时。回于女纪，是谓大迁。经于隅泉，是谓高舂。顿于连石，是谓下舂。爰上羲和，爰息六螭，是谓宣车。薄于虞泉，是谓黄昏。沦于蒙谷，是谓定昏。日入崦兹。经细柳。入虞泉之池，曙于蒙谷之浦。日西垂，景在树端，谓之桑榆。"

2. 文字遗存

在古庸国的核心地永定区、桑植县一带，至今仍留有仓官峪、官仓坪、錾子岩等地名和石壁刻划字、草码字、灰码字、木匠字符等文字遗存。

錾子岩其实就是刻划的錾“字”岩，其地在今永定区枫香岗丁家溶村，该村山道有一石壁，上面刻有一组清晰可辨的刻划符号。这些符号如：一一、二、三、0、#、+、川、爻等等。其符号刻于何时？符号上的刻划字是什么意思，一般人都说不清楚，都只知道很早很早以前，这里就一直有这錾子，而且其地名也是因这石壁錾了字才取了这名的。

草码字是一种既不见于古今典籍，也不见于各类公、私正式行文的数目子。这种数字从零到九的写法，依次为 0（0）、1（1）、11（2）、川（3）、乂（4）、&（5）、一点一横（6）、一点两横（7）、一点三横（8）、文（9）。据罗阳先生《草码字——解放前经常使用的数目字》一文介绍，新中国成立前，大庸城乡从事商业活动的人，包括大小厂家、店铺老板、店员、学徒、各行各业的行商、小贩以及形形色色的中间代理人，都是使用这种草码数目字。

灰码字，是原大庸县一中退休老教师覃官生所撰《大庸远古先民的数术密码“灰码字”》一文中所介绍的一种文字。此文称：“大庸人在远古时候，拥有一种原始数术符号‘灰码字’，它是人类的活化石，特别是文字的活化石。记得小时候我们教字垭一带农民挑石灰记账时采用一套特别古老的记数符号，说是老祖宗传下来的密码，叫‘灰码字’，当时只觉稀奇，并不知有何特别意义和作用。今天联系到古庸国文化研究，才茅塞顿开，发现它不同寻常的历史文化价值和意义。

“灰码字”的字形好似八卦符号的肴，……后来演变成了一种原始的数术符号。即 0（0）、1（1）、Ⅱ（2）、Ⅲ（3）、Ⅸ（4）、Ⅹ（5）、Ⅺ（6）、Ⅺ（7）、Ⅻ（8）、文（9）、十（10）。”

该文还进一步分析指出，“灰码字”含义深厚，它更似 18 世纪德国数学哲学大师莱普洛斯根据中国易学八卦创造的二进制0、1的符号，但比二进制不知要早多少年。“灰码字”的数术含义有意无意地暗合了老子《道德经》之道生一，一生二，二生三，三生万物的观念。“灰码字”以0为界，左为阳，右为阴，双向可以无限延伸，现今计算机数术初源亦是大庸先祖的“灰码字”。可以说，莱普洛斯是借用中国古老数术才掀起了一次科技革命。“灰码字”的笔形是竖，八卦的爻符号笔形是横，因此，八卦和灰码字数术是信息联通互补关系。

由此我们也可看出，大庸先人拥有原始记事方法的“灰码字”，比两河流域的古埃及文字还要早，比中原殷商出土的甲骨文字也要早，它不愧是远古人类数术文字的活化石，也可能是仓颉时代就造出而遗存的古字。

除上述几种文字外，古庸辖地还有一种木匠字符流传比较完整。木匠字符又称鲁班字。这种字符一般由木匠写在每一处成型的木材上。其字符的始创者相传是“东王公”，又称“木公”。在张家界一带，至今仍有一部分老木匠能识别和书写已简化了的部分立柱记号。如在左方中间的五根柱子依次叫“东中前檐，东中前二金、东中、东中后二金、东中后檐。”在边上的排列柱子叫“东山前檐、东山前二金”等。巧在今日汉字东方的“東”即从日从木。有学者由此分析，东王公在古代神话中称东君，实就是太阳神。而太阳神就是赤帝祝融和炎帝神农。这又回到了祝融氏仓颉造字的原始传说上来了。其实，古人造字并非一人一祖，木匠之祖也并非只有鲁班。《易·系辞下》载：“伏羲氏剖木为舟，剡木为辑……”又曰：“包牺氏没，神农氏作，斫木为铅，揉木耒，耒耨之利，以教天下。”可见伏羲、神农均为木匠之祖，也是文字之祖。

当然，若就木匠字符而言，后来生于春秋的鲁班应该是集大成者，在他的手里，木匠字符应该很完善了。鲁班字的特点是用竹签书写，颜料为墨，用木或骨雕刻成墨斗之砚。基本笔划为横、竖、点、撇、弯，外形反东顺西、字体右斜。书写的纸即木料。柱头上的书写位置多在“五花墨”之上，枋扁、挑水上的书写位置多与“中墨”为轴线。鲁班字用双重命名法，即将鲁国的国名和公输班的个人名合二为一。一栋木房或一项工程只有一个掌墨师写字等等。鲁班字体非金非篆，不拘一格，飘逸潇洒，连绵有致，自成一体。其书法也应该是中国最古老的硬笔书法，在古庸国所属的大武陵地区，鲁班字至今在民间到处都有流行。可以说，这种木匠字符在民间也是流传最古老的文字奇葩了。

在古庸国辖地的瑶族聚居地——湖南省江永县内，还有一种古老的文字遗存，即“江永女书”十分闻名。1983 年，此“女书”发现的消息首次向世界公布，曾轰动一时。江永一带所流传的《九斤姑娘女红造字》、《盘巧姑娘造字》、《七仙女造字》等神话传说，归纳起来其实就是一结论，女书文字是当地的一个女性创造的。这位女子擅长唱歌与女红，有许多结拜姊妹。她遭遇过一次人生的重大灾难，而后创造了这种文字。这种文字与女红图案似乎有某种联系，也可能女书最早的一批文字就源于女红图案。女书的产生与当地结拜姊妹的习俗有不解之缘。它的功能主要是满足结拜姊妹之间的思想交流和文字交际需要。

古庸国的文字与殷商出土的甲骨文之间也应有关联。据李书泰先生的分析，徐中舒著《甲骨文字典》解“西”字原型是盐罐。而《山海经》中所指的“戴民”正是庸国的苗土先民，他们是当时行盐庸人的主体，正是他们创造了诸如“东、南、西、北”等甲骨文字。古庸国过去即是铸钟大国，也完全有可能是造字大国。

1982 年，原大庸县境内还发现了一面直径达 7 厘米的古代铜镜，上面刻有 36 个字，分为两圈文字。这种文字像古彝文，据发现者李敬忠教授大致猜测，此镜只能认出“西天、南天往、东天、蛇来”等字样。估计这有可能是古庸时代巫师所用的“驱赶鬼神”之类的法具，或是照妖镜之类的宝器。

古代文字的传承还离不开造纸术的功劳。而出生于湖南耒阳的蔡伦，在东汉时就发明了造纸术。出生于湖北英山的毕昇，在北宋时又发明了印刷术，这两项技术的推广运用，也大大加快了文字的传播和普遍运用。而蔡伦也好，毕昇也好，这两人其实都是古庸辖地的后人，他们的成就，也是古庸后人的骄傲。

此外，古庸时代所流传下来的许多文字遗存与文化传承的精神也弥足宝贵。如永定区天门山上，至今还有一鬼谷洞。据《永定县志》载，其洞壁上刻有甲子篆文，离奇而不可辨。在古大庸城西约 20 公里的原大庸所乡后坪村内，有一高 6 米多的六方形的岩石古塔，为清嘉庆时所建，塔上刻有一“惜字碑文”，其内容主要是讲述了三个古人或惜字获好报或轻视文字而有恶报的例子，此碑文特劝导世人要“顾惜而敬重”文字，从而“以救士风之颓”。此惜字塔的碑文强调人们如此看重祖宗创造的文字和经典文化，可谓用心良苦。

与惜字塔提倡惜字而相媲美的是，在永定区教子垭镇，还有一个传承文字与文化教育方面的典型例子。据《澧州志》和《荆襄外志》记载，康熙末年，有湖北荆州贡生伍铁岩，因屡试不第，四方游说。30 岁左右来到教字垭，在此创办私塾，为这里的教育发展作出了很多贡献。30 多年中，伍先生竟未给家里写过一封信。后来，他的大儿子从襄阳的一个学生口中得知父亲的音讯，便跋山涉水前来寻找，哭着央求他回家，但伍先生舍不得离开。乾隆五年，即 1741 年，伍先生已是 69 岁的高龄，他的三个儿子及两个孙子带着他夫人的血书再次央求他回家。在他的子孙下跪两天两夜的真情感动之下，伍先生老泪纵横。弟子们及乡亲们看到此情况，也纷纷劝伍先生回家看看。

依依惜别之时，弟子们要求先生留言。伍先生思索片刻，便在关庙西侧 200 米处的书卷山下的河边石壁上欣然提笔写下了一个五尺见方的“教”字。当地百姓深感致麟先生教化之德，把这个“教”字刻成窝形字，免致磨灭。其字虽经几百年的风化日晒雨淋，迄今犹存，栩栩如生。伍先生千里迢迢来到这里办学，其忘我办学的精神令人感动不已。当地百姓为纪念他办学的功绩，即把原来的地名后垭改名成了教字垭。

200 多年后，教字垭本地也出了一位名闻遐迩的教育工作者——“拐杖校长”覃东荣。伍先生的精神在覃东荣身上留下了一道深深的烙印。覃东荣以他为榜样，把自己的全部心血献给了贫困山区教育事业。因他两次在危难中救人，导致残疾，行走需要拐杖，因此被人称为“拐杖校长”。

综上所述，在古庸大地这块核心区域，人们对文字的起源历史和文化的教育作用是多么的看重。仓颉造字、草码灰符、木匠字符、庸口錾字、江永女书、甲骨龟文、铜镜铭文、蔡伦造纸、活字印刷、惜字碑文、拐杖校长覃东荣从教的事迹，这些其实都是对远古崇山燧火文明及古庸国文化精神的一种宝贵传承。

3. 帝王古乐

中国古代音乐的起源，最早可追溯到原始社会的氏族人类。如胡崇峻先生搜集整理的神话史诗《黑暗传》载：“祝融氏，听鸟音，作乐歌，神听和平人气和，能引天神和地灵。”依照此说，降生于崇山，火施化而被后人尊为火神的祝融，也是古代音乐之祖。

其实，在人类会劳动会拉号子，或会说话会用简单器具拍打并哼唱调子表意开始，最初音乐的诞生也就成了必然。当然，其中优美的曲乐也就成了古代帝王的宫室之乐。

唐代魏征所主编的《隋书·卷十三·志第八·音乐上》载：“伊耆有苇龠之音，伏羲有网罟之咏，葛天八阕，神农五弦，事与功偕，其来已尚。黄帝乐曰《咸池》，帝颛顼曰《五茎》，帝喾曰《六英》，帝尧曰《大章》，帝舜曰《箫韶》”。《周礼·保氏》注又载：“禹乐曰《大夏》，汤乐曰《大護》，武王乐曰《大武》。”

图66：存放于张家界市博物馆的虎钮錞于

这一段话，对于古代的帝王乐曲算是作了一个总结。其乐曲的主调之意，即都是伴着各个帝王事功的不同而创作的。如伊耆时代，结草为绳记事，故有“苇龠”之音；伏羲时代，教民用网罟渔猎，故有“网罟”之咏；葛天氏时代，其作乐用“块柎瓦缶”，又用八士捉住牛，叩角乱之而歌，故谓“广乐”或“八阕”；神农时代，始用“五弦”，其事与功相谐和等等。

值得一说的是，张家界本土的一些史学家认为，上述古籍中提到的这些古乐曲，大都在古庸国核心地区的崇山、天门山一带有残留的地名信息，如华胥湾、伏羲泉、祝融洞、咸池峪、刑家巷、高阳洞、尧儿坪、雷泽坪、伊家溪、禹溪乡、辛母岗、姬旦口、古人堤、骚水滩等，都与古先庸时期一批创世初祖的名号及远古音曲牌名称一一对接。也就是说，有华胥湾，恰有古乐《华胥引》；有伏羲泉，恰有古曲《驾辨》；有祝融洞，恰有古乐《属续》；有刑家巷，恰有古歌《扶犁》；有咸池峪，恰有《咸池》古乐；有青阳乡，恰有《九渊》古曲；有高阳洞，恰有《六英》古乐；有辛母岗，恰有《五茎》古乐；有尧儿坪，恰有《击壤歌》；有雷泽坪，恰有《箫韶乐》；有伊家溪，恰有《蜡祭辞》和《卿云歌》；有禹溪乡，恰有《候人歌》；有姬旦口，恰有《古风操》；有古人堤，恰有《慨古吟》；有骚水滩，恰有《离骚》古曲等等。

本土学者的这些地名考证对应，显然是有一定道理的。如以《慨古吟》为例，就是大庸本地艺人龚子辉传陈下来的古乐曲。其歌词曰："今古悠悠，世事的那浮沤。群雄到死不回头，夕阳西下，江水的那东流。山岳的那荒丘，愁消去，是酒醉了的那方休。想不尽，楚火的那秦灰。望不见，吴越的那楼台。世远人何在，明月照去又照来。故乡风景空自的那花开。"这首歌词的内容，无疑也是因大庸有古人堤而触发艺人灵感，才创作出了《慨古吟》这样的千古乐曲歌。另从长沙已出土的商代乐器大铜铙及张家界出土的周朝铜錞来看，古庸国时期的音乐也早就达到相当高的水准。那些史籍所载的众多古乐古曲，也正是古代庸国留存下来的宝贵音乐遗存。

4. 鄘风不绝

《诗经》是中国古代第一部诗歌总集。这部诗集共收录了305首诗，其中有15《国风》160首，而《鄘风》部分占10首。

关于《鄘风》诗的产生地域，目前尚有争议。有的说鄘地在纣城朝歌以南，有的认为鄘地在周公东征时所灭掉的奄国，即今河北南部及河南北部地区。今张家界的史学界的一些学者认为，《鄘风》诗的产生地应该是在庸国或其子国楚国所属地域。商末周初，周武王联合以庸国为首的西土八国在牧野决战，一举歼灭了商纣王的军队，从而攻克商都，推翻了商朝的统治。尔后，庸国一支贵族被封为三监之一，管理殷都南都（今河南卫辉市一带）百里之地，这个监国亦称庸国。所以，古时庸国的领地曾包含过许多地域。以“庸”或“鄘”、“墉”等命名的地方也很多。而《诗经》中的《鄘风》诗，绝对也应和庸国有紧密联系，不然，就不会冠以“鄘”字来命名其地。以“庸”字加偏旁组成“鄘”、“墉”等字，实际上既保持了和原有“庸”地的关系，又表明了在新庸地的发展关系。

在现代的成语中，还保留有“附庸风雅”和“六义附庸”之说。“附庸风雅”在今天是贬义词，但在古代却并非贬义，而是指“一附庸国就变得风雅（有文化）了。”“六义附庸”也是指《诗经》中风、赋、比、兴、雅、颂（六义）六种体裁的诗赋都是追随学习庸国诗词手法、风格发展而来的，楚国是庸国的子国，《楚辞》直接源于庸国，故南朝·梁·刘勰在《文心雕龙·诠赋》中曰：“然赋也者，受命于诗人，托宇于《楚辞》也。于是荀况《礼》、《智》，宋玉《风》、《钓》。爰锡名号，与诗画境，六义附庸，蔚成大国。”

《诗经·鄘风》中有一首《定之方中》的诗曰：“定之方中，作于楚宫。揆之以日，作于楚室。树之榛栗，椅桐梓漆，爰伐琴瑟。升彼虚矣，以望楚矣。望楚与堂，景山与京。降观于桑，卜云其吉，终然允臧。”这诗中所写的“作于楚宫”的君王，其实也就是庸王，因为庸楚一家，庸是楚的母国，楚是庸的子国，所以庸王才会“望楚于堂”。

《鄘风》中的其他诗篇，如《柏舟》、《桑中》、《载驰》等，也都是产生在庸国辖地的著名诗歌。其实，古代的庸国本就是诗歌大国，《史记 · 孔子世家》中说，传至孔子之时，尚有三千余首诗，但经《诗经》编定流传的只有305首，其余全都被删去了，这不能不说是古代诗歌艺术受损的一大憾事。

《鄘风》之诗中，还有一首《载驰》情歌很闻名。其歌曰“载驰载驱，归唁卫侯。驱马悠悠，言至于漕。大夫跋涉，我心则忧。既不我嘉，不能旋反。视尔不臧，我思不远。既不我嘉，不能旋济。视尔不臧，我思不閟。陟彼阿丘，言采其蝱。女子善怀，亦各有行。许人尤之，众穉且狂。我行其野，芃芃其麦。控于大邦，谁因谁极。大夫君子，无我有尤。百尔所思，不如我所之。”

此诗是春秋时许国国君穆公妻子——许穆夫人所作。因为此诗，许穆夫人已被后人誉为中国文学史上第一女诗人。其诗的内容，是借吊唁卫文公而抒写自己的爱国之情，并向同情卫国的大国呼吁救援，正是因为她的求救，齐桓公才派兵相救，使曾被狄人所侵占的卫国得以灭而复存。许穆夫人写的这首诗表达方法多样。或陈述，或感叹，或斥责。在舒缓的抒情中夹有热切的呼告。中间交替运用了散句和排比，使全诗跌宕起伏，汹涌澎湃。从这首诗中，我们看到了许穆夫人在卫国危难之中，毅然挺身而出，敢违君命，鄙视君权，夫权，其正气和勇气不让须眉。呼吁大国拯救祖国，她的魄力和谋略都受到后人赞赏好评。

《鄘风》之诗兴起，代代流传不绝。到后来，在昔日的古庸地区，各地的诗词歌赋如雨后春笋，年年发芽，年年旺盛地生长。其中尤以桑植民歌为代表的诗歌，传承古鄘风诗之精髓最为有名。其代表作如《板栗开花细绒绒》、《四季花儿开》、《门口挂盏灯》、《冷水泡茶慢慢浓》、《马桑树儿搭灯台》等歌曲，早已唱出国门。特别是《马桑树儿搭灯台》这首歌，先后入选《中外抒情经典民歌300首》和《中国经典民歌100首》，分别名列第二和榜首。成为人们最耳熟能详的经典之作了。这首歌实际也是一首情歌，在艺术手法的表现上，也完全可以同《诗经 · 载驰》情歌相媲美，以其优美的词曲和诗歌表现出的丰富内涵精神征服了世界，征服了专家，征服了听众。它能被评为首批国家非物质文化遗产保护项目，也是传统的鄘风之诗文化在古庸大地再度开花的结果！

5. 大庸阳戏

这是一种听上去有些哀伤的戏剧，其演员演唱时拉长的曲调，就像在唱一首哀绵不绝的丧歌。当然，这感觉是对的，大庸阳戏就是这样一种戏剧：它是相对以在室内祭祀内容为主的傩戏（又称阴戏）而取的名字，这种戏能公开演唱，所以就叫阳戏。

阳戏分布湘西等多地，但出于大庸的阳戏最为有名。大庸阳戏的起源，最早可追溯到上古庸国巫风盛行的时代，《山海经》中提到的灵山十巫，其中为首的巫咸，就是古庸国时期的大巫。巫咸以傩堂做法事，悼念先祖、拜神画符、跳丧捉鬼等种种祭祀内容就是那时有了发端。所拜祖宗有燧人氏祝融，庸成氏、伏羲氏、炎帝、黄帝、高阳帝颛顼等，这些帝王应都是庸国的远祖。而吴回、陆终、鬻熊等楚国先祖，则是楚巫之风兴起后所拜的楚人祖宗。庸楚的巫风盛炽，巫傩之戏在战国时即形成了鼎盛的局面。

关于阳戏的起源，目前也还有多种说法。如田奇富先生在《溯源伏羲说阳戏》一文中这样断定道："伏羲为南方土、苗及各少数民族的先祖，他不但首创人类文化的第一个符号——'八卦'，还是人类琴类乐器'瑟'的发明者；又是人类曲文化的创始人，他将'瑟'制作成功后，还创作了人类第一首古曲——《驾辨》，这首古曲一直在江南古国——庸国流传，成为大庸国的国曲。当历史沿革到春秋时，五霸崛起，于是，庸国贵族鬻熊的后裔将大庸国取而代之为楚国，将这支伏羲所创并流传了3000余年的《驾辨》古典经诗祖屈原配以《离骚》等诗词而合演，这就是当时在江南庸楚之地广泛流行的曲艺之歌——《劳商》。"田奇富先生由此认为，伏羲和屈原，分别应是大庸阳戏的第一代和第二代宗师。而阳戏也就是为纪念伏羲所演的戏。

与此说相比，还有不同的观点。如周志家《大庸阳戏研究》一书载："古庸国这个古老的民族部落就是太阳神的后裔，就是高阳的子孙，亦即追逐光明的部落，崇拜太阳神的民族。乡间路人每看见唱花调小曲或傩愿戏时，问其所唱何调，答曰：'阳盘戏也。'路人曰：'啊，唱的阳戏'。因此便有了阳戏之说。或说这就是今天阳戏的雏形。”此说也很有道理。

图 67：古老的大庸阳戏

综上所述，笔者认为，由于澧水两岸的庸楚巫风盛行，又经长时期的流传发展，一种专用于唱大庸阳戏的曲谱才渐渐问世。据周志家先生所考证，这种阳戏曲谱最早见于明·洪熙元年朱权《神奇秘谱》，其中第四篇《慨古吟》谱中的一段与现今大庸阳戏正宫调的一段同出一辙。这说明，大庸阳戏至少在明朝以前就早已有曲有谱，也有腔有调了。而张家界市中心“普光寺”旁的武庙古戏台，在明代就存在，这些证据都表明，大庸阳戏的发端，很可能远比我们曾推测的 300 余年时间要早得多。溯其源流远在上古庸国时期，或在伏羲时代就已萌生，这都是可能的。

从古庸国时代即土生土长的大庸阳戏，以它悠久的历史和独特的民族文化，现已成为湘西北澧水流域流传最广、最具特色的地方戏曲。而大庸阳戏班俗称“堂子”，阳戏艺人多为巫师和农民，其早期堂子堂主，均为傩坛掌坛师，多以掌坛师的姓氏或姓名为戏班的班名。早期的阳戏剧目，大多来自傩坛。如“三女戏”、《打求财》、《江边洗裙》、《百万送娘》等。至 20 世纪中后期，才有大量的新编大型剧目的出现。阳戏从此才真正走向完善、繁荣时期。

但是，随着时间的推移，大庸阳戏的发展环境目前遭遇了不少障碍。演出场地正在逐步减少，许多的影剧院早已改头换面不复存在。现在，几乎没有几处能够提供演出场地的地方，硬件设施条件不具备。随着城市化进程加快，民众的生活方式也在逐年改变，大庸阳戏不能与民风民俗、民众生活密切结合，民众习俗对阳戏的依附性也不复存在。多元文化的冲击，审美方式的改变，使广大青少年一般都选择流行时尚作为消费对象，很少有人选择传统文化，这就使阳戏的观众锐减。加之没有足够的资金投入，阳戏人的温饱和生存也成了较为严重的问题。许多花费了大量心血和汗水培养出来的“苗子”，都一个个远走高飞，一批批主演和主创人员的离开带走了老艺术家们的希望与阳戏的未来，大庸阳戏的传承后继乏人，阳戏的传承已出现了严重的断层断代现象，这些濒危状况不能不令人担忧。对此，有关主管部门应尽早拿出对策，采取强有力措施挽救大庸阳戏，以使这一艺术瑰宝永远能继承和流传下去。

6. 九澧豆赞

生活在华夏大地的中国人，日常饮食中大都离不开各类豆制产品。譬如我们吃得最多的豆腐，就是用黄豆所作。黄豆是百豆之王，在世界上也是最好最受欢迎的营养作物。

全国像黄豆之类的豆作物品种还有很多，其原始的产地也可能难以一一明确。不过，据张家界本土学者李书泰先生所写《九澧旱粮豆居首》一文考证，在上古庸国时代，澧水流域多高山森林，在河畔两岸居住的古庸人，大都靠刀耕火种豆类作物为生，其豆的品种主要有 9 种，即豌豆、金豆、豇豆、鲧豆、蚕豆、黄豆、绿豆、饭豆、娥眉豆。又因澧水流域有九条较大支流而被称作九澧，生长于此地的这些豆作物，也就被称作了九澧豆。据说，与九澧豆相对应的是，每种豆子的取名都是为纪念古代庸国的一位先祖。即豌豆指宛华氏宛华豆，金豆指少昊氏金天豆，豇豆指庸回氏共工豆，鲧豆指崇庸氏伯鲧豆，蚕豆指祝融氏蚕丛豆，黄豆指轩辕氏黄帝豆，陆豆指祝融氏陆终豆，饭豆指三苗氏驩兜豆，娥眉豆指虞舜氏娥皇豆。李书泰先生的上述说法看来很有些道理，不过它或也只是民间的一种传闻和逻辑推理而已，因为毕竟此说没有古籍的文字记载或考古证据中相关豆类明确取名文物的支持。

由此，我们可以说，九澧豆每种豆作物取名的问题现在可能还难以作定论，但至少我们得承认，豆作物在古庸国时代之前就早已存在是肯定的。如李书泰先生在文中所说，九种豆子可合称为九澧豆，九黎豆、九夷豆，九蛮豆，按本境古传总称蛮豆。这是没问题的。本境告祖词中，所谓“万国九州拜蛮豆”，就是指的这些产自古庸澧水流域的豆科粮食。在古庸地区，以豆命名的古地名至今也还有不少，像桑植县官地坪镇的蚕豆湾、阳豆湾；永定区合作桥乡的豆萁岗、金豆湾、黑王豆湾，新桥镇的金豆湾，阳湖坪镇的豆儿嘴，罗水乡的红豆峪村，罗塔坪乡的黄豆界，西溪坪的豆腐子湾，天门山的豆腐干坪；慈利县龙潭河镇的豆角山，苗市镇的黄豆坪，溪口镇的绿豆冲村等等。

以上地名证实，古庸地区自古就是产豆之地。另据本土考古学者尚巍先生撰文介绍，桑植一带是一个用盛豆之器——“豆”来祭祀祖先的“陶豆文化区”。在桑植朱家台，省、州、县文物考古部门在 1982 年至 1992 年间，先后五次进行考古发掘，在所发掘的 73 座从石器时代至战国的古墓中，几乎都有食器陶豆。陶豆器物占整个出土文物的 40% 左右。

显然，豆作文明在古代应该是比稻作文明还要早的第一轮文明。所以，李书泰先生在上述的那篇文章中进一步分析说：“豆”是民生之首，文明之首，人类生命离不开豆。接着，他举例了“厨”、“逗”、“登”、“樹”、“澍”、“豎”、“陶豆”、“饾饤”、“首都”、“豆斤”、“岂”“壹”等字的最初含义。如厨房里用的是陶豆，煮的是豆子，故“厨”从厂从豆从手；肚子里装的是豆子，脑袋里想的是豆子，故頭脑的頭从豆从首；逗留的“逗”从走从豆，只要是有豆之地就有人停留，没有豆停留下来做什么，吃什么，逗留得住吗？登山的“登”，原始的目的，就是采集生活必需品“豆子”，没有豆子不能饱肚子，饿着肚子就急于要登山摘豆子。“樹”是用手拿来木棍给部分豆类搭“站”，即站立的架子。“澍”字，称及时雨，因对豆子生长有利也。竖立的“豎”，豆就是像豆子借助外物外力站起来，不要做软骨头瘫在地上。“陶豆”是古代祭祀用的器皿，敬奉的物品叫“饾饤”。古人造字会意指事，同音假借，音同即意通，音近则义近。“首都”就是大家聚会分享豆食的地方，“豆”是大家共同享有的食物，“都”是大家共同拥有的地方。粮食中的“豆”是大家都有的，城市中的“都”是大家都有的。国之大事在祀与戎，古人祭祀祖先用“豆”，发动战争因豆而起。如斗争的斗，古代写作——“豆斤”，指闹粮荒时争斗双方持斤（斧）争豆的情景，争豆引申为斗争。斗争就是争豆，争粮食，争利益。远古时代，有豆即能度日、度荒、度命。有豆即能养犊，有豆即能读书，有豆即能度假。“岂”字，古代写作“豈”。意思是请问山下没有豆，或山里不产豆，人们的生活会怎样？言外之意就是，没有豆岂能生存，岂能度日，岂能读书，岂能做其他任何事！故本境沅古坪告祖歌头中有“万国九州拜蛮豆，拜蛮头，拜蛮都”的词句，民间有“莫把泼豆儿不当粮”的俗语。“壹”字，其意是，房子里装的是豆，说明豆是第一位的，豆是最基本的生活保障，古人数字概念的产生也许是从攀指头、数豆子开始的。而且这种居于文明之首的“豆”，就最早培育生产于古庸国澧水流域。因此，李书泰先生又断言：豆科作物就产地而言，称九澧豆；就物种来说，称九黎豆；就生产人来说，称九蛮豆、九夷豆。李书泰先生还认为，“澧”字“三点水”代表母亲河澧水，“曲”代表酿酒之发酵酒曲，“豆”代表澧水主食庸国国粮。“澧”的会意组合字表明，澧水是一条酿酒之河（澧水先民最先发现了天然的红薯酒香，然后发明了人工酿制的稻米美酒），澧水流域内是一块盛产豆粮、薯粮、稻粮的丰腴之地。再如丰收的“丰”，繁体为“豐”，指的就是澧水豆、薯、稻三大主粮丰收。“丰”代表薯芽、稻穗，豆代表永定。豆作文明的兴起比食盐文明的兴起更早更重要，与崇山火文明的发展有直接关系。稻作文明兴起后，稻谷成为主粮，豆子成为杂粮，但九澧之九豆至今还是文化活化石。

李书泰先生上述的分析，可以说充分地发挥了想象力，他将与“九澧之豆”有关的事物几乎都透彻地作了分析对比，其见解不凡，对豆类作物的认识也确实很有独到之处。

总而言之，豆科类种植物作为粮食和蔬菜，在古庸国时期就是“国粮”和“国菜”，这应该是毫无疑问的。豆类作物发展到今天，其应用的空间也更为广阔。有报道称，中国目前即是食用豆生产的大国，也是食用豆消费的大国和世界第三大豆类出口国。如今，走遍全国各地，无论你到何处，都少不了会吃到豆制特色的美食。写到这里，忽有电话响起，笔者在外地的几个客人朋友说已到了张家界。我们于是到大成酒店去招待陪吃晚餐。席间，这几个外地客人朋友闲谈，一位客人道：“听说你们张家界有向王天子庙，庙门对联为：‘向以称王，神威赫赫三千界，天其有子，俎豆馨馨亿万年。’这联中的俎豆是指何豆？能不能品尝一下？”同在桌的李书泰老先生即回答说，这俎豆就是张家界有名的“九澧豆”，本地正宗的出产当然多的是，我们就吃一顿豆食菜，如何？大家都说好。于是，我们就点了豇豆、豌豆、蚕豆、豆腐、豆酱、“合渣”等多个豆制菜。那几个朋友吃过之后，连说味道真好！美色美味啊！特别是我们点的本地用的那道特色菜“合渣”更受到了大家好评。其实，这“合渣”就是一道再简单不过的普通菜，它以原汁黄豆浆配点切碎的青菜之类的叶子合煮熟即可。

当日，这几个外地客人朋友兴致勃勃地吃着饭，一面笑着吟咏唐代王维诗：“红豆生南国，春来发几枝，愿君多采摘，此物最相思。”金克剑老先生又吟魏曹植对其兄长曹丕的名句："煮豆燃豆萁，豆在釜中泣，本是同根生，相煎何太急!"大家吟诗到情深处，一个个都快被这"九黎豆"的宴席陶醉了。吃罢饭后，几个朋友又在我们的陪同下，到超市去选购了一些张家界的特产，其中又有人买了一些诸如"豆腐乳"、"豌豆粉"、"蚕豆酱"、"绿豆糕"等豆制产品，生产食品的厂家当然全都是出自张家界的本土。这一个中午和下午，我们看得出，这几个客人朋友算是玩得最开心了。

吃过张家界的豆制食品，外来的客人便会明白，"九澧豆"这个产自澧水流域的旱粮作物，不愧是古庸国的特色豆食精华，是古庸国的豆粮"国粹"，是酿造今日之张家界各种美味食品王牌的源头产品！故此，笔者也衷心期望和祝愿，有着上万年历史的古老豆粮作物——九澧豆，能不断受到本地政府和相关部门的重视，能引导好有关商家把九澧豆的相关食品做大做强，以使其品牌文化永远不断地传承下去!

7. 澧溇稻香

仲夏时节，当火热的太阳升在天空之时，澧水溇水河畔农田里的稻苗即在拔穗扬花，并不断散发出缕缕稻花之香……

澧水溇水流域是古庸国的核心之地，也是中国南方稻谷作物的重要产地。1988 年，考古学家在澧县彭头山挖掘的稻谷遗物表明，澧溇河畔早在 9000 年前即已有人工栽培稻标本，它刷新了人类最早栽培水稻的历史记录，这也是探索稻作农业起源的时间、地点及水稻演化历史的难得实物资料。

稻谷栽培历史悠久，而传说炎帝神农曾教民耕种。炎帝时代，还发明了最早耕种田地的农具——耒耜。但历史传说有的也很难经得起推敲。比如，按推算，炎帝比黄帝诞生的时间稍早，距今的历史约在 6000 年左右，而彭头山出土的水稻遗物，却在 9000 年前。2004 年中美联合考察队证实，在湖南道县玉蟾岩遗址发掘的五枚碳化的稻谷和陶器碎片，都在 1.4 至 1.8 万年间，这说明水稻的栽种和问世，可能远比传闻的炎帝时代还要早得多。所以，在伏羲乃至燧人氏时代，水稻这种作物就早已出现并有人栽种了，而炎帝时代的贡献，可能主要还是发明了耕种的农具，炎帝教民耕种，其实就是教民使用耒耜农具来栽培水稻等农作物吧！

栽培水稻离不开水，而澧水溇水流域恰恰提供了水源的灌溉之利。我们可以想象，古庸国时代，正因为有了澧溇这两水流域的丰富水源，才使得水稻的耕种在两岸大面积发展起来，从而使水稻渐渐成了庸国人的主食。

稻谷之米清香可口，好吃又有营养。但生产栽培水稻，除了有水源的保证之外，也还要有一定的种植技术。首先，栽培水稻要育好苗。育苗前先要选好颗粒饱满的稻种，等到春暖天晴之时，即开始用陶缸或木缸浸泡稻种。过一两天将水沥干，再把稻种用稻草等物覆盖，待其发芽。与此同时，要选水田耕耙，平整几箱泥田，等稻种略出芽时，即均匀播散在箱田之上，尔后再施点干牛粪末之类肥料。播种后，接着要守好秧田，防止鸟雀吃稻种。还要看准天气适当晒苗，同时注意秧田放水不能满箱，等稻苗长出后，才渐渐放水促长。播种二三十天后，秧苗长得四五寸长时，即可扯秧插秧了。这期间要把所有水田翻耕平整，水不能放太深，也不能太浅。插秧技术也有讲究，尺寸不能太稀也不能太密。每兜秧约插四五根为宜。

栽插秧苗之后，接着要注意田间管理。不能放水太多，也不要太少。秧苗成长期间，要施一两次肥料，还要间苗除草松土一次为宜。秧苗大面积分蘖长成之后，对水的需求就更大了，这时节要防止稻田脱水，还要防止病虫害，必要时还得打农药。笔者年轻时在生产队当过农技员，知道播种育秧和田间管理都不容易，如果要使栽培的稻谷丰收，耕作的每一环节都得重视。栽培的稻谷只有到收割了，那所有的工序才算完成。

古庸国时代，水稻的栽培技术肯定比现在要粗放得多，但不论怎样粗放，水稻是要栽插的作物，其育种和栽培的两道基本工序，古人应该也是很早就会具备了。此外，据《衡湘稽古》书云："今桂阳北有淇江，其南有嘉禾县。相传炎帝之世，天降嘉禾，帝拾之以教耕，以其地为禾仓。后置县，因名嘉禾。"这就是说，在神农时代，炎帝教耕的地方称为禾仓，其地又名嘉禾。故今桂阳县有嘉禾县。实际上，不止是桂阳有嘉禾，株洲市也有"禾仓堡"，张家界永定区又有"禾稼山"、"禾稼村"等地名。这些古地名都在说明，古庸国时期的水稻栽培已经是十分发达了。

水稻作为农作物的主粮，自从古庸国开始，可以说已经在大规模的耕作栽培了，并且逐步地替代了以豆粮为主的粮食。但是，因为种植技术等因素的制约，古代所种植的水稻，单位产量必定不会很高。就是在 20 世纪的 70 年代，笔者在生产队栽种稻稻麦三季作物试验田时，每亩合计总产达 850 多公斤，其中两季稻每亩产量达到 700 余公斤。这个产量在当时曾成了全公社高产稻麦的典型，为此全公社的生产队长还被召集到这块试验田边开过现场会。不过，在农村大集体生产的时代，生产队种植水稻再多，平均产量还是不高，农民也总是解决不了温饱问题，贫困的帽子很难摘掉。直到 20 世纪 80 年代之后，农村实行了生产责任制，农民生产的积极性才真正被调动起来，包括水稻之类的粮食生产才有了大的丰收。这些变化也说明，要提高全国的粮食产量，首要的还是得解放农村的生产力，只要农民有了对种植业的热情，粮食的产量就一定能得到提高。

而今，时代发展到 21 世纪，在古庸大地的湖南怀化市安江境内，早已涌现出了一批以袁隆平为首的科技人员，他们为种植杂交水稻所作出的贡献，已取得了举世公认的好成就。中国政府也授予了袁隆平为中国科学院院士的光荣称号。袁隆平所攻关的杂交水稻的亩产量，现在据称最高已达千余公斤。此外，从古庸国澧溇流域发端的水稻种植业，也早已从中国扩展到了海外许多国家的大地之上，并成了人类占比最大的主粮作物。

在中国稻谷的主产区域内，目前栽培水稻的品种也很多。稻谷有粳米、有糯米、有糙米之区分，还有早稻、中稻、晚稻、杂交稻、常规稻、糯谷稻、黑米稻、红米稻等多种稻谷之分。各种稻米不仅能煮能蒸成白米饭，还能加工成米粉、米糕、汤圆、米糖、米粥、粽子、发米粑、打糍粑等多种食物。过年过节，这些五花八门的以大米为原料所作的食物，都深受到男女老幼的普遍喜爱。其中有些米制产品，还是祭祀祖宗必不可少的食物。而用米煮熟制成的粽子，更是成了纪念在大庸诞生的古代伟大诗人屈原的象征物。

大米好吃，栽培却很费工夫。种植水稻的农民需要付出很多的劳力，古诗曰：“锄禾日当午，汗滴禾下土。谁知盘中餐，粒粒皆辛苦。”享受着吃稻米之美食的时候，我们每一个消费者是否也该深思一下，此美食的确来之不易，我们不仅不能浪费，更重要的，是应当要懂得感恩生产者的辛勤劳动，同时也要感恩上天降下嘉禾，供我们人类种植生产出这样好的主粮美食。所以，我们每个爱吃大米美食的人，还请表达一下这样的祝福吧：愿古庸大地澧溇河畔种植了万年之久的水稻，能代代传承优良美好的基因，使美妙的水稻之花在我们的华夏大地永久飘香。愿掌管天气变化的老天爷也作美，使岁岁风调雨顺，稻谷颗粒饱满，让家家农户的粮仓都年年满载，大获丰收！

8. 庸人发明

上古庸国时期，庸人的大脑已是十分聪明，庸人留下的很多发明创造，无不证明这个判断是准确的。

据著名建筑学家、史学家张良皋先生考证，古时的庸国是制陶大国、诗歌大国、器乐大国、营建大国、冶铸大国、造历大国、农业大国。先秦时代许多文化之谜包括四灵、五行、十干、八卦及楚文化都与庸国息息相关。所以，庸人创造性的发明至少涵盖以下几方面。

其一是开创了原始用火、炼石、焚土、制陶、冶金业的先河。传说自燧人氏发明用钻木取火之后，庸国的发祥地崇山成了“火的故乡”。有了火，接着就有了冶炼技术。女娲炼石也出自古庸湖湘地区，而以制陶业闻名被封陶唐氏之姓氏的尧帝，也出在古庸地区。尧帝 13 岁助理其兄挚治理国家有功，被封在陶城（坪），15 岁又改封于唐，所以史书上称尧为陶唐氏，是陶姓的授姓之祖。古庸国的冶炼、制陶业的许多技术一直流传到后世，并深深影响到现在的方方面面。

其二是学会了植桑养蚕。在桑植朱家台出土的旧石器时代遗址中，曾发现一陶罐腹部刻了一周蚕纹，证明早在旧石器时代的先庸时期，澧水流域的先民们就学会了人工饲养桑蚕，这也说明古庸桑植是最早学会植桑养蚕的地方。

其三是学会了绩麻制衣。传说庸国时已有简单作坊，会用树皮和麻类纺织成粗布，制作衣服。《庄子》曰：“昔庸成氏、大庭氏、柏皇氏、中央氏、栗陆氏、骊连氏、轩辕氏、赫胥氏、尊卢氏、祝融氏、伏羲氏、神农氏。当是时也，民结绳而用之，甘其食，美其服，乐其俗，安其居，邻国

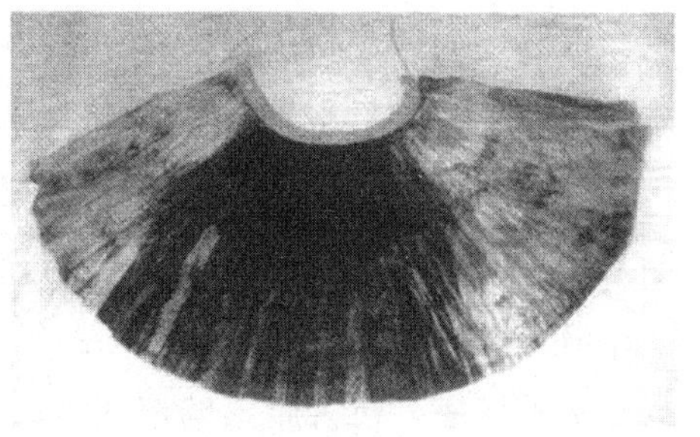

图 68：永定区三角坪出土的明代八幅罗裙

相望，鸡狗之声相闻，民至老死而不相往来。若此之时，则至治也已。”文中所说庸成氏、中央氏、祝融氏、伏羲氏，都出在庸国核心所在地的崇山一带。而传说中的“夏布”，实际就是夏庸之布，也即后世土家族地区所陈的“賨布”。

其四是造书契、演八卦，创制天文历法。晋皇甫谧《帝王世纪》记载伏羲曰：“造书契，以代结绳之政。始制婚嫁，以俪皮为礼。结网罟以教佃渔，宓羲氏。养牺牲，以冲庖厨，做甲历。甲历者，起于甲寅，支干相配，为十二辰。六甲而天道周矣。岁以是纪而年不乱；月以是纪而时不易；昼夜以是纪而人知度；东西南北以是纪而方不惑。此为历日之始。”据张家界本土易学专家田奇富先生撰文指出，伏羲首创八卦就在本境崇山。上古书《连山易》的核心“重艮以为首”句，其“重”即指的“崇”，“艮”即指“山”。这个史料记载，使人们清晰地看到了伏羲部落先民造书契、演八卦和创制天文历法的真实创举。

其五是发明农具和进行农耕生产。许多史料都记载，从神农氏开始，已发明了农具耒耜，而炎帝始教人进行农耕。澧县彭头山出土大量陶制生活用具和石制生产工具，还有已炭化的稻谷壳、兽骨等遗物，也表明至少在古庸国的早期，农耕现象即已很普遍了。而九澧豆作物的种植和水稻作物的栽培技术，也是在古庸国时代就创造的耕作文明，其历史贡献也很大。

其六是筑城造屋。在长达5000余年的历史长河中，古庸国的都城也迭经了多次迁徙和演变。现距张家界直线距离仅100余公里的澧县城头山，是考古界迄今发现的中国最早的古代城市，其城区建于6000年前，该古城用荆条版筑而成城墙，城郭沟池都十分明显，这里还有供人居住的多层房屋遗址，有供人食用的近百种植物籽食和多种动物骨骼。当时的这座古城，应该就是一个古国的都城，这个古国在6000年前既已存在，它极有可能就是古庸国庸（容）成氏晚期为帝王时的古城。这个古城的建筑结构也表明，古庸国时期，筑城造屋的技术也已相当发达。它对后世的影响也是深远的。

其七是文字遗存。在古庸国的辖地，过去有多处以仓颉命名的地名和纪念仓颉的庙宇。在古庸国辖地的瑶族聚居地——湖南省江永县内，还有一种古老的文字遗存，即“江永女书”十分闻名。在古庸国的核心地大庸一代，也流传有许多文字遗存。如永定区丁家溶村的錾字岩岩壁上，至今留有古老的岩刻文字；过去的大庸城乡还盛行“草码字”、“灰码字”、“鲁班字”等庸人发明的文字。古庸国的这些文字遗存，也说明文字的发明和初步应用时间，可能在距今六七千年前就早出现了。

其八是发明制造过许多兵器。古庸国出过蚩尤、刑天等战神，这些战神是“兽身人语，铜头铁额，食沙石子”，其使用的武器有矛、盾、斧、剑、戈、戟、刀、箭等等。其军事实力也很强，在周武王伐纣时，庸国还是八国之首，一起讨伐并推翻了商朝的统治。

此外，古庸国还是音乐、诗歌等艺术创造发明的大国。这两方面笔者已有文章专门论述，在此不再赘述。总之，古庸国庸人的发明创造是多方面的，只是我们后人尚未系统地去总结而已。庸人实乃不“庸”，而且极为聪明。因为有了庸人的许多发明创造，才奠定了后世华夏文明的进步基础。庸人不愧是我们的先祖，其佼佼者筚路蓝缕的丰功伟绩，也永远值得我们怀念！

第七章

庸国后裔

1. 白县来历

春秋时期，楚庄王灭庸之后，原在庸国都城居住的庸人，不久在伯庸王的带领下离开上庸，重又回到了大庸故土。而楚国也允准在原古庸核心地（今慈利境内）设置了伯庸县，后又改为白县，用来安置被废灭的庸国王室贵族及其子民。

楚国对于白县的命名，肯定含有其深意。民间传说这个取名与白帝有关。白帝是中国神话传说中的五帝之一。此五帝不是《史记》中的五帝（黄帝、颛顼、尧、舜、禹），而是以金木水火土五行的不同颜色命名的帝王，即青帝、赤帝、白帝、黑帝、黄帝。其中的黄帝属土，位居中央，所以称为黄帝。黄帝又因先后灭了其他国的帝王才统一了中国。

按古人五行说，春天属木，其色为青，司时之神就叫青帝，其方位在东方；秋天属金，其色为白，司时之神就为白帝，其方位在西方；夏天属火，其色为赤，司时之神就为赤帝，其方位在南方；冬天属水，其色为黑，司时之神就为黑神，其方位在北方。又据《山海经》、《史记正义》、《周礼·天官·大宰·祀五帝》等古籍记载，五帝中的青帝叫灵威仰，赤帝叫赤熛怒，白帝叫白招拒，黑帝叫协光纪。蔡邕《独断》载："青帝以未腊卯祖，赤帝以戌腊午祖，白帝以丑腊酉祖，黑帝以辰腊子祖，黄帝以辰腊未祖。"此说记述了祭祀五帝的对应时辰。在春夏秋冬四季司神之帝中，又以白帝司神最闻名。《红楼梦》中的一词《芙蓉女儿诔》中，即有“金天属节，白帝司时”等语。

另一神话又传说：羲和为太阳之母，她与帝俊生了十个儿子，都是太阳。《尚书·尧典》载：“乃命羲和，钦若昊天，历象日月星辰，敬授人时。”此段话说明，羲和应是掌管历法的司时之神，并且是太阳的赶车夫。屈原《离骚》中就有“吾令羲和弥节兮，望崦嵫而无迫”之诗句。按此传说，李书泰先生分析，掌管历法的白帝也可能是太阳神羲和的后裔，或有可能就是生于澧水之源的舜帝之子“无（吴）淫（庸）”。因古籍《山海经》有记载：“大荒之中，……有蒲山，澧水出焉，有载民之国。帝舜生无淫，降载处，是谓巫载民。”当然，白帝究竟是否舜的儿子，似乎尚难定论，此说只是一家之言。而羲和国乃天文之国，其地也应当就是在最早兴起古代天文观测的张家界一带。

传说中的白帝虽然出生身世不很清晰，但他在古代的影响却很大。楚国在设白县时，应会考虑白帝这一因素。同时，楚国历史上发生过著名的“康王改制”。公元550年，康王又平定庆氏兄弟的反叛，并在东线的作战中击败了吴国。而此前，吴国在经略南土时，曾派太伯、仲雍两兄弟来崇山大庸古国缔结军事联盟，武王伐纣时即靠庸国为首的八国联军才灭掉商纣。楚庄王灭庸后，太伯率大庸军民1000余家奔吴，史称东吴，故国大庸习称西吴。伯庸所统的大庸王室贵族其时因与吴国结好，这时自然也受楚国打击，并被楚康王顺势就降格为白县，以作庸王贵族的安置了。故此，这白县的取名，也即有可能来自于对古白帝的尊崇。

当然，白县的取名也可能还有其他几个重要因素。一是远古时代，传说黄帝巡狩，至海滨而得白泽神兽，而这神兽出自古庸地区的昆仑山上，浑身雪白，能说人话，通万物之情，很少出没，除非当时有圣人治理天下，才奉书而至，是可逢凶化吉的吉祥之兽。黄帝见白泽后令图写之，以示天下，后用以为章服图案。二是古桑植曾有炎帝之女化作白鹊的“帝女桑”之传说，这与白色也有关联。三是古代的张家界一带多白泥、白土、白气、白光，还有多种白色动物，如白猿、白鹤、白鹭、白兔、白羊、白马、白蛇、白猪等等。可见楚康王改制时，将历代伯庸所辖古庸国都邑地区定名为白县，是大有历史渊源和深远象征意蕴的。更有实际意义的是：楚国王室很可能仍然将白县所辖之古庸羲和之地，作为重要的贵族安置点和天文观测基地来看待，白县仍然是楚人心目中的祖陵、故都、圣地、帝丘、王邑、后宫。故在楚国历史上，凡是被废之王、失位之王、逃亡之王、禅隐之王及地位很高的贵族多被放回白县安置起来，仍然给予很高的名分和待遇。

当秦始皇扫平列国、一统中华之后，分天下为36郡，原楚辖白县被改置慈姑县，隶黔中郡。汉高祖时，罢慈姑县，分置孱陵、零阳、充三县，改隶雒阳郡。古成都、古雒县（在四川广汉市）与古大庸、古白县、古慈姑都是古庸国先祖留下生活足迹和创世烙印的地方，故都有以“雒”名郡、名县的地名。可见，慈姑置县与改属雒阳郡与古庸国有割不断的血脉关系，也再次证明古蜀文明源于古庸文明的论断是有史实依据的。

至于秦王朝统一中国后，又为何将原楚白县改为慈姑县？据李书泰先生的分析，楚白王白公胜是诈死并化为鬼谷子隐去，其后，吴王聘以重金，欲娶白公胜之妻贞姬。《古列女传·楚白贞姬》(1)对此有详细记载。白公死后，其妻纺绩不嫁。吴王闻其美，曾使大夫持金百镒、白璧一双以聘，但白妻虽死不易，并予以拒绝曰：忠臣不借人以力，贞女不假人以色。吴王贤其守节有义，称颂其有美德，故此号曰贞姬。可见，贞姬姑娘不愧为白帝之正脉，古庸之贵胄，楚国之骄傲，白县之荣耀，千古一慈姑！为嘉其懿德遗风，秦王朝统一天下时，就将白县改名成了慈姑县。

慈姑县与白县一样，后来在汉初又因改朝换代被撤掉了，但白帝与白县及贞姬的影响仍很大。到后来，东汉王莽篡位时，其手下大将公孙述割据四川，曾自称白帝，在瞿塘峡建过“白帝城”。南宋初年（1127），雷进趁金军南下之际，跟随陈万信起义，陈万信被平定后，雷进退守慈利，遂筑城于廖城村，并自称白帝，改廖城为白帝城。后被宋高宗派兵平定。其白帝城的遗址现为桑植县白石乡廖城村所辖。

综上所述，我们从白帝的传说和白县与慈姑县命名的演变过程来看，古代的张家界周边一带，确实都是古庸国的行政管辖中心，也是古庸国天文观测的重要基地，而遍布在大庸、慈利、桑植、石门、沅陵等地的众多以太阳、月亮、星星或与帝王相关而命名的地名，也绝不是偶然或巧合存在的现象，这些地名因其范围较小又不涉政治而稳定性很强，也不像白县、慈姑县那样被政治的需要而多次更名。所以，张家界一带的许多老地名，其实就是古庸国历史见证的活化石。

注释：

(1)《古列女传·楚白贞姬》载："贞姬者，楚白公胜之妻也。白公死，其妻纺绩不嫁。吴王闻其美且有行，使大夫持金百镒、白璧一双以聘焉，以缁骈十乘迎之，将以为夫人。大夫至币，白妻辞之曰：'白公生之时，妾幸得充后宫，执箕帚，掌衣履，拂枕席，托为妃匹。白公不幸而死，妾愿守其坟墓，以终天年。今王赐金璧之聘，夫人之位，非愚妾之所闻也。且夫弃义从欲者，污也。见利忘死者，贪也。夫贪污之人，王何以为哉！妾闻之：忠臣不借人以力，贞女不假人以色。岂独事生若此哉，于死者亦然。妾既不仁，不能从死，今又去而嫁，不亦太甚乎！'遂辞聘而不行。吴王贤其守节有义，号曰贞姬。君子谓贞姬廉洁而诚信。夫任重而道远，仁以为己任，不亦重乎！死而后已，不亦远乎！诗云：'彼美孟姜，德音不忘。'此之谓也。颂曰：'白公之妻，守寡纺绩，吴王美之，聘以金璧，妻操固行，虽死不易，君子大之，美其嘉绩。'"

2. 鬼谷之谜

白公胜即鬼谷子，这是李书泰、龙家雄在前不久出版的《鬼谷子身世研究》一书中大胆探索揭秘的一个真相。

按照李书泰先生的分析，古庸国至战国时期，实力已很孱弱。其时，原为子国的楚国，这时已不断崛起。公元前611年，楚庄王将庸国吞并，另置伯庸县，安置了庸国老贵族。楚康王时，再改伯庸为白县。被封为白县之君主的白公胜，原名熊胜，乃楚平王之子——太子建的儿子。

楚平王二年（公元前527年），大臣费无忌奉命去秦国，为年仅15岁的太子建迎娶秦哀公之妹孟嬴为妻。费无忌见孟嬴貌若天仙，建议楚平王自娶而为太子另娶侍女子齐姑娘。楚平王本很好色，遂听了费无忌之言夺娶了儿媳，而让太子建娶了公主侍女子齐姑娘为妻。此后，费无忌唯恐太子建记恨而常在平王前“馋恶太子建”，平王听后，即招太子建老师伍奢“责之”，后又下诏囚禁伍奢，并令司马奋扬召太子建，欲诛之。太子建带着妻子和儿子熊胜亡奔宋国。伍奢遂被平王油锅烹死，长子伍尚被诱至郢都车裂而亡，次子伍子胥逃脱投奔太子建，一同在宋国欲借兵报仇，但宋国因内乱无力相助，伍子胥与太子建一家又改投郑国，郑国君给予了收留和照顾，只是迟迟未答复其借兵复仇之事。报仇心切的太子建不听伍子胥的劝阻，竟听信晋国刁臣荀寅挑唆，答应做晋国伐郑的内应，以期伐郑成功后主政郑国而举兵伐楚、报仇雪恨的目的。事情败露后，郑定公大怒，立刻诛杀了太子建，子齐夫人在托伍子胥照看儿子后也自刎而

图69：天门山传说中的鬼谷洞

亡，伍子胥只好带着5岁的熊胜再逃至吴国。

在吴国过了两年，伍子胥将熊胜送去齐国舅家陈武子（又叫田武子开）家收养，陈武子之子因伐莒有功，被齐景公赐姓孙，所以熊胜此时又更名称作了孙武。又过数年，伍子胥在吴国取得了君王阖闾信任，担任了大夫。随后多次向阖闾推荐孙武，公元前512年，孙武终被阖闾重用为将，再过6年，吴王阖闾亲率三军与孙武、伍子胥等联合唐、蔡二国出兵伐楚，楚大败。吴兵入郢，辱平王之墓，以伍子胥故也。伍子胥报了仇，还想推荐孙武主政楚国，因阖闾不肯答允而作罢。又过20余年，吴王夫差当政，伍子胥失宠被赐剑诛杀。孙武此时以白公胜之名，被其叔父子西召回楚国，受封为白县县公。为报郑人杀父之仇，白公胜屡请子西伐郑，子西不仅未发，在晋国伐郑向楚求救后，还决定出兵救郑，这使白公胜更痛恨子西。公元前479年6月，吴国攻打楚国的慎邑，白公胜乘机带兵出征，在慎邑一举击败吴军。接着，白公胜以来楚都献捷为名，率兵入朝，斩杀了司马子期和令尹子西，生擒了楚惠王，这即是历史上有名的"白公之乱"。

政变得手后，白公胜未杀惠王。结果，被叶公沈诸梁起兵打败，其得力护卫石乞受烹而死。白公胜据说自缢了，但死未见尸，其去向就成了千古之谜。而实际上，白公胜是从此隐姓埋名，称作了鬼谷子，并在天门山的天门洞隐居了，这就是鬼谷子其人的真正来历。李书泰先生的分析颇有根据，当然，鬼谷子的最后归宿及其死葬于何时何地，也还没有完全定论，这只有等待将来的考古发掘成果或可彻底揭秘。

3. 孝义感天

在传统的儒家学说中，忠孝二字，历来被强调是为人修身养性的首要品行。然而，为人想要做到忠孝两全，却并不是一件易事。

话说战国时期，楚国惠王手下有一名叫申鸣的猛将，是个著名的孝子。“白公之乱”事件发生后，申鸣奉令率兵包围了白公胜。眼看重兵压境，白公胜采纳石乞之言，将申鸣之父劫持了，以此要挟，并派人喊话，要申鸣反楚王，否则就要杀其父。申鸣是有名的孝子，见到父亲被绑架，很是痛心。但忠孝不能两全，申鸣权衡之后回道：“今吾已不得为父之孝子矣，乃君之忠臣也，吾何得以全身!”（见西汉刘向《说苑·卷四·立节》）。说毕，毅然击鼓进攻，将白公胜打败，白公胜据说自缢而死，只是死未见尸。申鸣虽然平息了白公之乱，但因父亲被杀，心情十分沉重。楚惠王这时赏金百斤，想安慰他。申鸣曰：“食君之食，避君之乱，非忠臣也；定君之国，杀臣之父，非孝子也。名不可两立，行不可两全也，如是而生，何面目立于天下，遂自杀也。”（见西汉刘向《说苑·卷四·立节》）。

从这段历史的记述中，我们看到，申鸣只因食君之食，所以不能避君之乱，他只能做一个忠臣；而帮助安定了君王之国，自己的父亲又遭到杀害，这让他成了不孝之子。因为忠孝不能两全，最后他竟选择了自杀。楚惠王感其忠义和无比孝心，在申鸣死后，便将其葬在了合口镇（今临澧县境内），并筑起一座古城，分封给了其子孙管理。其古城及墓地迄今尚存。而申鸣之“忠孝仁义”的精神，在历史上也留下了大名，并感动了无数后人。

现今之时，我们再读这则故事，也许有人会觉得申鸣这种为忠孝而自杀的行为有些迂腐，并不可取，但申鸣这样的忠孝仁义之精神，其实无论在什么样的时代，也都应当受到称赞。当然，到了现代，忠君报国的思想应赋予一些新的含义。现代领袖已不同于过去的君王，而效忠于国家肯定是高尚的行为。孝敬父母，更是天经地义。所以，在古庸国辖地所诞生的申鸣之忠孝仁义精神，仍值得现代的社会多加提倡。

4. 屈原抱屈

屈原，名平，战国时楚国人。据张家界本土史学学者金克剑先生最新考证，其故里在今张家界市永定区阳湖坪镇屈家坊村。楚怀王时，屈原因博览多识，才华横溢，曾任楚朝廷左徒之职。此职位仅次于宰相，也算位高权重的大臣了。但屈原因多才又品行高尚而两次遭小人的嫉妒和陷害。第一次是他的同僚上官大夫为争夺皇帝的宠爱，心里特别嫉妒屈原的才能，因而在楚怀王面前说屈原的坏话。《史记·屈原传》中这样写道："怀王使屈原造为宪令，屈平属草稿未定。上官大夫见而欲夺之，屈平不与，因谗之曰：'王使屈平为令，众莫不知，每一令出，平伐其功，以为"非我莫能为"也'。王怒而疏屈平。"这段话的意思是：楚怀王让屈原制订法令，屈原起草还未定稿，上官大夫见到了，要争夺去写，屈原不肯给稿，他就到楚怀王面前挑拨离间说："大王让屈平起草法令，众人没有不知道的，每一法令发布出来，屈平就夸耀是自己的功劳，认为'不是我，没有人能写得出来'。"楚怀王听了很生气，从此疏远了屈原，并让他降职当了三间大夫。屈原受到贬斥被迫离开郢都，谪居到了汉北。这期间他怀着满腔悲愤忧愁写了《离骚》这篇著名诗篇。

如果说遭小人的第一次陷害还没完全使屈原受到毁灭性的打击的话，那么第二次遭小人陷害后，屈原在政治上的生活就已被彻底断送了。这第二次的陷害经过是：公元前 299 年，秦昭王借联姻为由，约请楚怀王到武关相会。楚怀王开始拿不定主意，屈原为此劝楚怀王不要去，并说秦国强暴得像豺狼虎豹一样，去了准会上对方圈套。但是楚怀王的大臣靳尚和小儿子公子兰却主张怀王去，他们认为秦国和楚国有联姻关系，楚怀王的女儿嫁给了秦国的太子，秦王的女儿嫁给了楚王的小儿子公子兰，若不去会得罪秦国，弄僵两国关系。楚怀王最后去了，结果被骗到秦国就失去了自由，三年后客死异乡。与此同时，楚顷襄王即位，屈原在新君王上任后又主张楚国联络诸侯各国共同抗秦，而靳尚、公子兰和上官大夫都在顷襄王面前再次陷害屈原，说他的坏话，顷襄王听信谗言，竟干脆把屈原革了职，并放逐到了江南去。这第二次的陷害打击，使屈原终于彻底绝望了。他辗转在沅、湘一带，“被发行吟泽畔，颜色憔悴形容枯槁。”（《史记屈原贾生传》）心情处于极度忧愤之中。到顷襄王三十一年（公元前278年），楚都郢被秦军攻破，楚国陷入空前的灾难。就在这年的农历五月初五，绝望中的屈原最后在汨罗江投水自尽。

图70：大庸屈家坊村民在澧水潭口祭祀屈原

屈原之死，可谓死得冤枉，死得令人痛惜。假如不是受上官大夫等小人的陷害，他又怎么会走上这条绝望之路！假如屈原能改变政治立场，不主张抗秦也顺在上官大夫、靳尚、公子兰一边，他又怎会被人陷害而走上绝望之路呢！假如屈原放逐后学渔夫干脆走隐士之路，或混迹于江湖之中，又怎会走上自绝之路！但是屈原就是不会放弃自己的信仰立场，他是绝不会与当时的世俗同流合污的。“举世皆浊我独清，众人皆醉我独醒，是以见放。”（《楚辞·渔父》）正是因为屈原忧国忧民的高尚情怀和不向世俗妥协的傲然性格，才使得他的人格显得异常伟大，所以他死后更格外令人痛惜和怀念。后来，人们每逢过端午都要吃粽子、赛龙舟纪念他。屈原高尚的道德品行及人格精神从此也成了后人学习的楷模。

5. 门里之人

在春秋时曾称“五霸”之一的楚国，到楚顷襄王时，国势已经大为衰落。楚顷襄王二十一年，秦将白起攻下楚都郢都，楚军败退到陈城固守。此后过15年，顷襄王去世，太子熊元继位，是为考烈王。考烈王二十二年，楚都迁到了寿春（今安徽寿县），其时楚国势力已更加衰弱。

考烈王在位时，曾任用了左徒黄歇为令尹，这就是历史上有名的春申君。据《中湘四修谱》记载，黄歇的籍贯是今天的常德市。其父辈的楚国属国黄的贵族。清嘉庆《常德府志》载，春申君在常德养有大批食客，建有珠履坊。《方舆胜览》还记载，常德有黄歇的住宅和坟墓，历代都有修整春申君墓的记载。常德上南门还耸立着纪念他的春申阁。不过，春申君死后的葬地也有争议，安徽淮南、江苏苏州、湖北江夏、江苏江阴等地都各有所说。有的认为常德的黄歇墓只是衣冠冢，不可能是真实墓，黄歇死葬地，最有可能的应在淮南。

其实，黄歇的墓地究竟何处是真并不重要。而弄清其死之历史教训才有意义。对于黄歇之死的历史，笔者1991年就曾到寿县（楚国新都寿春）作过采访，并写过一篇游记文章，内有一段话道：“战国末期，楚国迁都寿春（今寿县）后，考烈王因生理原因而无子，一个名叫李园的赵国政客，用计将自己的妹妹献给相国春申君，有孕后再转献给楚王，结果生下一个太子，就是楚幽王。李园妹因生太子而封皇后，李园渐掌重权。考烈王死后，春申君在宫中赴丧时，被李园派的刺客杀死灭口。后人为从这件事里吸取教训，就在城南门墙上刻了一个刺客形象，以防暗箭之虞，此即“门里人”的典故。寿县‘门里人’的石刻像保存了1000多年，如今看去已有些模糊，但此像折射出的含意至今仍有现实意义。俗话说，明枪易躲，暗箭难防。生活中，对于‘门里人’一类的人物，我们是否应有清醒的头脑，多一点警惕和防范，答案，似乎不言而喻的亦很清晰了。”从此段话中，我们便可明了黄歇为什么会死的历史教训是什么了。

再说考烈王在位25年死去，其太子幽王悍继位。这时的实权旁落到了李园手中，王室的危机已很显现。当春申君黄歇被杀后，楚国的局势就更不妙了。俗话说，堡垒是最容易从内部攻破的。因楚国内部的倾轧争斗不止，这个运势已去的霸王之国走向灭亡也即成了必然。不过，楚幽王上台后，还是绵延江山，勉强坐了10年王位才死去。接着，其同母的弟弟犹继位，是为哀王。此王在位只两个多月，即被内部政变袭杀，其庶兄负刍继位为王。楚王负刍也只坐了五年王位。到秦始皇二十三年（前232年），秦将王翦、蒙武即率军攻破楚国都，俘虏了楚王负刍。在历史上曾强盛了数百年的楚国，就这样被秦国灭掉了。楚国即灭，原属楚国管辖的白县，也即被秦国废除，并另设了慈姑县来加以管理。原庸国后裔所掌的县级部分贵族政权，至此也就全部消失殆尽了。

6. 才子宋玉

有“赋家之圣”赞誉的宋玉，是与屈原同时代的著名才子，也是古庸楚后裔中杰出人物的代表。中国文学史中，常将屈宋并列，可见宋玉在文学史上的地位之高。

出生在战国晚期楚国鄢（湖北宜城）的宋玉，一生仕途也很坎坷。他仅在楚襄王时作过文学侍从、大夫之类的小官，后遭诋毁，楚考烈王时被疏远，50岁左右时被免一切职务。据考，屈原投江时62岁，宋玉时年21岁。相传为屈原的弟子，宋玉晚年虽不得志，但他一直活到楚国被灭那年（前222年）才去世，享年76岁。

宋玉一生留下的作品据称有16篇。其中如《九辩》、《招魂》、《风赋》、《高唐赋》、《神女赋》、《登徒子好色赋》、《对楚王问》、《钓赋》等都十分闻名。从数量上看，宋玉的辞赋并不是很多，但这些作品件件都很有影响。比如《登徒子好色赋》，让人看了会忍俊不禁。此文以问对的形式入笔，描写登徒子在楚王面前诋毁宋玉好色，而宋玉则以东家邻女至美他却不动心为例，说明宋玉并不好色。再以登徒子妻奇丑无比，登徒子却和她生了五个孩子，以此反驳说登徒子才好色。赋中的登徒子不过是一个谗巧小人，若说其好色，还真有些搞笑而已。但这篇《登徒子好色赋》一问世，后来人们只要说到好色之徒，几乎就都用登徒子来代称了。宋玉描写其所谓“好色”而实际并不是好色，这即是其让人佩服的高明艺术创作手法。再如《高唐赋》，开篇即描述道：“昔者楚襄王与宋玉游于云梦之台，望高唐之观，其上独有云气，崪兮直上，忽兮改容，须臾之间，变化无穷。王问玉曰：“此何气也?”玉对曰：“所谓朝云者也。”王曰：“何谓朝云?”玉曰：“昔者先王尝游高唐，怠而昼寝，梦见一妇人曰：‘妾，巫山之女也。为高唐之客。闻君游高唐，愿荐枕席。’王因幸之。去而辞曰：‘妾在巫山之阳，高丘之阻。旦为朝云，暮为行雨。朝朝暮暮，阳台之下。’旦朝视之，如言。故为立庙，号曰‘朝云’。”这一段开头描写，即将巫山神女的情色形象赤裸裸地就展现了出来，同时将男女交媾巧妙地比喻为朝云暮雨，这个词也竟成了后来的成语典故。而从这篇作品的表现手法，亦可见宋玉写作构思涉情色作品的想象力是多么的奇特而绝妙。

当然，宋玉的作品除擅长写情色之外，他还擅长山水自然的描写，如《高唐赋》中就用酣畅的笔墨，全方位地描绘了三峡巫山一带的峻山险水、佳木芳草、珍禽异兽，以及方士云集于此地而进行的狩猎、祭神活动的宏大场景。其描述不仅堪称山水文学妙笔，而且它还是记述三峡巫山地区地理环境与自然生态与历史变迁等诸多方面的一篇重要史料文献。

此外，宋玉的作品在艺术上还深受《老子》、《庄子》、《列子》等道家文学的影响。如宋玉在《对楚王问》中描述道：楚襄王问宋玉“先生其有遗行与？何士民众庶不誉之甚也？”宋玉回答说：“唯，然，有之。愿大王宽其罪，使得毕其辞。”接着，他叙说道：“客有歌于郢中者，其始曰《下里》、《巴人》，国中属而和者数千人；其为《阳阿》、《薤露》，国中属而和者数百人；其为《阳春》、《白雪》，国中属而和者，不过数十人；引商刻羽，杂以流徵，国中属而和者，不过数人而已。是其曲弥高，其和弥寡。”宋玉在这里将欣赏音乐的人分为几个层次，显然是受了《老子》第四十一章“上士闻道，勤而行之；中士闻道，若存若亡；下士闻道，大笑之，不笑，不足以为道”一段话的影响，才有了如此的描写区分。而《钓赋》与《列子·汤问》描写的詹何善钓及《庄子·外物》中描写的任公子之钓也风格相近。说明列子、庄子“恢诡谲怪”的散文对宋玉影响都很大。

宋玉的辞赋作品在文学史上影响深远，后来的不少文人都很崇敬他。如唐朝大诗人杜甫在《咏怀古迹五首·其二》中写道：“摇落深知宋玉悲，风流儒雅亦吾师。怅望千秋一洒泪，萧条异代不同时。江山故宅空文藻，云雨荒台岂梦思。最是楚宫俱泯灭，舟人指点到今疑。”杜甫能引宋玉为师，可见宋玉的声望实乃名不虚传。

总而言之，出生在楚国晚期的宋玉和屈原一样，也不愧是古庸国后裔中十分杰出的文人。宋玉所写的辞赋作品诙谐幽默，艺术独特，所谓“下里巴人”、“阳春白雪”、“曲高和寡”、“宋玉东墙”等成语典故皆他而来。宋玉在文学史上作出的突出贡献，也必将为后人永远地铭记。

7. 黄钟大吕

秦王嬴政在位灭了韩、赵、燕、魏、楚、齐等六国之后，即宣布改制称为皇帝，并自称始皇，想再从二世、三世一直传到千千万万世。但不料到秦二世皇帝胡亥才继位三年，秦朝就被推翻了。此时，原当过泗水亭长的刘邦率部奋战，竟夺得九州天下的皇冠，成了建立西汉王朝的高祖。而原属庸、楚的三湘大地，这时又都归到了西汉管辖。

却说汉孝文帝时，原为古庸三湘辖地的长沙城，这时出了一个年轻有为而十分闻名的才子，此人名叫贾谊，曾在朝廷当过太中大夫和长沙王太傅。司马迁所写的《史记》和班固所著的《汉书》中，均为贾谊作有传记。这两部史书对于贾谊生平经历的记载都相差不多，但《汉书》收录有贾谊所作的《治安策》一文，因而篇幅长了许多。

从《史记》与《汉书》的传记中我们得知，贾谊是洛阳人，其出身门第，两部书都未提到。估计至少是富裕家庭出身，因为他知识渊博，18 岁就以写诗作文闻名郡中，说明他小时肯定读了不少书。当时驻守河南的长官吴公，闻贾谊的大名，便将他召在幕下。后来吴公被提升为朝廷廷尉，贾谊又经吴公推荐，就很幸运地当上了孝文帝博士。

在朝廷的一班幕僚中，贾谊的年纪最小，其时仅有 20 岁。别看他年纪轻轻，肚子里的学问却压倒所有群僚。比如每次皇帝下诏令议论问题，老先生们都不能对言，而贾谊却对答如流。他的才华遂为皇帝所赏识，不到一年，即被越级提拔为太中大夫，可谓少年得志。但是贾谊在政治上刚刚提出了一些改革的主张，随即就遭到了当朝保守权贵们的毁谤。“绛、灌、东阳侯，冯敬之属尽害之。乃短贾生曰：‘洛阳之人，年少初学。专欲擅权，纷乱诸事。’于是天子后亦疏之。不用其议，乃以贾生为长沙王太傅。”（《史记·屈原贾生列传》）

贾谊就这样被小人谗毁而遭到了贬谪。他心情忧悒地赴长沙去上任，途经湘水之时，曾挥笔写了一篇著名的《吊屈原赋》。在长沙居住，由于长沙卑湿，他自感水土不服，恐寿命不长久，心中充满了感伤。有一日，一只猫头鹰飞进他的居室中，他遂又百感交集而写了另一篇著名的《鹏鸟赋》。其中如“贪夫循财兮，烈士徇名。夸者死权兮，品庶每生”等词句，已成为传闻千古的名句。

贾谊在长沙过了数年后，汉文帝又召他回来，让他当了梁怀王刘揖的太傅。贾谊欲尽其力辅导这位太子，谁知梁怀王却在一次骑马中意外地坠落而死。贾谊由此自感“为傅无状”，后来竟在自责悲伤中死去。死时年仅 33 岁。

怀着济世旷才的贾谊，生得何其短暂，又死得何其可惜！仅仅因为梁怀王坠马而死，贾谊就引为自责而悲痛到如此绝望地步，可见贾谊对于人生的得失还是看得太重了。尽管他在所写的赋中吟咏“所贵圣之神德兮，远浊世而自臧。”并认为“其生兮若浮，其死兮若休。澹乎若深渊之静，泛乎若不系之舟。不以生故自宝兮，养空而浮。德人无累兮，知命无忧。细故蒂芥兮，何足以疑”。可惜他在遇到具体的生死问题时却不能真的“知命无忧”，或自己从忧伤中自拔。须知，梁怀王之死固然有可能断绝他的政治前途，他也许会因此而失掉官职，但除了官场一条路，难道就真找不出一条别的活路？看来贾谊在对待太子坠马事件中确实也太过于自责悲伤了。另外，当朝的保守权贵们因为他的才高而不能容他，并使用小人的手段进谗毁谤，这亦是贾谊最终怀才不遇难以施展其理想抱负的一个重要原因。

贾谊以 33 岁的年纪就匆匆离世而去，这使后人为他惋惜不已。20 世纪 50 年代，毛泽东就多次怀念提到过贾谊，他并且写了两首以贾谊为题的诗。一首是《七绝 · 贾谊》：“贾生才调世无伦，哭泣情怀吊屈文。梁王坠马寻常事，何用哀伤付一生。”另一首是《七律 · 咏贾谊》：“少年倜傥郎庙才，壮志未酬事堪哀。胸罗文章兵百万，胆照华国树千台。雄英无计倾圣主，高节终竟受疑猜。千古同情长沙傅，空自汨罗步尘埃。”（毛泽东评点二十四史手迹解析精编 185 页）

毛泽东在诗中对贾谊的评价，可谓中肯之至。贾谊一生除了写赋著名之外，他的《过秦论》、《治安策》、《论积贮疏》等文章也写得格外出色。汉代的另一位著名文人刘向曾评价贾谊的文章：“其论甚美，通达国体，虽古之伊、管未能远过也。”把贾谊比作古代名人伊尹和管仲，这亦算是汉朝时代人对他的最高评价了。总之，贾谊无论在长安还是在三湘之地，其时的声望，都不禁让人想到古庸国时代的黄钟大吕。古庸国是铸钟大国，其黄钟大吕是国之重器。贾谊这种人才其实就像这黄钟大吕。他才高八斗，名副其实。只可惜，历代许多的朝廷君主总是被身边的权臣小人所蒙蔽，以致在用人问题上，往往都是使"黄钟毁弃"而让"瓦釜雷鸣"，贾谊彼时忧不得志，其才被屈，也不能不说是那个时代的一大遗憾。不过，在西汉时的长沙能留下极大文学声誉的贾谊，也是继屈原之后的一大奇才，古庸大地的记忆图典中，自然也少不了要给他记上这浓墨重彩的一笔！

8. 马革裹尸

东汉光武帝刘秀在位时期，原属古庸大地的武陵山区，忽然爆发了一次毕兹卡（土家）人大起义的事件。因有这次事件的发生，使得后汉时期三湘大地又出过两大著名人物，即土家渠帅相单程和伏波将军马援。相单程是发动这次起义的土家首领，马援却是征剿这次起义的伏波将军。两个素不相干的人物，为何被历史书写到了一起，说来还有一段少为人知的内幕故事。

原来，汉高祖在澧水之源设置了属武陵郡管辖的充县（今桑植县），并诏令官吏向当地土家人征收一种名叫“西兰卡普”的“賨”布，规定大人每岁一匹，小口两丈。以此抵赋税。织这种土布一丈，一人需费时半月，一匹布需费时半年。可想这种税赋有多重。而到汉光武帝时，虽然史称光武中兴，但事实上这里的土家人感受到的却还是“猥增贡赋”，致使“徭役失平”，土家人被这种赋税压迫，几乎已走投无路。

却说东汉光武帝建武二十三年（47 年）春，充县县令率领士卒，又到各部落传达了一道牒文，谕令要加倍征收賨布，限腊月交足，否则便要“仆役箠楚”、“困罹酷刑”。此牒文同时下达到武陵郡 13 县的各部落，顿时弄得人们更怨声载道。此时，住在充县毕基冲（今桑植县上洞街乡八节冲）的各部落联盟酋长相单程，接到牒文后，即在毕基冲则时洞秘密主持召开了一次部落会盟，参会的有桑植、永顺、龙山、永定、慈利等交界地域的 50 多个部落酋长。会上，大家商议良久，都认为只有反抗才有活路。于是，相单程领头决定，要仿效陈胜吴广，准备起义，并将举事时间定在了 8 月秋收后进行。

到了 8 月，粮食丰收进仓之后，相单程即率领早已训练好的 3000 多人马，分两路攻进充县县城，县令仓皇逃走。随后，两路义军一支进军溪州（今永顺），攻占辰阳县（今辰溪、泸溪一带），直逼武陵郡；一路攻零阳，出大宴溪、洞庭溪，阻截来救援的汉军。

得知相单程起义消息，朝廷十分震惊。光武帝速派武威将军刘尚发南郡、长沙、武陵三郡人马，乘船溯沅水，入武溪而击之。刘尚自恃兵多将广，轻敌入险，但却未料这南蛮、武陵山深水疾，舟船皆不得上，粮食的补给运输成了大问题。而相单程则料定刘尚在粮食补给运输跟不上的情况下领军深入，同时又不熟悉大山里的道路，便多汇聚粮草，据险要之处而坚守之。等到刘尚粮食耗尽不得不沿来路又撤退时，相单程才边追边打，最后刘尚大败，竟落得一个全军覆没的下场。

建武二十四年，相单程又率部向东攻下了湖南的北大门户临沅（今常德市）。刘秀特派谒者李嵩，中山太守马成领兵万余而攻之，但同样被相单程打得连连败退，又一次几乎全军覆灭。

汉军两次失利，光武帝刘秀一筹莫展。这时，时已 62 岁高龄的老将马援主动请缨带兵征剿。刘秀开始嫌他年纪已老，不想派他去。马援自请曰："臣尚能被甲上马。"刘秀令他试之，马援骑上马，果然仍威风。刘秀遂同意派他带兵出征，并派马武、耿舒、刘匡、孙永等做中郎将，率十二郡招募到的将士及服刑之人共四万余人征发武溪。

临行前，马援这位著名的"伏波将军"亦有不祥之感，他对前来送他的好友杜愔说："吾受厚恩，年迫余日索，常恐不得死国事。今获所愿，甘心瞑目，但畏长者家儿或在左右，或与从事，殊难得调，介介独恶是耳。"那意思是，对这次征剿并无多大获胜信心，只是自己生死置之度外，所不放心的是担心权贵子弟或在皇上左右饶舌，或军事上难以协调。马援并不畏死，此前数年，他在征战交阯（今越南）获胜回来时，还曾与平陵人孟冀的对话中慷慨说过："方今匈奴、乌桓，尚扰北边，欲自请击之。男儿要当死于边野，以马革裹尸还葬耳！何能卧床上在儿女子手中邪？"可见，战死沙场亦是马援早有的想法。

这次出征开始，马援率军先到临乡。刚好，此时碰上相单程攻打临乡县城，遂迎头击之。相单程所部损失了 2000 多人。初战告负之后，相单程认真分析了当前形势，认为"乘高守隘"才是上上之策，而偏偏此时马援在从壶头（今沅陵城东，又一说在今天门山下）进攻，还是从充县（今桑植）进攻的问题上出现了分歧。从壶头则"路近而水险"，从充县则"涂夷而运远"，但最终马援还是坚持从壶头进攻。农历的三月，马援进军壶头。但此时相单程已"乘高守隘"，马援大军至此竟不能再前进一步。时值暑热渐盛之时，马援的士兵有许多都得了疫病而死，马援也病倒军中，凭借一个山洞来避炎气。

图 71：刻有“沅蛮夷长”的汉代铜印

而这时相单程士气正旺，常令手下“开险鼓噪”来动摇马援之军心。中郎将耿舒暗地里又写信诬告马援指挥失当，贻误战机，刘秀乃派出其女婿——中郎将梁松为监军，前来问责。当梁松到来之时，马援已奄奄一息，他在写完“滔滔武溪一河深，鸟飞不渡，兽不敢临，嗟崽武溪多毒淫”这首名诗后，即溘然病逝在沅陵的二酉山下。梁松本是马援好友梁统的儿子，因有一次梁松探望患病的马援未被理睬，梁松对此耿耿于怀，这次马援病逝后，梁松回到朝廷，向光武帝不说实话，而是将失败责任都推给马援。此外，中郎将马武和於陵侯侯昱等也以数年前的“薏苡”疑案诬告马援，说马援当年从交阯归来所载薏苡（一种植物种子）是搜刮的珍宝，光武帝听了这些诬言大怒，下诏“追收援新息侯印绶”，结果，马援的家属很害怕，不敢以丧还旧茔，而仅在城西买了地草草槁葬其尸了事。

马援死后，监军宋均采用招降之法，与义军作了一次谈判，相单程认为东汉王朝已统一，势力日强，而义军守弹丸之地也不是长久之计，最后便制造了一个自斩大帅的假现场，然后另派首领与汉军谈判，双方很快达成协定，义军遂被解散，遣归本郡，相单程也以“阶大王”的名分顺利回到了家乡，并在澧水南源叫冲天溪（今廖家村镇境内）的地方隐居了下来，直至终其一生。其部落的相氏，后来为防官府追责受到牵连，亦都全部改称“向”姓才传承至今。

东汉时期一场延续三年之久的反抗暴政之起义就这样结束了。相单程和马援两个著名人物，从此都名垂青史。而“马革裹尸”的成语典故，从此也广泛流传开来，并且还逐渐演变成了一个不断激励有血性志气男儿的成语了。

第八章

豪杰辈出

1. 溪州铜柱

公元前221年，当秦始皇统一中国之后，历代的朝廷对少数民族即开始实行一种羁縻政策，这个政策使各地的土司像吃了定心丸一样而得到了安抚。而在过去古庸国的核心地区——崇山的周边，这时有永顺、保靖、桑植、大庸、鹤峰等地的几大土司也渐渐地兴盛起来。

却说到了唐末五代之时，永顺一带活跃着一个土酋，其大名叫吴著冲，浑名叫作“老蛮头”。此人占据溪州灵溪，势力抵达龙山一带。不久，楚王马殷封江西彭瑊为溪州刺史。彭瑊来到永顺，用计谋加武力打败吴著冲，而后占据溪州，成了彭氏第一代土司王。彭瑊病逝后，其长子彭士楚继任土司。彭士楚在位不到一月，即有溪州大乡县令彭允臻前来报告，说是澧州有数百兵马入侵溪州山寨，并抢掠寨民百余口，把寨子的牛马都牵走了。过数日，又有三亭县向家寨和田家寨先后来人禀报，辰州几个团保带了几百军人，将向家寨田家寨等地掳掠一空，要求指挥使发兵解救。

彭士愁接到这数起禀报后，便召集部下几个将领商议了一番对策，众人都建议他出兵辰州和澧州进行反击。彭士愁本还有些犹豫，但是眼见辰澧二州的兵马得寸进尺，嚣张无度，不断袭扰溪州边界，他遂下了决心集结兵马，前往辰澧二州进行征伐。

后晋天福四年八月，彭士愁集合锦、蒋二州10000余人马，开始向辰澧二州挺进。一个月后，该部来到辰州城下，几番攻战，未能占领辰州。彭士愁引兵再打澧州成，却因城防坚固，也没有攻下。这时，楚王马希范已接到辰澧二州的告急报告，乃派左静江指挥使刘勍和决胜指挥使廖匡齐率衡山兵5000前去增援讨伐。

刘勍与廖匡齐带兵来到澧州，双方几经恶战，彭士愁部终吃敌不住，不得不退入溪州自保。刘勍与廖匡齐率部紧追。是年十月，双方在溪州会溪坪再次决战，彭士愁抵敌不住，率部再退至保山寨防守。廖匡齐挥兵跟进，将保山寨又重重包围了。保山寨因地势险要，四面皆是悬崖绝壁，楚兵从冬月开始围攻，直到腊月仍未攻破。率领楚军的决战指挥使廖匡齐，在这次进攻保山寨的战斗中也被射死在阵前。剩下另一位统帅刘勍，向楚王立下重誓，不破山寨决不休兵。

此时，退守保山寨的彭士愁也犯了愁。由于楚兵数月围困，山寨内已近弹尽粮绝。到年关时，山寨上的人已把所有的贮粮吃光，连山上的野菜葛根也挖没了。如此坚守到后晋天福五年正月，刘勍指挥楚兵再次发动猛攻。破寨的那一天，山上陡起大风，刘勍命楚兵架起云梯，让士兵爬上梯去，再发射火箭，顿时，火借风势，寨中的木房被引燃了。一时大火冲天，山寨转眼被烧成了灰烬。在火光燃起时，彭士愁率诸蛮首领，从寨后一条不为人知的山道吊绳下了悬崖，悄悄逃到锦州一处深山里隐藏了起来。刘勍攻破保山寨，却发现彭士愁率部潜逃，随即继续挥兵追剿，欲要将溪州诸蛮彻底剿灭。

彭士愁见楚军仍不退兵，乃在一天夜里召集部下首领商议，表示只要楚军不占其领地，可以臣服。并派其子彭师杲出降议和。

第二天，彭师杲带了几个随从，专程来到刘勍营寨会晤。刘勍喜形于色地问道："尔来果真要降楚？"彭师杲回道："没错，我爹让我来是诚心诚意降楚的！现在战乱不止，百姓不安。我爹为地方百姓免生灵涂炭，乃决意出降。同时，他要楚军不再进犯。还要求保留他溪州刺史的职位，不知楚军能应允否？"

刘勍回道："好，只要肯出降，我楚王必定会休兵罢战。待我请示楚王吧！"

刘勍遂派使者乘船速下长沙，数日后得楚王回令，准予彭士愁投降并保留溪州刺史一职。彭士愁得此许诺，乃率诸酋首领，带着溪州印到楚军营地，向刘勍当面投了降。刘勍纳印在手，不禁哈哈笑道："彭刺史，咱们是不打不相识。现在你即归顺了楚军，咱们今后就是朋友了，你说是不是?"

"当然。鄙人乃一土酋，还望将军在楚王面前多加美言，以后我只守土溪州，决不向外邻扩张。"彭士愁回道。

"你说话算数吧?"刘勍又道："五个月前，你领兵上万，率诸蛮犯辰州澧州，楚王派我和廖匡齐苦战数月，廖匡齐被你们打死了，幸我部将士所向披靡，攻下你们保山寨，才有你今日服降之结果。我也期望这战争不再打下去，你既服降了，今后就不得再反叛，若有不轨，楚王不会再轻饶你们的。"

彭仕楚道："敬请放心，我土酋人率直，说出的话，决不反悔。我们愿意真心真意和楚王交好，只要楚军不再扰我边界，从今以后愿结盟为兄弟。如若不信，可以立碑起誓。"

图 72：永顺芙蓉镇溪州铜柱

"好!"刘勍大叫道："咱们说好结盟起誓立碑为证，永不反悔。"

"行，一言为定!"彭仕楚再回道。

两人如此商定妥当，刘勍乃引兵返长沙，当面向楚王马希范作了禀报。马希范闻报大喜，遂要天策府学士掌书记李弘皋起草了一篇铜柱铭文，同时封彭士愁为溪州刺史，刘勍为锦州刺史。又同意调拨青铜千斤，指示工匠在长沙铸造成一根高一丈二尺的铜柱，又让工匠将那篇2000多字的碑文刻上。铜柱铸好后，马希范率楚军乘船把铜柱运至溪州会溪坪，双方在酉水河畔会面了。当日晚上，彭士愁举办了一次盛宴，隆重款待了楚王马希范、大将刘勍及其数名随行人员。

第二天上午，安放结盟铜柱碑的仪式正式举行，双方将士及溪州各寨百姓约10000余人观看了竖碑仪式。楚王马希范和溪州刺史彭士愁，各穿官服在坪前的土塔边肃立，司仪官点燃香烛，双方在祭神祷告之后，两人举锄开挖了第一锄土。接着，众军士才动锄深挖。埋柱土基脚共掘了六尺深。然后，由几十个士兵一齐动手，将那高高的桐柱埋进坑中，下面再夯实土层。这个重达5000斤，高一丈二尺的庞大铜柱就这样立了起来。铜铸上的铭文刻写的日子是：大晋天福五年，岁庚子，七月甲子朔十八日辛巳铸。八月甲午朔九月壬寅镌。十二月壬辰朔二十日辛亥立。

这庞大的铜柱立就之后，欢庆的鞭炮和锣鼓就惊天动地地轰响起来，围观的众人也一起发出了海啸般的欢呼声。这欢快的呼声标志着长期的溪州战乱从此获得了相对的止息，而整个湘西诸酋的历史，也从这一天起进入了新的一页。溪州的这一铜柱自竖立之后，也一直保存到现在，并成了重要文物。

2. 杀倭英雄

溪州结盟不久，彭仕楚去世。其长子彭师裕成为永顺土司主，次子彭师杲则成了保靖土司的先祖。

再说彭氏永顺土司不断沿袭，前后达 28 代，800 余年。期间彭氏有作为的著名土司，在宋朝主要有彭福石宠，他在位时很有远见，一举将土司驻所从会溪坪撤迁，新建立了灵溪土司城，从而为永顺土司的长远发展壮大奠定了基础。彭福石宠也稳坐了 60 年王位，到 80 岁逝世，是彭氏中寿命较高的一位土司。

在明朝出名的彭氏土司最多，著名的有彭万里彭添保、彭世雄、彭显英，彭世麒、彭世麟兄弟及彭翼南、彭荩臣、彭元锦等人。其中，彭万里是彭师杲的第二十代孙子。他在位时，因追随明太祖朱元璋出征，在决战鄱阳湖的战役中，连接舟师纵火焚敌，立下了战功，朱元璋授给他武略将军，并诏升保靖安抚司为保靖宣慰司，从此，彭万里成了保靖第一任宣慰。彭添保任永顺土司时，已统辖有五州、六司、五十八旗、三百八十峒苗蛮。他在位 34 年，为扩展永顺土司的实力及巩固其地位奠定了相当好基础。彭世雄在任 26 年，先后征过大小荷莲、篁子坪苗、贵州东苗等十多处地方，为朝廷平息边乱立下了汗马功劳。彭显英随其祖父从征交洞时就立过战功，成化十三年征贵州东苗获大捷，被朝廷进散官一阶，并获皇上赐敕奖劳。成化十五年彭显英致仕后，在猛洞河畔修建过一栋别墅，为后人留下了一处可观的建筑杰作。彭世麒、彭世麟兄弟在数十年间轰轰烈烈立过无数战功。两人晚年都功成身退，修庙并信佛，做了不少善事，至今永顺老司城各处，还留有二人在位时传下的文物遗迹。

嘉靖三十年代初，苏州上海一带的倭寇频繁活动，严重地威胁着东南沿海疆域。嘉靖三十三年（1555 年）冬，一个雾气弥漫的上午。永顺司宣慰使彭翼南信步来到后宫花园正赏花，亲信舍把田志勇匆匆走来报告道：“爵爷，皇上派人传旨来了！”

彭翼南忙到前厅，就见一位着长袍官服的官员，带着几个随从很神气地站在厅中。那官员道："我是朝廷兵部守备刘焘，奉皇上令前来传旨。你就是彭宣慰吧！快请听旨！"

彭翼南跪身在地，就听那刘守备展开手中黄卷，朗声念道："朕念苏松倭患危害甚烈，谨令永顺、保靖、容美三宣慰速率兵勇前往征讨，务必剿灭为要。钦此。"

彭翼南叩头谢旨，然后站身问道："皇上命我出征，我当万死不辞。但不知朝廷派谁来统领征剿大军？"

"朝廷已派兵部都统李经统一指挥。李都统命我专到永顺司督战，现在我就和你一起行动，请赶快作准备出发吧！"

"我要禀告下老爷爷，请你稍等。"彭翼南说罢，即到爷爷彭明辅住处，把皇上下旨征调的事说了一下。原来，那彭翼南的父亲彭宗舜已病死，其爷爷彭明辅是致仕宣慰。彭翼南从幼年袭位后，凡事都要和爷爷商量才能定夺。此时，他征询爷爷意见道："爷爷，你看我该不该挂帅出征？"

"该去，该去！"彭明辅道："皇上亲自下了旨，你岂能不去？不过，我孙年纪尚轻，你才 18 岁，统兵没有经验。爷爷要助你一臂之力，我们一起出征。"

"好，有你掌舵，打了胜仗，那才过瘾好玩哟！"彭南翼还带着一份年轻人的稚气，他毕竟还只 18 岁，不知道战斗之残酷。

"这打仗可不是好玩的事！"彭明辅又道，"沿海的倭寇狡猾凶残，你要多用心计。当头领者，光逞匹夫之勇是难胜敌的。"

"我明白，将在谋而不在勇嘛！"

"这就对了，虽说初生牛犊不畏虎，但我也要提醒你，不可马虎轻敌，要仔细用兵！"

"我记着了，爷爷请放心吧！"

爷孙俩这般商议了一阵，彭南翼便召来总理、五营中军长官及各寨旗长及亲信舍把等大小头目，把出征的任务作了安排布置，然后要大家分头去作准备。

三天后，各寨抽调的兵勇齐聚灵溪，彭南翼在临河的阅兵楼上作了检阅。这些兵勇各自备着粮草，所持武器多为弓箭大刀长矛等，此外也有少量火枪与土炮。彭南翼宣布了各营将领，然后钦点了3000将士作为先锋带兵出征，另有2000将士由其爷爷彭明辅统带随后跟进。

随着一声令炮响，5000健儿浩浩荡荡从灵溪河畔出征了。走在最前面的一队兵马打着一面镶有“帅”字的大旗。身着铠甲的彭翼南，骑上一匹高大的枣红战马，在众护卫的簇拥下，显得威风凛凛。其后紧随的大队兵马在山道上排了好几里路。

在永顺宣慰司兵马出征的同时，保靖宣慰司使彭尽臣和容美宣慰使田九霄各率领土司队伍也出征了。这三支土司队伍经过一个多月长途跋涉，相继到达了苏州常熟一带。此时，都司李经派游击尹秉衡、守备朱荫统领永顺司兵勇；派总兵徐钰、参将唐玉统领保靖司兵勇，派留守朱仁、王伦统领容美司兵勇。三支土司队伍在苏松一带合击倭寇，首战在苏州府桃江地区，斩倭寇300余级。第二年四月，永顺，保靖两司兵勇追倭至新场，倭寇2000余人隐伏不出。保靖宣慰使彭靖臣对舍把彭翅吩咐道：“你带一小队人马去前面搜索一下，看倭寇是否隐藏在此地。”彭翅领命而去。他带着数十人来到新场一山凹处，忽有倭寇数百人从草丛中跳出，彭翅叫声“不好，我们中伏了！”说罢，挥剑与倭寇拼力血战，无奈倭寇人多，彭翅的几十人寡不敌众，全被倭寇斩杀而死。过一会儿，永顺司舍把田资、田丰等亦带20余人深入其地侦探，也中了埋伏，全被斩杀。

保靖宣慰使彭尽臣见彭翅等人久去未回，乃引大兵前去新场搜寻接应，倭寇望风而逃。保靖司与永顺司兵尾随再追，至嘉兴县王江泾时，倭寇被保靖和永顺兵合力包围。经过一番激烈交战，两司兵勇共斩杀倭寇1900余级。至此，永顺保靖二司的官兵征倭取得了决定性的大胜。时人称其役“盖东南战功第一”。

过了不久，倭寇首领徐海率万余人在浙江大浦又焚舟以示死战。永顺、保靖、容美兵勇乘胜追剿。三支土司队伍于嘉靖三十五年八月先后到达大蒲。经过20余次激烈交战，各部倭寇均被打败，总计擒斩1200百余名。焚死倭贼不计其数。却说倭首徐海见大势已去，最后不得不投海自杀，结果被永顺司把总汪浩发觉了。即指挥几个士兵将汪海从海水中捞起生擒了，然后押至宣慰彭翼南处。彭翼南命人将其斩首。浙江地区的倭患，自此始得平息。

大浦一役，朝廷对参战各支土司队伍给予了嘉奖。保靖司宣慰彭尽臣和永顺司宣慰彭翼南在王江泾战役结束后，即被皇上授功提升为昭毅将军。因倭寇贼首徐海被生擒斩首，总督李经又下令奖谕曰："彭宣慰谋勇兼全，功勋大捷，仰各收兵俱赴嘉兴，听候宴赏。"各路土司率部到嘉兴汇集，南京兵部又谕："蕞尔倭夷连年内侵，东南要区屡遭屠戮。彭翼南闻调远赴，深为勤王之念，竭力效命，用成奏凯之功，元凶就戳，余孽悉平，功劳茂著，良可嘉赏。"工部赵总督在宴席上宣布道："彭翼南集难驭之苗，冒长江之险，为皇敌忾，捐躯报国，宜超咨赏，以励精忠。奉旨彭翼南升云南布政使司右参政。并赐花红银五十两，绢丝四表里，以旌懋功。"

彭翼南获此奖赏后，即乘胜班师回捷。嘉靖四十四年九月，支罗峒酋黄忠叛，彭翼南奉令出师，克险剿灭。未几施南散毛张三、王戌促又叛，彭翼南再督师出征，擒获二司土官覃宁、覃启及张三等解京，特赐诰命。几番征战使彭翼南威名远播，但因劳师频繁，不免心力透支过度，32 岁时便因疾早逝。其时是隆庆元年六月十一日。

土司彭翼南一生虽然寿命不长，但他在位时带兵出征东南沿海，为维护国家主权作出了很大贡献，所以后人对他评价很高。至今，永顺县还为他立有塑像，并且每年都要祭奠这位立下汗马功劳的杀倭英雄。

与彭翼南齐名的杀倭英雄还有彭荩臣，他在任保靖土司期间和永顺司宣慰彭翼南同参加王江泾战役，曾因取得"东南第一战功"大捷而被皇上授功提升为昭毅将军。彭翼南去世后，其子彭永年继位。这时明王朝已危机四伏，永保土司被征调助剿叛乱更加频仍。万历元年（1573 年）十月，广西瑶民发生变乱，彭永年奉令出征，先后到广西怀远，谏冲、唐山、大蓝、大黄一带围剿，斩级二百余颗，生擒男女三十余口解验。广西抚台向朝廷报称："永顺宣慰彭永年世笃忠勤，躬先士卒，领征怀远，斩获多功，峻岭衡锋，已著犁庭之绩，谏冲奏凯，共成破竹之功，西贼寒心，群酋授首，除疏之外，理应优奖……"

万历六年（1578）正月的一天，彭永年在土司衙署内正署理司事，忽有近臣告密，说有外地香客借传教之名鼓惑土民谋反，彭永年立即下令将这二人捉拿。此事件发生不久，彭永年忽然患疾早逝。死时年仅 24 岁。

其后，彭永年之子彭元锦于万历十五年（1587）即任。彭元锦活了 60 岁，在任长达 46 年。他的一生亦多征战。多次立功。在生修有"神武祠"。

清朝时期，彭氏土司还有彭泓澍、彭廷椿、彭鼎、彭肇槐等比较闻名。其中，彭泓澍和彭鼎在位，永顺与保靖两土司的疆域都达到最盛时期。彭廷椿在位则领兵大败吴三桂叛军，为清朝廷建了一功。永顺最后一位土司是彭肇槐，他以献土归流而获得另被安置江西的较好结局。

3. 世外桃源

明清时期，在武陵山的腹地，曾有一处被誉为世外桃源的原始土司辖地十分闻名。这个土司，即鹤峰容美土司，其地与桑植交界，一般人迹罕至。

鹤峰田氏容美土司最早源于庸国的庸成氏。庸成氏即为《庄子》书中所说过的容成氏，亦是传说中大容氏的后裔，也应是立国的祝融氏。因庸、融、容三字古代通用。“大融”也即祝融、大庸。祝融的后裔又分为己、董、彭、秃、妘、曹、斟、芈等八姓。而“雍尼”、“容米”、“容美”均与“融芈”、“庸芈”同音，且“用”、“庸”同音通用。显然，临近今张家界市桑植县的古代湖北鹤峰“容美土司”族人，也是大庸（容）古国祝融八姓中“芈”姓一族的余脉。土司王“墨施什用”的名称正是“芈氏什庸”的变音。

张家界本土的历史学者李书泰先生曾分析指出：“墨施什用”本义为“天王”，亦可称“天皇”，而大庸帝国三皇之一的伏羲就称“天皇”。这使我们不得不联想到20世纪80年代日本考察团来张家界崇山寻根拜祖的一幕史事，并明白了日本国王为何要称天皇，其国民又为何一概以四字命名。没想到日本人与大庸古国也有如此久远的渊源关系。这种史源上的不谋而合，正是学术研究上的殊途同归。

据考，最早的容美土司首领是唐魏博节度使田弘正。元朝末年，容美始置军民总管府。明初置军民宣抚司，后升宣慰司。田氏自田光宝起开始世袭土司，至清朝田舜年（又名田九峰）继任时，已历十六世。田舜年的父亲田甘霖，明末时率先归附清朝，清世祖曾封其衔至太子太傅左都督。后来，田甘霖被吴三桂部将所杀。田舜年承袭父职，继续坚持抗吴自守，吴三桂兵败后，清朝廷以其功加封他为骠骑将军。

却说田舜年雄踞一隅，治理司政之余，爱博览文史，工诗古文，并喜结交文人名流。康熙四十二年（1703年）正月的一天，司内覃千总忽然送来枝江县令孔毓基一封亲笔书信，田舜年拆开一读，只见其信略云：“今有农部孔东塘先生（名尚任）之诗友顾天石路过我处，闻君好客欲来容美一游。未知尔可派人迎邀否?”

田舜年读毕十分高兴，因为孔尚任所写的名剧《桃花扇》正在各地演出。这位名人的诗友，必定也不凡。他随即写就一回书，仍派覃千总、张千总和两位干办舍人速去枝江送信迎客。

正月二十七日，覃千总一行持着书札来到了枝江县令府中。孔县令接过回书一看，见只其信回道：“弟舜年荒缴武夫，见闻寡陋，尝愿得交海内大君子，而惠顾者寥寥。顾先生华国凤麟，乃不远千里崎岖来赉，辱赐佳作，何以克当。今差员奉迎，幸即概移玉趾。是望，草复。”

孔县令把这回书送给顾天石看，顾天石读罢叹道：“田宣慰一片诚意相邀，但我新近小疾，而容美路险难行，心实有疑虑啊!”

孔县令道：“过数日你的小病会痊愈。那时你只管前去无妨。不然，会辜负田宣慰一番好意。”

“对，吾主法甚严，若不往，必以使者为速客不虔，归而取重罪矣。”覃千总又道，“且吾主近营别墅于宜沙，定期于彼侯客，去此不过数程，路经颇幽，山光花鸟，尽可娱悦，勿忧道途寂寞也。”

顾天石感到盛情难却，乃应允休息几日即去容美。

二月初四清晨，一行人吃过早饭，即从枝江署出发，各骑着骡马往容美方向走去。沿途日行夜宿，每日只走三五十里，一路只见荒山野岭乱石嵯峨。路经狭窄，十分难行。好在景色旖旎，风光诱人。顾天石果然诗兴大发，每过一地，必作诗一首。从枝江入松滋再至石门宜沙，六天内连作了九首诗。其中一首《枝江寄赠田九峰使君》写道：“天险山河带砺新，此中蹇蹇有王臣。地非绵谷难通汉，路入桃源好避秦。千载雍熙如太古，四时和煦尽阳春。祗因跨鹤返仙驭，倘许渔郎再问津。”

顾天石到容美后，受到土司田舜年的热情款待。在接下来的一个多月里，这位诗人居住其地，各种感受很深。那容美司城各处的景点也很多，如南门外的龙溪江、九龙桥、八峰街内的长松阁、西门外的紫草山、秃龙洞、北门外的古芙蓉州治、大东门外的细柳城阁、云来庄、浣云桥，平山上的关夫子庙、乐天园，司城后的小昆仑山等等，这位诗人看后都要仔细观览问询，顾天石在弄清了各风景点的历史背景及其自然特色，很快就写出了几十首游览诗篇。其中如《乐天园一首》赞道：“人言此是桃源地，不信桃源如许奇。岩静仙翁丹鼎在，峰高神女佩环移。长卿莫漫夸梁苑，山简何劳借习池。归路晚云扶上马，野峰黄蝶乱催诗。”

田九峰看后，连称：“好诗！好诗！到底是大诗人，出口成章，诗句绝非一般人可比。我看，你就在这里住一年，在我司中办个诗会，让我司的子弟们都来跟你学诗，如何?”

“办个诗会可行，但我不能住太久，多者半年足矣!”顾天石回道。

“半年亦可！诗会就这样定了。”田九峰道，“我要让我的子弟都跟你学点诗艺!”

自此之后，每月逢二、十六日为诗会期，由顾天石主盟，司中孝廉、庠生、书记皆集百斯庵中，又有田九峰的长子、次子及十二郎十三郎等均到会拜师学诗。那顾天石在田九峰的挽留下，在这个桃源般的土司地盘直住了半年，才回了枝江去。

顾天石走后不久，田九峰患病而卒。其长子田丙如袭职掌权。第二年，风闻桑植发生变乱，田丙如乃派其弟田旻如带兵深入桑植，乘机侵掠桑植司的土地和财物。致使两司的关系有了矛盾。后经一番调解，双方又和好了。清雍正初年，各地土司开始改土归流。容美土司在清朝廷的催逼下，渐处困顿绝境。

清雍正十一年（1733 年）11 月 3 日，在容美土司外围把守万全洞险关的石梁司长官张彤柱，忽然发动叛乱，将司署内留守的田畅如、田琰如、向日芳、刘昌等头目全部捉拿软禁。接着，张彤率部将万全洞包围，然后派兵勇押着田旻如之妻和母亲下洞，劝令田旻如出洞赴京，将宣慰司印交给次子田祚南承袭。田旻如见民心生变，大势已去，乃被迫出洞交了司印，当日他被软禁在田畅如家，是夜自用绳索上吊自缢。数日后，清军来到中府，张彤柱将司印拱手呈缴。不久，朝廷按皇上特批，将田旻如之亲眷及其弟田畅如、田琰如押解到了陕西安插。向日芳、田安南、史东东等头目押解到了广东极边地方分别安插。惟张彤柱投顺清廷有功，被蒙皇恩赏给千总职衔，支念俸薪。其余土司兵丁均予解散。容美司治地方，则改没为鹤峰州治所。至此，容美土司的世袭王朝才从历史上彻底消失了。

4. 岩屋结盟

桑植五道水镇与湖北鹤峰太平镇相交的一座大山下，有一天然的岩洞，当地人俗称其地为大岩屋。清雍正初年，桑植与容美的两大土司主曾在此举行过结盟和好仪式，在两县民族交往的历史上留下过一段佳话。

据有关地方志载，桑植向氏土司起源于南宋时代。宋景炎三年（1278年），向思胜被授桑植宣慰司职，同年始建桑植土司城，其地位置在沙塔坪乡茶盘口村，55 年后，其孙向仲山迁址将老司城迁移至两河口，从此在旧司城绵延达 396 年之久。最后一个土司王名叫向国栋，此人饱读诗书，精明能干，从他留给后人的一篇文章自述便可看出。但向氏土司在他手中为何会走向崩溃瓦解，这其中自有很多的曲折和是非可论，但最根本的原因，其实也就 4 个字：争权夺利。和历代封建朝廷一样，土司内部为了争得承袭土司王的位子，各有实权的人物之间，展开的角逐争斗都是相当激烈残酷的，即使父子兄弟和亲属之间，常常都会杀来杀去，斗得你死我活。比如这向氏土司，到向国栋这一代共有十弟兄，其中有几个是庶出的。按照土司承袭惯例，袭位是要按嫡亲和大小来轮次序的。在向国栋之上，有个兄长最大，其名叫向国柱。老土司向长庚闭眼之时，曾亲口嘱托众臣要扶持向国柱。无奈向国柱继位之后并不争气，此君沉迷于声色犬马，性情又残暴无比。这时候，掌管经历大权的大舅唐宗圣便想废了向国柱，另立自己的女婿向国柄继承王位，但向国柄是庶出之子，即使向国柱废了，也轮不到向国柄继位。唐宗圣于是与掌管中营的舍把兄弟唐宗靖商议，两人决定发动宫廷政变，将向国柱和其二弟向国栋一并杀了，以便为向国柄继位扫清障碍。为了避人嫌疑，唐宗圣在安排事变阴谋后，借故去了津市出差公干。结果，唐宗靖指挥的一场叛乱虽杀死了向国柱和宫中总理孙宣等人，向国栋却侥幸逃到了云旗寨。在云旗头人甄大绪等人的拥戴下，向国栋举兵平息了叛乱，入宫做了司主。唐宗靖被迫逃往容美司避乱。容美土司还曾带兵侵犯桑植边界，并抢劫了一些牛羊和人丁。由此双方的矛盾也越来越大。

其时，桑植土司主向国栋因碍于母亲唐夫人面子，没有追究大舅唐宗圣，仍让他主事当经历。而唐宗圣又暗暗谋划着再次政变。不久，邻近的湖北散毛土司内发生动乱，土司主覃煊因乌罗司案被朝廷革职，其叔父覃燔乘机夺了司位。覃煊为此奔至桑植土司求援，向国栋出兵散毛司，帮覃煊从覃燔手中夺回了司主大印，递呈缴给了湖北制台。但为此他惹上了官司，覃燔到荆州道台处告了一状，向国栋被传讯至九溪协侯案。当官司久拖不决之时，唐宗圣乘机发动了第二次叛乱。这一次他通过族弟唐宗璜等说动向国材，由他出面准备篡位。谁知唐宗璜等谋事未成，反被忠于向国栋的主官尚朝先等杀死。向国材被解送至九溪，由向国栋发落。向国栋再次原谅了兄弟向国材和大舅唐宗圣。当散毛司官司了结，朝廷判决最终由覃煊之子袭司位，向国栋方才从九溪重返两河口。这时容美司主田旻如认为向国栋保举覃煊之子承袭到底，能守纲纪正道，特派使者给予祝贺并邀结盟和好，向国栋随即相允。双方商定于当年古历三月初三在五道水大岩屋举行会盟仪式。

那五道水所在地域山势陡峻，又是澧水发源之地，其水清澈澄亮，沿河两岸风光十分优美。河岸附近的大岩屋，则是五道水内著名的风景地之一。其岩屋坐落在一处大山的悬崖之上，岩壁光亮发白，面积有数百平方米，岩壁之下，还有一个大岩洞，此即有名的大岩屋。

三月初三上午，桑植、鹤峰两个司主各带数十随从，同时到达大岩屋下，彼此相互抱拳行了拜见礼，又各致词表示了问候。接着，双方共同商议，拟就了一篇祭神文字。约莫正午时分，土司主向国栋和田旻如在众随员的陪伴下，一起步入了神坛之上。那神坛是一块圆形的土塔筑成，约有两层楼高。土塔顶高高竖立着一块石块雕成的神牌。两位司主在司仪的导引下，对着神牌顶礼膜拜了一番，又由司仪逐句朗声念读了一篇祭神文字。

仪式完毕，两位土司在一阵鞭炮和锣鼓敲打的轰鸣声中，并肩走下神坛，再行至宫内坐下。田旻如道："今日是个大喜之日，我们双方结盟友好，还应题词勒石，尔意如何？"

向国栋道："题词甚好！咱们各题几字，就镌刻在这大岩壁上吧！"说罢，早有随从送上笔墨纸来，向国栋挥笔在那宣纸上写了四个大字："山高水长"。

田旻如随即也挥笔写了四个字："忆斯万年"。

两位司主的题词，意在祝愿两司的友谊山高水长，让世世代代的后人忆斯万年。题词后不久，一位舍把找来几位石匠，就将那题字凿刻到石壁上去了。至今，这 8 个大字仍依稀可辨，这题字从此也成了桑植与鹤峰少数民族结盟和好的佳话。

图 73：五道水土司岩屋结盟遗址

此后数年，桑植土司与鹤峰土司一直关系甚好。但桑植土司的内乱未断。那向国栋与唐宗圣之间，表面上相安无事，而实际上双方的矛盾却并没解决。不久，向国材又暗中串通内衙数人再次篡位，不料事未举反被人告发，向国栋赐了他自尽。唐宗圣为此怕受株连，于是指挥三个儿子和女媳向国柄等策动了第三次叛乱。这一次，叛兵集聚上千兵士将土司宫作了包围，宫内总管傅俊林、向长伟等被逼死，向国栋仓促趁夜逃至永顺避难。唐宗圣父子占了土司宫，因没抓到向国栋，遂将宫中的财物抄掠一空，然后带千余人马奔逃至慈利管辖的洪家关。九溪协副将包进忠闻讯，将唐宗圣等头目带至武昌，向督府状告向国栋滥收银两，激起民变。督府令长沙府对此案进行审讯。向国栋再次被传讯到长沙应诉官司，双方到庭会审，判决结果是：桑植实行改土归流，土司主向国栋发配河南为庶民，唐宗圣父子等安插岳州为民。历经 451 年的桑植土司历史，就此宣告了终结。被贬为庶民的向国栋，自认为受了天大的冤屈，他或许至死都没弄明白，朝廷各级官员为什么会对此不主持公道，其实，为着巩固大清王朝的需要，朝廷要的就是收回各地土司的管辖权力。所谓改土归流，即把土官改为朝廷派驻官员，这个改的过程本是缓慢进行，而桑植土司发生的内乱，却正好使朝廷在桑植改土归流有了理由，所以，向国栋最后受到的冤屈也就成了必然。

在清王朝改土归流的大潮冲击下，桑植土司和容美土司最后都没能保住世袭领地。不过，两位土司主当年在大岩屋结盟的故事，至今在两县边界上的居民中还在津津乐道，其和谐相处的民族团结精神，即使到现在也仍有着非同寻常的意义。

5. 茅冈举义

明清时期的大庸境内，在今温塘镇上游不远的澧水河畔，曾有一座热闹繁华的小镇。镇上住有百余户人家，此处便是大庸境内闻名遐迩的茅岗寨。20 世纪 90 年代，因温塘修了水电站，此古镇现已被湮灭。

却说元朝末年，在茅冈地方曾有一土财主叫覃天佑，收留了一个从广西流落来的瑶民女子莫氏当丫鬟。不久，覃天佑强奸莫氏，致使其怀了孕，于是不得不收她做了二房。后来，莫氏生下一位女儿，覃天佑很不喜欢。莫氏再怀胎后，怕生下来又是女孩，就装疯跳坎，想堕胎。覃天佑知道后，将其打骂一顿，不准她再进家门。莫氏只好带着孩子流浪了，后被一好心猎人覃天锡收留，两人做了夫妻，并住在山林的一处茅房中。

又过数月，莫氏怀的孩子出生了，竟然是个男孩。背上还有条肉龙胎记，接生婆说这孩子恐怕是天子降生。覃天锡夫妇听罢又喜又忧。挖周之时，覃天锡请来土老司，给孩子取了个大名叫‘覃文廑’，又取了个别名叫覃垕。因为覃垕生下来有个特别胎记，人们都觉得有些好奇。覃天锡夫妇害怕被官府知道惹来麻烦，于是搬家到了张家界砂刀溪附近的一个山洞里居住，从此与世隔绝，谁也不知道这对夫妇的去处。17 年后，也许是吃山里杂粮喝山里水生长的缘故，也许是从小受山中各种磨炼而成的缘故，覃垕长成了一个个头高大、骨骼粗壮的小伙子，还有了一身好蛮力，能将二三百斤的石头搬上头顶绕几圈不喘气。

覃垕长大了，养父有一次进慈利城贩卖兽皮，几个蒙古兵抢了他的兽皮，还反诬陷他为盗，县太爷竟判了他斩刑。莫氏见丈夫一去不回，最后病倒在山中，临死前，覃垕从母亲的交代中才获知自己的不幸身世。覃垕愤恨自己的生父竟抛弃了母亲，对养父的恩德却难以忘怀。母亲死后，他与姐姐商议，在洞中将母亲埋葬了。然后把姐姐送到了黄石寨外婆家居住，自己独身一人开始出外谋生。

在后来的闯荡中，覃垕遇到了改变自己一生命运的三个贵人，一个是天门山灵泉寺院的老和尚释怀，是他请覃垕在寺院当了几年挑水工，覃垕在挑水之余随释怀学会了一套拳术武功，又在释怀的启蒙下学会了认字，读了《三字经》、《论语》等书。其二是在芭蕉溪山峪结识了现在的妻子朱二妹。两人互唱山歌结成婚姻，并生育了两男两女。其三是结识了慈利武口寨的大商人田公著，是他聘请覃垕当了十多年的保镖和武术师。覃垕在田家与田公著的儿子田大成了莫逆之交。由于当保镖的经历，覃垕走遍湘鄂川边境，大大开阔了眼界长了见识。后来，田公著又推荐他回茅岗寨，出任了长官司衙的土经历之职。覃垕任此职不久，碰上一场大旱灾，饿急了的饥民抢了土司粮库，并将土司爵主吴统志父子杀死了，覃垕遂被众人拥戴当了茅岗代理司主。不久，“红巾军”起义，陈友谅进占常德，又委任覃垕当了慈利安抚使，覃垕到慈利任职后，茅岗土司便成了他属下的辖区。

明朝初年，朝廷将慈利改州为县，又撤销了安抚司衙，覃垕不愿接受杨璟的安排到湖广行省任职，也就只好返回茅岗居住。但是，回到茅岗，他才明白，在故乡他是没有一点田土和房产的。按照朱元璋颁布的《平吴仁言》中的规定：“凡大军所占，及望风归附各地，旧有田宅仍归原主，俾各安生业，如有旅拒王师，坚持作乱者，以兵除之。”他曾向杨璟说过的“计口授田”的期望全落空了，广大土民不仅没有分到土地，而且仍然受着朝廷的歧视和压迫。为此他对大明王朝有了极大的不满。安抚司被撤销，回老家又无田土房产可分，在生存危机的压力下，覃垕权衡再三，决定暗中集结力量，伺机揭竿而起，公开反明。

经约半月精心准备，附近的上峒、中峒、下峒、中建、施南、施州、东乡、散毛、温水、蜡惹、金峒、唐崖、卯峒、靖安、容美、桑植等“十八峒”的土司代表，都被邀约到了茅岗。覃垕和这些土司代表们详细商谈，决定由茅岗及各土司集中兵力三万，分别赶往慈利附近会合，然后由覃垕统一指挥，准备配合明玉珍的出川大军，一道反攻武昌。举义方案商定完毕，众代表便来到土司衙堂。覃垕命人将一头公牛牵至大堂，由几个大力士将牛按倒，然后割了公牛头，盛了一盘牛血倒进案桌上的酒桶中。众人各舀了一碗牛血酒端在手中，覃垕领头一字一句盟誓道：“今日结盟，共同反明。愿喝血酒，以表赤诚。有福同享，有祸同分。谁若背叛，刀箭穿心。”众人盟誓毕，覃垕即登上神坛，宣布从即日起宣告反抗明军起义。明太祖朱元璋闻讯大惊，乃命湖广平章杨璟率兵急讨。杨璟领命，率四万大军前往进剿。覃垕率部与明军对抗，双方先后经历了4次激战，明军仍没能平息起义。

杨璟征战失利后，覃垕于洪武五年（1372年）春，再集九溪十八峒兵力举行反攻，并一举攻占了慈利、石门各县；长沙各地积积响应。明朝廷引起震动。朱元璋下令卫国公邓愈和江夏侯周德兴统兵十万进剿。面临朝廷大军压境，覃垕后又退往茅岗地区进行固守。邓愈和周德兴分北南两路向茅岗进攻。北路由观音寨、二卡子、野鸡山、神挡坪包抄袭七年寨，南路进军龙伏关、大庸所、茅寨子、茅头关、黑枞关、温阳关包围七年寨。覃垕在各个关卡设防阻敌，由于寡不敌众，这些关卡先后都被明军冲破了。覃垕最后退至七年寨，凭着天险进行顽强抵抗。明军久攻七年寨不下，周德兴采用分化瓦解办法，给覃垕的叔父和女婿封官许愿，让这二人效力围剿覃垕。覃垕的女婿朱思济被封了“毅用元帅”。朱思济在一天夜里来到七年寨，对覃垕劝道：“好汉不吃眼前亏。今七年寨被围已久，孤军在此固守，实难持久。我的家乡慈利九都有个观音寨，千军万马打不开。何不留一部分人守此，你亲去九都观音寨，以为犄角，再作良图。”覃垕思索了一下，觉得女婿的话有道理，乃点头道：“就依此计，我们去观音寨吧！”说毕，留下一部分人守七年寨，就亲自带着贴身护卫何英、姚祖，当夜用葛藤掉下岩壁，直向慈利九都观音寨方向走去。那何英和姚祖暗中也被朱思济买通，一行人来到金岩寨边的灭亲垭，路旁草丛中忽然冲出一队人马，一个个大叫道：“不许动，快快受缚！”

覃垕一惊，他急忙叫道：“我的护卫何在?”

何英和姚祖同时应声而道：“主公莫怪，我们已降明军，你也投降吧！”说毕，两人就动手将覃垕用绳子五花大绑了起来。覃垕至此才明白自己被女婿和护卫出卖了，他不由得大骂不已，然而任凭他怎么骂也无济于事，他的女婿和护卫将他解到关门岩囚笼峪，把他关进了一个铁制的站笼。然后由明军用船解往了南京。

在京城被审讯关押了一段后，覃垕最终在当年的农历六月初六日被朝廷处了凌迟死刑。何英、姚祖因卖主求荣亦被杀。覃垕的叔父因镇压十八峒蛮有功，被朝廷封了茅岗安抚司使。后来，土家族民众为了纪念覃垕，每到六月初六日，家家户户都要晒棉衣，说是“为覃垕晒被”或“晒覃垕的龙袍。”六月初六也就渐渐演变成了当地土家族人的传统节日。

如上所述，覃垕领导的茅冈起义虽然失败了，但它在历史上的影响是深远的。作为土家族的首领，覃垕敢向不公平不合理的社会规则挑战，敢于反对朝廷统治阶层的暴政压迫，其英勇不屈的血性精神，在土家族人的心中是永远不会忘记的。

此外，值得一提的是，元末明初时期，还有一位桑鹤边靖安土司王的兄弟向大坤，相传曾于明朝初年在天子山造反起义，最后亦被明军剿灭，向大坤跳神堂湾山崖而死。

在张家界本土的历史上，覃垕和向大坤都是著名的土家首领，这两人的英勇事迹，至今在民间仍流传不绝。

图74：竖立在七星山的覃垕王雕像

6. 淡水之战

清朝晚期，当腐败的大清王朝日益走向衰竭之时，英法等帝国常派其军舰向驻守在沿海的清军发起挑战。1884 年 10 月初，驻守在台湾淡水的清军就与前来侵犯的法军展开过一场激烈的战斗。但此战中国军队却挫败了法军的气焰，清军以歼敌 2000 余而获得全胜。而指挥这场战斗的清军将领，就是曾被后人评为中国近代史上 100 位民族英雄之一的张家界市慈利县人孙开华。

出生于 1839 年的孙开华，年轻时在慈利家乡柳林铺当过剃头匠，因为长得人高马大、臂力过人，被招募致镇压太平军的湘军之中。在转战围剿太平军、捻军时累官至提督。光绪初年，孙开华出任福建漳州镇总兵，署陆路提督，治厦门、台北防务。中法战争时，孙开华奉命驻守台湾。其时，法国远东舰队司令名叫孤拔，他一面率主力进攻台湾基隆，一面指使舰队副手利士比少将，让其率领几艘军舰驶抵淡水，企图打开淡水城，以策应基隆方向法军主力的作战。

在法军到来之前，孙开华已做好部署应战，并亲自登炮台坐镇指挥，连夜以待。据《清史稿》记载："初，法舰八艘至。开华度其必登岸，令诸将分伏炮台后，露宿以待。部署甫定，而敌弹雨坌烟焰翳天，逼台而前。开华见势猛，分路截击，自夜至午，却而复前者，数四。台既毁，短兵接战。开华锐身入，手刃执旗卒，夺其旗以归。诸军士见之，气益奋，斩馘二千余级，法人遁走。"

另据 2008 年中央电视台一套播放大制作电视剧《台湾 1895》所记述，法军船坚炮利，开战不久，孙开华座前中弹，幸未爆炸，他仍然指挥若定。激战到第二天稍歇，清军的两座炮台被炸毁，伤亡将士达 30 余人。部将胡俊德中弹身亡，孙开华亲自涤血裹尸，涕泣哭祭，将士们深为感动。孙开华见士气高涨，乃与诸将商议，决定化整为零，人各为战，伺隙蹈利，分进合击，减少伤亡，相机制敌。于是，将兵勇编组为"麻雀队"，实行游击战术。次日再战，法军在优势炮火的掩护下，从海滩蜂拥登陆。清军将士不惧强敌，拦头迎击，双方短兵接战。此时，只见孙开华奋起横刀跃马，身先士卒，冲锋陷阵，手刃敌兵执旗官，夺其旗在手。清军将士见之，士气更大振。一时间，士卒皆以一当百，奋勇冲杀，呼声震天地。须臾，法军被斩杀首级300有多。在后督战的孤拔亦身负重伤，法军全线溃退，许多兵士逃至海中，被海水溺死无数。剩余不多的法军，急急开舰逃遁，清军遂大获全胜，历史性的“淡水大捷”就此告成。

淡水之战后，欧洲各国舆论曾评价法军失战旗为大辱。法国侵略者也哀叹这次失败使全舰队的人为之丧气，损失十分严重。同时，法国舆论对于清军毫无畏惧、团结作战的精神也不得不表示佩服，并赞叹中国人在淡水之战中表现出了极大的勇敢与顽强，而这种品质通常是不为人们所承认的。法军舰队司令孤拔在受重伤后，不久又不治而亡，法国内阁也被迫倒台。大清王朝自有外侮以来，海上用兵能破敌大捷者，这次的胜战算是首次。同时，清军提督孙开华在此战中所创立的“麻雀战”、“游击战”以及“以少胜多，以弱胜强”的战术，在军事史上影响也很大，以至上个世纪“八年抗日之战”时还得到了广泛使用。

淡水之战后又过9年，孙开华积劳成疾患病去世。光绪皇帝除了给其谥号“壮武”之外，还专门撰写了一篇《祭孙提督文》，内中特别表彰道：“原任福建陆路提督孙开华，勇毅夙彰，忠勤丕著，早蕴文韬之略，遂超七萃之班……于戏！台北无惊，足抗施黄之往烈；海东不靖，尚期颇牧之重生。灵而有知，庶其歆格？”一个皇帝给死后的提督专门写祭文，盖棺论定这么好，这在中国历史上并不多见。这说明孙开华当时在国人心目中的地位也是很崇高的！

淡水一战获大捷后，孙开华在台湾因指挥有功，也受到了台湾民众的崇拜。在台湾当地，至今还流行着这样一首民谣：“淡水唱，淡水欢，孙九大人坐台湾。法寇见了丧了胆，夹起尾巴一溜烟。家家红灯照，岁岁乐丰年……”据说，台湾民众把郑成功、孙开华都捧为救星、福神。当地很多人家，在其家里的神龛上都供奉着郑、孙两人的雕像。

此外，值得一说的是，清朝晚期驻守过台湾的清军提督还有刘铭传、总兵刘明灯等将领，这些武将在台湾也都很有名。特别是生于1838年的刘明灯，比孙开华仅大一岁。而两人都是今张家界市人，刘明灯的故乡在永定区二家河乡。他在咸丰己卯中过武举。1861 年入左宗棠楚军，由把总督晋升千总、参将、副将、总兵，加提督衔，授福宁镇总兵。1868 年调台湾镇任总兵。据《简青公墓表》云，刘明灯到台湾后，“先除积年土匪四十余人，置之法，民俗一振。凤山县生番与合众花旗洋人互相仇杀，君（刘明灯）率师驰抵龟鼻山，声威所慑乃各解散。在台三年，裁汰陋规六万余金，修城池炮台，造师舰火器，训练兵卒不遗余力。”1878 年（光绪四年），刘明灯为父母丁忧由青海解甲归田，1895 年病逝老家。孙开华则病逝于 1893 年，刘明灯较其晚逝两年。这两位从张家界故土先后走出的清末将领，在台湾都留下过战功伟绩。其中尤以孙开华指挥的淡水一战，更成了名留华夏青史的一段佳话。

7. 刀劈盐局

面对黑暗社会恶势力的压迫和欺侮，是奋起反抗还是逆来顺受，这是衡量一个人是否有血性精神的标志。1916 年初，发生在古庸国核心地——桑植芭茅溪的刀劈盐局事件，即是开国元勋贺龙及其一批追随者年轻时血性精神爆发的一个典型例子。

贺龙，字云卿，又名文常。桑植县洪家关人，1896 年生。小时候，因其家生活贫困，才十来岁他就开始赶骡马，跑江湖，体验过生活的艰辛不易，同时目睹了大量社会的黑暗，为此也养成了他习武的爱好和疾恶如仇的血性精神。同时，他虽没多上学读书，但他聪颖机智，又不断摸索追求真理，少年时即加入了中华革命党和同盟会。1916 年初，为响应讨袁护国号召，贺龙率数十人在石门泥沙夺枪起义，开始拉起一支百多人的民军队伍。后同大庸罗剑仇的护国军再一起联合举兵，围攻保袁武装驻守的石门县城。此次战斗受挫，贺龙随即回到桑植。经周密分析局势后，他又与 20 个好汉在樵子湾火铺共同商定，一起制定了突袭芭茅溪盐税局的计划。

那芭茅溪是桑植内半县的一个小镇，距桑植县城有 63 公里。其地又是通往湖北鹤峰和宣恩去的必经之道，其镇坐落在四门岩山下的长廊峡谷之中，澧水北源顺谷穿过。两岸河谷都临高山，河畔长满一二米高的芭茅，芭茅溪之名即缘于此。该集镇虽仅有十多户人家，可谓弹丸之地，但因其地是南北交通咽喉，湖南当局为控制川盐入湘，特在此设立了盐税局，专门对过往的商旅行人收取税费。

当时，驻芭茅溪的盐税局依山而建，有两层木石结构的转角楼房，上层是哨所和赌房，下层是堆放货物之地。为首的税务局长叫李佩卿，是本地人，因经常拄一根文明棍而被称为“李大棒”。此外还有税警队长姜玉清，司秤彭大其、记账的黎师爷及 10 多个税务兵丁。此前，贺龙因经常赶骡马从芭茅溪经过，对这里的情况十分熟悉。那些税警也抽取过贺龙等一行赶骡马人的税费，为此对这些税警也很痛恨。

贺龙和这20个好汉一起，在商定好突袭计划后，就着手准备了十杆梭镖、三把马刀，一支火枪和三把菜刀，于3月17日黄昏开始行动。当晚连夜奔袭，一口气走了八九十里路，在凌晨前到达了杨家咀，再往前就是芭茅溪了。此时，先去侦察情况的贺占卿回来报告说，李大棒到郁家喝酒去了，黎师爷和一些税兵到镇上鬼混，税局只有姜玉清、彭大其等几个人，他们都在酒后正酣睡，大门口也没有哨兵。贺龙于是分兵三路，一路由他和韦敬斋、王占彪等8人负责攻打前门和耳门；一路由谷绩庭、贺占卿等9人搞包围，堵后门；一路由贺勋臣等4人负责照亮点火。分派之后，大家随即行动。贺龙等四人来到大门前，遂用撞杆猛力撞击，将大门一下就撞开了。接着，贺勋臣等人点亮油纸伞，将院内照得通红。借着火光，贺龙、王占彪等冲进局内房中，税务队长姜玉清见势不妙，欲跳窗逃走，贺龙手起刀落，结果了其性命。司秤彭大其亦被其他勇士砍死。其他在楼上的税警，也先后被砍死或被砍伤。

图75：芭茅溪贺龙刀劈盐局旧址

此次袭击，贺龙等人共缴获九子毛瑟枪12支，又打开盐局仓库，缴获大量盐巴及两柜铜钱。税局的账本等也被缴获焚烧了。天亮之后，贺龙将部分缴获物资散发给民众，尔后才率部从容撤走。盐税局里，这时只剩了几具尸体和几个捆绑的税警，此外还有三把带血的菜刀。而贺龙靠几把菜刀劈盐局的传奇故事，其后在民间就广泛流传开了。

贺龙自砍芭茅溪盐局之后，声势渐渐大振。再后他参加北伐，又屡立战功。南昌举义，贺龙任总指挥，为创建人民军队奠定了基础。加入共产党后，贺龙再拉队伍，成为红二方面军领军人物。因其百折不挠，久经沙场考验而终成大器。开国不久，贺龙被授元帅之衔，成为十大光荣元勋之一。后又任职当过国家体委主任、中央军委副主席、国务院副总理等职。1967 年，贺龙在“文化大革命”中被诬陷失去自由，不幸含冤而逝。1975 年获中共中央发文平反。

贺龙的一生十分传奇，而像贺龙一样有血性的同时代张家界的著名人物还有不少，如祖籍慈利县江垭镇西岩板田村的杜心武，曾担任过孙中山的保镖，是中国最著名的武术大师和气功家。生于慈利县三官寺乡的唐牺支，在辛亥武昌起义时，在宜昌策动所部响应反正，被推举为司令官。1917 年至 1921 年间，先后充任湘西靖国军援川司令官、湖北靖国军招讨使、靖国联军参谋长、湖南讨贼军司令官等职。出生在桑植县刘家坪乡双溪桥的谷壮猷，是留日的“同盟会”员，武昌起义时，谷壮猷带领一营将士，攻打督署，夺得炮台，将第一面红旗插上了武昌城头。继而在汉阳、汉口对清军作战，大建奇功。临时国民政府曾授予他“开国将士”匾牌一块。出生在原大庸县合作桥乡岩口村的汤子模，1907 年到云南临开广兵备道当兵，后因战功卓著，不断晋升。先后出任过石青阳的川东革命军第一支队长，靖国军第二纵队长，川军第二军第一独立旅旅长，熊克武部第一军第一混成旅旅长、第二师师长、前敌总指挥、建国联军川军第二军军长兼前敌总指挥等职。1925 年 10 月，汤子模在率部撤往贵州天柱县牛场时，不料被其部下营长李华斋袭杀而死，时年仅 37 岁。

在贺龙的影响下，张家界还有一大批追随其左右而参加红色革命的英雄人物，如担任过原国防部副部长、军事学院院长和两届全国人大常委会副委员长的廖汉生，历任过省委书记、内务部副部长、中纪委常委副书记、全国人大常委、政协常委等职的袁任远，任职过团以上的著名将领贺敦武、贺锦斋、贺英、王炳南、覃辅臣、贺桂如、贺勋臣、贺学定、李云卿、贺春轩、向国登、贺寿文、谷梅武、彭龙光、钟子廷、储汉元、刘开锡等；此外还有一批新中国成立后在外工作的知名人物，如贺龙的女儿、少将贺捷生，贺龙的儿子、中将贺鹏飞，担任过商业部部长、解放军总后勤部副部长的范子瑜将军，《永不消逝的电波》原型张沈川，在井冈山革命时任过湖南省委巡视员的杜修经，原子弹专家、中科院院士陈能宽，著名地质学家田奇镌，著名教授卓炯、田开铭、汤祖堉、王德基等等，这些人都是从张家界走出的著名人物。

总之，自贺龙当年率部在芭茅溪刀劈盐局之后，从张家界走出去的大批革命志士们，其身上流淌的血液，几乎都像贺龙一样有着庸人后裔的宝贵遗传基因，这种基因最大的特点，也就是整个湖南人所含有的那种霸得蛮的血性精神。这种血性精神也是张家界人祖传的一笔财富，惟此精神在古庸国故里不断弘扬广大，保卫我们的国家，开拓我们的未来，也许才会更有靠得住的希望。

8. 夺目明珠

20 世纪 80 年代之初，一颗深藏在古庸国武陵地区的风景明珠张家界，突然间被人发现并炒热了。一时间，全世界关注的目光又一次被引向了这片神奇的区域。

张家界的这颗风景明珠面积很大，如果算上全市两区两县，总面积达上万平方公里。其中，最核心的张家界、天子山和索溪峪风景区的面积，也达上千平方公里。

张家界的风景是怎样被发现和引起各级领导重视的？这最初的过程说来也有些复杂。

按照本土历史学者陈自文的考证，以往的张家界早就存在，其风景很美，但确实是养在深闺没人识。而张家界之“界”，原本也是指为水界，即分水岭的意思。清道光《永定县志·山川》载：“无事溪（今之沙堤溪）发源于张家界。”民国《慈利县志·地理》载：“索溪上源出大庸张家界。”可见，故张家界之“界”，乃南流的无事溪和北流转而东向注入索溪的金鞭溪的分水之界。而正式的张家界之名，最初见于明崇祯四年（1631 年）永定卫大庸所千户张万聪第六代孙张再昌为《张氏族谱》所撰之序。《序》中有“大明崇祯三年，兄再弘蒙恩赐团官，故索溪界即张家界也”之语。根据该序文得知，当时，张万聪家世袭的管理范围为“东六房岗、朝阳湾、西北羊山、楠竹院、中坪等地”。这些地方都统称为张家界。共和国成立后，这一片地方是沙堤乡的一个农业社，后又冠名张家界林场、张家界村等地名。1982 年，张家界国家森林公园成立，张家界村仍属公园代管。

20 世纪 70 年代末，当全国旅游业初兴之际，人们才渐渐开始发现张家界这片地域的风景很美。只是当时令人头痛的是，因为大庸县的张家界与桑植县的天子山、慈利县的索溪峪三方地界相交，风景地都连在一块，于是便有了为争夺旅游资源而“三方纷争”的局面。后为解决这一问题，湖南省政府与中央于 1984 年秋定下了“三分一统”以解决纷争的战略决策。同年夏天，湘西凤凰籍著名画家、中央美术学院教授黄永玉来索溪峪旅游，并为张家界作画《二千八百柱》并题跋曰："吾乡有不名之山曰张家界，未见诸经志名篇，古人之陋于行者于此可见。贤者游斯山，无不叹是山之奇绝诡秘，有何言哉，吾乡子弟亦与是山际遇同耳。"时任湖南省人民政府副秘书长的薄贵先很欣赏黄永玉之画作，当即邀请他给"三合一"风景地取一实体名字。黄永玉接受任务，回京就查找典籍，结果发现古往文人墨客有不少歌颂武陵源的名句。如李白《登金陵冶城西北谢安墩》有"功成拂衣去，归入武陵源"诗句，杜甫《水宿遣兴奉呈群公》亦有"丹心老未折，时访武陵源"诗句。王安石《即颂》诗亦有"归来向人说，疑是武陵源"之句。于是，黄永玉认为，武陵源一派仙气，古往名士皆向往，只有此名，才有收纳三颗风景明珠的气质和氛围，才配招徕普天之下的名士雅客，于是建议取这个名字。最后，此提议提交湖南省长办公会研究，再报中央也同意了。时任总书记的胡耀邦又挥笔题写了"武陵源"三字。从此，以"武陵源"的名号一统三方风景明珠而办特区的方案就此打出。

此后，又经数年时间各方面的磨合，"三分一统"的蓝图决策终于落地。1988 年 5 月 18 日，国务院以国函〔1988〕77 号文件，作出了《关于湖南省大庸市实行市管县体制的批复》。该文件作出了两个决定，一是同意大庸市升为地级市，管辖永定区、武陵源区和桑植、慈利两县；二是同意设武陵源区，并以原大庸县的协合、中湖两乡和张家界林场、慈利县索溪峪镇、桑植县天子山镇为武陵源区的行政区域。

至此，国务院的这份批复文件，正式决定了大庸市的升级和武陵源区级行政机构的诞生。

大庸地级市批复成立后的第五年，随着旅游业的迅猛发展和张家界的名声不断鹊起，1994 年 4 月，原大庸地级市领导班子又作出了一个重大决定并上报省府和国务院批准，将大庸市更名成了张家界市。这样一来，原有的大庸市地名就消失了。而原大庸县在 1984 年时即改成了县级大庸市，当大庸地级市成立之后，原大庸县辖地已改名为永定区。故此，至今张家界市所管辖的地域，仍是原大庸地级市所辖的两区两县。

欣喜的是，张家界市自改名以来，名气是很大了，旅游发展的势头也越来越好。但那次的改名，使原有的大庸之名却在无形中消失了，这个变故使许多本土人都感到非常遗憾。因为，大庸二字，本是古庸国留下的活的化石，它包含了博大精深的古庸国的厚重历史文化。像这样的县域地名，目前有不少人主张还是以保留恢复为好。

张家界因其地名太小，又在明朝才出现在私家谱籍中，所以外界对这个小地名并不了解。加上古代名家鲜有人涉足此地游览风景，以致历史上不见于经志名篇。直到1974年7月，湖南省林业厅为推广该林场的造林经验，组织了全省各专区林业局办公室主任共70余人在张家界开现场会。没想到，当时参会的人一到这里，就意外被眼前的奇特风光所吸引，人们议论不休，回去后即奔走相告，这应算是最早的一批风景区的见证发现和推广者。

1978年5月，新上任的湖南省林业厅长霍启明带秘书陈平首次到张家界考察，两人见到这里的奇异风光深感吃惊，霍厅长叮嘱陈平要好好宣传，陈平回去即连续写了10多篇文章，相继在一些报刊和电台上发表。其中在1978年底于《中国林业》杂志发表的《张家界游记》，始为第一篇全面介绍张家界自然风光的文章。1979年冬，著名画家吴冠中写了一篇《养在深闺人未识》的散文，在《湖南日报》上刊发，此文更大范围地震动了知识界，对张家界的宣传也起到了振聋发聩的巨大作用。1981年4月，香港皇家摄影学会会员陈复礼、简庆福等在张家界拍摄了一万多张照片，回港后举办了“青岩山摄影图片展览”，在港澳产生了轰动效应。此后数年中，又有沈从文写了“张家界”的题名，刘自成编导了《青山揽胜》、鲁珉编导了《绿海奇峰》等影片，这些早期的旅游宣传终于催生了张家界的旅游热潮。

再往后的二三十年间，随着张家界、天子山、索溪峪三大景区的合并统一，加上大庸地级市的成立和改名，终于使张家界的名气得到了前所未有的提升。与此同时，新建立的地市级市委、市政府领导班子，从最初的赵杰兵、肖征龙领头开始，中经刘力伟、李刚廷、胡伯俊、赵小明、许显辉、杨光荣、王志刚到现任的虢正贵、刘革安止，一届接着一届，紧紧围绕着旅游立市，从各方面加强旅游建设，中间也少不了历经非典、洪灾等严峻考验，但总体来看，取得的成就是瞩目的。张家界自旅游建市之后，各届领导班子紧紧围绕着旅游立市，从各方面加强旅游建设，取得的成就是瞩目的。其中最显著的是狠抓了旅游基础设施建设。如飞机场的建设，在张家界是零的突破。新火车站与汽车站的建设，大大方便了往来游人的出行。从2013年开始，市委市政府进一步实施“提质张家界打造升级版战略和1656行动计划，全市城区建设按照“提质澧水三带，拓展新城三区”布局，共改扩建了道路58条，新维修改造和新建城市桥梁15座，改造市城区小街小巷317条，修建澧水风貌带休闲和体育公园7个。改造提升城市绿地178.3万平方米，建成区绿化覆盖率达到39.8%。张家界中心城区版图的建设也从28平方公里扩展到了33平方公里。现在，市城区“路有林带、行道有荫、四季有景、处处皆景”，“亮在中环，美在滨水”。中心城区的管理也升级提质，通过“8大行动”的攻坚战，过去困扰街道的脏乱差现象现已彻底消失，整个城市面貌已焕然一新。张家界也因此多次上榜为“中国最干净城市”和”“中国十佳空气品质城市”。

同时，由于旅游带来的蝴蝶效应，张家界的城镇和乡村面貌都已日新月异。从1988年开始至2016年至，来张家界旅游的热潮也延续不断，外来的旅游人数从20多年前的每年几十万人次，现已增至每年达6000多万人次以上。

张家界不仅山水风光美，生活在这方土地的人们，心灵也很美。其中，各行各业更涌现了一大批优秀人物，他们都在不断为张家界增添着新的人文风景之美。

比如，以最早开拓张家界旅游实体而言，1978年前就兼任张家界林场党总支书记的胡太灼和湘西土家族、苗族自治州林业局长李利等人以及第一批上公园的干部周志德、宋家景、安用浦、李祖青、李道文、满国良、陈子胜、李佩、李宗元、张远喜、覃正森、唐国平、吴福生等人，应算是早期领头规划和实践开拓张家界旅游业的功臣。

以旅游资源考察和编制张家界总体旅游规划而言，早期主要有谭松山、陆鼎煌、吴长文、陈国达、艾万钰、张银魁等为首的教授，写下了《张家界林场资源报告》、《张家界国家森林公园效益的研究》、《海陆无静止，风云永流迁》、《武陵源砂岩峰林地质自然保护区划及科学考察报告》等论文。湖南省建委又先后组织郭民镛、李基权、张震球、戴复东、李铮生等专家教授编制出了《张家界国家森林公园总体规划》和《武陵源风景名胜区总体规划》，这些拓荒之举功不可没。

自张家界建市以来，各条战线也都为张家界的旅游兴盛作出过很多努力。

其中仅以质量兴市而言，2011 年 12 月经全市表彰有突出贡献的企业就有湖南日泰房地产开发有限公司、张家界华宇建筑工程有限公司、中国石油化工股份有限公司湖南张家界石油分公司、张家界黄石寨客运索道有限公司、湖南张家界九天生物科技有限公司、张家界好地建筑安装工程有限责任公司、中国电信张家界分公司、中国移动通信分公司、慈利县芙蓉实业有限责任公司等 10 家。这一年，评出质量兴市的突出贡献人物是邓少文、叶文智、李军声、李建新、张银远、吴愈勇、龚汉标、曹君佳等 10 人。

从 1992 年以来，全市每 4 年还评选一次拔尖人才，迄今已评选 5 次，共有 54 人获得其荣誉称号。2008 年，全市还评选了“十大经济人物”、“十大创新人物”、“十大杰出女性”、“十大新闻人物”。近数年来，还先后评选过三届全市道德模范。

在全市各行各业中，凡是获得各类荣誉的先进人物，大都有各自不同的为人特点或成就。如在农牧渔业方面，有着“娃娃鱼之父”称号的王国兴，在 20 多年前，就在家乡芙蓉桥打了一个隧道山洞，专门用来养殖娃娃鱼。在他的带动下，现在全市已形成了一个娃娃鱼的新兴产业，其庞大的规模，使得外来的游客都可以品尝到这种自养娃娃鱼的美味。在采摘大山的粽叶资源，为千万家农户找到生财之道和解决部分残疾人的就业工作方面，彭澧康也算得上一个代表人物。在建筑业领域，以仿古建筑与出奇而论，木匠出身的李宏进所修建的土司城（原名土家风情园）则成就令人称羡。该土司城中的“九重天”建筑尤为奇特，有关单位曾推荐该建筑申报录入了世界吉尼斯纪录。

此外，从张家界建市之后，若以高起点进行张家界旅游策划而论，叶文智的大手笔应最为著称。如 1998 年 4 月为黄龙洞“定海神针”石笋投保一个亿，1999 年 12 月穿越天门山洞的特技飞行大奖赛，2010 年首届中国国际文化旅游节，2009、2011 年张家界国际乡村音乐周的策划等活动，都起到了极大的轰动效应。继叶文智之后，田辉林等策划的 2007 年法国蜘蛛人徒手攀越天门洞，2008 年、2009 年达瓦孜传人挑战极限坡度高空钢丝，2011 年高山极寒冰冻活人，2011 年翼装飞行穿越天门等策划活动也有广泛影响。

近些年来，以引导外地游客到张家界旅游而言，全市数以百计的各类旅行社和上千名导游都功不可没。其中著名的旅行社主要有张家界国旅、张家界青旅、张家界铁旅、张家界中旅等。著名的导游有杨凯、任舫、黄艳萍、汪华丽、蒋不难，李玉兵、李平、龚朝阳、覃莉婷、姜萍萍等一大批人物。

在文史、社科领域，以张家界本土进行基础性历史研究和史志、博物考古学而言，主要代表人物有李书泰、金克剑等人。其中，李书泰先生写出了《庸国荒史研究》、《鬼谷子身世研究》和《庸国战史研究》（待出）等三部曲，在史学界反响巨大。金克剑先生写出了百余万字的《屈原故里在大庸》一书（待出），在社会也产生了很大影响。此外，向延振与吴建国合著有《张家界文物古迹》，陈美林、向佐柏、尚立昆合著有《历史留下的一片红云》，谷中山主编有《湖南白族风情》，李康学著有《大湘西土司》、《传奇张家界》，杨慈安等编著有《苏维埃时期的张家界党史》，陈自文著有《故园史话》。其他史志办人员及历史研究会的成员也都各有不同的功绩。这些基础性历史研究，对于提升张家界本土的历史文化厚度，已起到巨大的作用。

以文学创作而言，全市百余位小说作家、散文家或诗人各展风采，成就也各有千秋。如诗歌方面，刘晓平《爱的岁月》、吴旻《红尘之外》、陈颉《时光的瓷瓶》、胡良秀《穿透大地的温情》等影响较大。古体诗词方面，覃大钰、田奇斌等人的诗词影响较大。

在散文创作方面，主要有石绍河的土地系列散文集《大地语文》、刘晓平的《奇山异水张家界》、谢德才的《张家界的眼睛》、金克剑的《人文张家界》、周保林的《索溪趣闻》、罗长江的《与张家界大峰林对话》、王明亚的《行走的灯》、李康学的《走玩大湘西》、李文峰的《张家界的旋律》、吴明仁的《大漠风情》、李苑的《岁月的印痕》、余晓华的《春天的脚步》、熊夫木的《花季》、姚雅琼的《栀子花儿开》等影响较大。中短篇小说创作方面，主要有龚爱民的《回家》、石继丽的《庸城笔记》、胡家胜的《汉子·女人·河》、魏咏柏的《苹果爱情》等影响较大。

在长篇小说创作方面，主要有周保林的《孙中山保镖杜兴武》、李康学的《大湘西演义》、《野火》，李文锋的《半步官阶》、《毕兹卡王》，龚爱民的《寻亲》，黄菲的《她们叫我小妖精》，向延波的《美人痣》、《澧源往事》，谷俊德的《仗鼓红》，季良的《代理省长》，李悦嫣的《把爱寄给天使》等影响较大。儿童文学方面，主要有钟锐的《苍莽传说》、《感叹号大王》、《大嘴巴皮皮》等作品较闻名。

在纪实文学方面，主要有赵杰与龚爱民的《山东好汉孟昭良》、胡少丛的《铭记武陵源》、周芦屾的《感动张家界，感动中国》、熊立秀的《鬼子进村》等作品影响较大。评论等方面闻名的作者有简德斌、覃新菊、罗建辉、唐莉敏、朱岚武、宋兴跃、宋佰胜等。其他出过个人专集或发有较多作品的还有熊夫木、王勇、郭红艳、邓道理、周志强、张林屏、陈美林、易继强等等，限于篇幅，不一一详述。

以绘画、戏剧、影视、音乐、摄影、书法、民间文学等文化艺术而言，代表人物也有不少。如绘画方面，李军声的砂石画、程宗功的山水画、唐植欣的国画、罗彬的水墨画等特色突出，成就较大，其他还有杜方甲、吴工、张世炎、孙建华、聂峰、舒湘汉等众多画家的画作在社会有较大影响。戏剧方面，周志家著有《大庸阳戏研究》，宋声锦写有《土司覃垕》等剧本，龚飞燕写有话剧小品《向光棍和田寡妇》等作品，大庸阳戏的老一辈表演艺术家胡维星、郑菊庄、朱丽珍、李贤成、吴三洋、李银国、田贵明、庹松侠、李跃胜、赵学英、丁祖雷等影响都较大。同时，近年来以“魅力湘西”和“天门狐仙”为代表的景区实景演出也异军突起，取得了令人瞩目的成绩。

在影视剧创作方面，刘逸的微电影作品《孝行天下》、《感恩父母》，米米七月编创的微电影《满城尽抱大南瓜》，彭益的《山中飘出七彩虹》、《湘西苗家风情》，龚雪耀的《城市记忆》、《茅岩河之恋》等电视专题比较有影响。音乐方面，刘庆尧、宋家景、楚德新、楚毅、秦平武、孟勇、彭清化、符玮、刘曦今、鲁絮、屈国忠等人的作词或作曲成果较多。歌唱方面，刘赛获得 2011 年全国星光大道冠军，影响巨大。其他闻名的歌手还有向左浓、黄道英、尚生武、朱军等。书法方面，田坤生、赵辉廷、李苑、向良群、郭汉义、杨次洪、邓波等人的作品比较闻名。摄影方面，影响较大的作者有宋国庆、姜阳春、董兵、袁晓天、李亚刚、李纲、张雪琴、张建国、彭立平、李亚燕、胡卫衡等人。民间文艺方面，金克剑、戴楚洲、覃大军、谷俊德等人创作出版的作品较多。

多年以来，在进行张家界旅游宣传方面，以张家界日报和张家界电视台为龙头的市县宣传媒介和史志部门的功劳也不小。同时，以编著本地图书进行张家界旅游宣传而言，早期的周志德出版有《风景明珠张家界》，金克剑出版有《张家界的故事》，周保林出版有《索溪趣闻》，姚子珩、李康学、邓亚平合著有《天子山奇观》，李文峰出版有《品味张家界》、《张家界览胜》，刘云出版有《漂泊的心迹》、《张家界旅游必读》，覃儿健出版有《张家界掌故》，石继丽出版有《品读张家界》、《恋恋庸城》，谷俊德出版有《桑植白族风情》等书。这些旅游书籍在市场销量较多，影响也比较大。

总之，上述各行各业的知名人物，都为张家界的增光添彩作出了一定贡献，历史也会记住所有成就不平凡人的名字。同时，张家界这颗风景明珠，也需要人们倍加珍惜，多多爱护。只要我们居住在这块仙境地的人们多具备心灵之美的意识，不让我们的风景明珠因人为的因素而蒙垢受损，张家界这块优美风景区才会永远立于不败之地。

9. 再造辉煌

从1988年5月建市到现在，不到30年的时间，可以说，张家界市所取得的众多建设成就是有目共睹的。而更可期待的是，在今后不长的时间里还会发生一些巨变。

未来的张家界，城市的格局比现在会扩展得更大。按照下一个五年规划，以“一主两副三走廊”的城镇化新格局即将形成。一主是指张家界市中心城市，包括永定区和武陵源区。“两副”指两个副中心城市，即慈利县城和桑植县城。“三走廊”指以常张高速公路、省道S305和张桑高速公路为依托的三条市域城镇发展走廊。

在交通方面，张家界至全国及世界各地会更加方便快捷。除了现有的公路、铁路和飞行线路之外，还会有张桑高速、桑龙高速、张宜（宜昌）高速、张安（安化）高速、慈利至南县高速、桑鹤（鹤峰）高速、慈利苗市至桑植高速、张家界大坪镇至常德桃源高速等多条高速公路贯通。同时，还会有黔张常铁路、安张衡铁路、焦柳铁路石怀段，张常城际轨道延伸至张家界，开通长沙至张家界动车组，从而进入多条高铁时代，并实现与重庆、武汉、贵阳、南宁、西安等中心城市“五小时交通经济圈”和市域内中心城市“一小时通达”的交通网络。

在旅游方面，张家界的许多特色会更加彰显。如数年后，张家界会增添媲美国际范儿的几个重点生态旅游度假区。目前，阳和半岛国际旅游度假区、天门仙境国际旅游休闲区、八大公山国际生态旅游度假区等都已在规划之中。同时，张家界还将确立发展有特色的旅游重点镇，目前计划的全国重点镇有5个，即教字垭镇、索溪峪镇、江垭镇、瑞塔铺镇、官地坪镇。湖南省示范镇2个，即零溪镇、大坪镇。旅游型特色镇6个，即天子山镇、中湖乡、阳和土家族乡、利福塔镇、洪家关白族乡、温塘镇。工业型镇一个，即岩泊渡镇。商贸镇2个，即陈家河镇、沅古坪镇。边界口子镇4个，即国太桥乡、苗市镇、五道水镇、四都坪乡。到2020年，张家界市城区常住人口将控制在50

万以内，到时的生活会更加便捷，城市一卡通，张家界所有区域将覆盖wifi，县乡公路，行政村通水泥（沥青）路达100%。老百姓的收入会大幅度增加，生活质量会明显提高。

在城乡市场的管理方面，张家界将会变得更加井井有序。由于城市格局的增大，城乡的人口不断增多，过去种种粗放式的市场管理已不适应形势发展的要求。为此，政府相关的管理部门需要根据实际情况，制定出一套切实可行的管理办法，使得城乡市民都能自觉遵守相关规则，在所有经营和市场交易的活动中能遵纪守法，这样也可给外来的游人留下更多良好的印象。

在城乡和景区的治安方面，张家界会出台有更多强有力的保护措施和防范手段。特别是将尽可能减少和防范各类刑事犯罪案件的发生。因为外来的游客到张家界来旅游，首要的应是有安全感，所以，无论何时，我们都应把保障旅客的生命安全工作放在第一位置。

在城乡和景区的卫生方面，将会更注重保持干净卫生。要建成国际知名的旅游胜地，打造升级版的国际精品旅游城市，需要始终保护好环境的干净和卫生，这也是上档次旅游城区所必备的重要基本条件。目前，张家界市虽然已创建了全省卫生城市的光荣称号，但离国际卫生城市的高标准要求，还是有一定差距的。所以，环境卫生方面的工作，只能加强不能削弱。所有脏乱差的现象，必须得到根治。

在原始的生态方面，张家界的一草一木也将得到更好地保护。在不久的将来，随着外来游人的不断增加，张家界各处景区的接待量也会进一步增多。为了解决游人增多对环境可能造成的影响，及时制定出相应保护好境内各处原始生态的应急措施，显然已十分必要。尤其像八大公山这样的原始森林区，其生态环境也将需要有更多更切实可行的保护办法去实施。

在非物质文化传承方面，张家界也将会着力保护好几个重点遗产，如张家界境内的“桑植民歌”、“大庸阳戏”、“大庸气功”、“仗鼓舞乐”、“罗水傩戏”等有特色的文化遗产，不仅会继承，还要以这些遗产为产业项目，争取做强做大。而“湘西魅力”、“天门狐仙”等舞台戏剧表演文化，也要进一步拓展内涵，为游客提供更丰富的精神大餐。

张家界还要亮出本土的历史品牌文化。这个历史品牌文化，就是从远古庸国就流传下来的古庸文化。读者不难看出，在本书的各章记述中，我们通过描述众多上古时代杰出人物的传说事迹，以及结合分析古庸国时代种种文明进化因素诞生和传承的实际事物景象，对古庸文化的诸多特征已作了一些初步探讨和表述。总而言之，古庸国的历史因为太悠久，史料所记虽然相当少，但古庸历史文化的影响却很大很大。以往我们所说的楚文化，或现在讲得较多的湖湘文化，其实都没有古庸文化的资格老，古庸文化才是楚文化、湖湘文化乃至整个华夏文化的真正源头之一。所以，古庸文化不断在我们后代人身上延续，我们作为古庸国所在地的后裔人岂能无知。在弄清古庸国的历史之后，我们所要做的就是应当研究怎样传承古庸文化，怎样把古庸文化当作张家界的历史品牌文化进行推广。只要把古庸文化这个历史品牌打出色，张家界的厚重文化和奇特风景就会交相辉映。

最后，对于未来的张家界，我们还要不断强调深化旅游区的服务观念。只有不断加强和完善对所有游客的服务，让平安满意的活动每年每月每天每时都落在实处，那么，明天的张家界城乡和景区，才一定会变得真正的美好和靓丽起来！

后　记

本课题组自承接任务后，我们按计划分步实施。课题组首先拟定了本书的写作提纲，全书分12章进行创作。李康学负责撰写其中的第1、2、3、4、5、9、11、12章，向良喜负责撰写6、7、8、10章。该提纲由李书泰同志进行了审阅。而后，我们按照这个章节的撰写计划，再根据需要去采访和查阅了各自的相关资料，同时从2015年4月开始正式写作，截止到2015年10月初，完成了18万字的初稿。第一稿完成后，李书泰同志作了审读，并提出了一些看法和建议。根据他的建议，由李康学同志对书稿作了统一修改。2016年8月，此书终于完成修改定稿。

此后，根据分工计划和自身情况，课题组人员自由安排时间，到与古庸国相关的全国有关省市摄影拍照，并进行了适当的考察采访，再写好每张配图照片的说明。2016年11月前，由向良喜同志负责，将所有摄影配图照片全部汇总备齐。

此书稿在写作过程中，得到张家界市历史文化基础研究会及相关专家学者和出版社编辑大力支持，在此，课题组谨表示衷心感谢！

《古庸国——张家界的前世今生》课题组

2017年4月18日